国家社科基金青年项目（项目编号：**13CGL111**）

Transforming Traditional Civil Affairs Work

Research on the Institutional Competition of Social Service Delivery

改造传统民政

社会服务方式的制度竞争研究

杨 宝／著

中国社会科学出版社

图书在版编目（CIP）数据

改造传统民政：社会服务方式的制度竞争研究／杨宝著．—北京：中国社会科学出版社，2018.8

ISBN 978－7－5203－2628－5

Ⅰ．①改…　Ⅱ．①杨…　Ⅲ．①社会服务—服务方式—研究—中国　Ⅳ．①D669.3

中国版本图书馆 CIP 数据核字（2018）第 117793 号

出 版 人　赵剑英
责任编辑　孔继萍
责任校对　王　龙
责任印制　李寡寡

出　　版　中国社会科学出版社
社　　址　北京鼓楼西大街甲 158 号
邮　　编　100720
网　　址　http://www.csspw.cn
发 行 部　010－84083685
门 市 部　010－84029450
经　　销　新华书店及其他书店

印　　刷　北京明恒达印务有限公司
装　　订　廊坊市广阳区广增装订厂
版　　次　2018 年 8 月第 1 版
印　　次　2018 年 8 月第 1 次印刷

开　　本　710×1000　1/16
印　　张　17.25
插　　页　2
字　　数　223 千字
定　　价　75.00 元

目　　录

第一章

导论：社会服务方式的选择

第一节　现象及问题

汶川地震的灾后重建阶段，南都公益基金会资助中国社会工作协会开展“社工服务组织试点工程”项目，旨在为灾区提供社会服务、发展生计项目及增进社区融合。作为该项目的评估方，我们观察到，参与试点项目的既有国内大学社工系老师发起成立的民间社工机构，也有当地民政部门或福利部门成立的官办社工机构，两者分别采用了西方社会工作和传统民政工作的服务方式，都在短期内实现了项目的预期目标。然而，项目结束之后两者的发展状况却截然不同：那些秉持西方社会工作理念的民间社工机构遭遇了“在地化”生存困境；而官办社工机构在借鉴学习西方社会工作技巧之后倒是焕然一新地成为社会服务的新标杆、领航者。耐人寻味的是，为什么“先进的”社会工作并没有替代“传统的”民政工作成为社会服务的主流模式?

与此同时，全国各地在“创新社会治理”背景下加快探索社会服务的供给方式。我们观察到，北京的“大民政”模式与广州的“社工热”现象却呈现出针锋相对的局面。“大民政”指以改善民生为重点制定一系列惠民政策、建立以行政层级为配套的社会服务网络、动员广泛的社会资源等提升公众的生活福祉，其实质是对原有民政体制的扩展。① “社工热”指面对城市化进程加快所带来的复杂而全新的深层社会问题时，如空巢老人、留守儿童、家庭亲子沟通障碍等，引入社会服务机构、推行专业社会工作等体系予以回应②。客观事实是，社会服务的两种模式已然在同一空间内形成了潜在的竞争关系。

因此，本书探索转型时期中国社会服务方式的模式选择及其理论逻辑。研究重点包括：基于国家与社会关系视角下，哪些因素推动社会服务方式的创新与转型？如何刻画社会服务方式的可选模式及其特征？哪些因素影响社会服务方式的模式选择及其作用机制？中国社会服务方式的实践谱系、转换动力及发展趋势呈现何种状态？

众所周知，改革转型对我国的经济发展、社会结构、政治稳定、国家与社会关系等带来了深刻而又急剧的变化。利益分化、社会重组及现代化进程都使得公众对政府的期望日渐增大，而民主意识、权利意识及思想观念的开放又要求政府采取不同于以往的管理策略，于是政府提出“在改善民生和创新管理中加强社会建设”。即，政府更多地提供“民生服务”增强对社会诉求的回应能力，以此实现对社会的“柔性管控”。民政部的数据显示，2009 年到 2016 年期间全国社会服务事业费支出保持年均 20% 左右的增长率，截至 2016 年达到 5440.2 亿元，占国家财政支出比重的 3.4%③。那么，如何让爆发式增长的社会服务传递给公众就显得格外重要，甚至对于国家治理体系和治理能力现代化也有非凡意义。

---

① 郑杭生、杨敏等：《“大民政”的理论和实践与“中国经验”的成长》，中国社会出版社 2011 年版，第 5—11 页。

② 2007 年 10 月深圳市出台《关于加强社会工作人才队伍建设推进社会工作发展的意见》等 1 + 7 文件，2011 年 7 月广州市出台《关于加快街道家庭综合服务中心建设的实施办法》等。

③ 民政部《2016 年社会服务发展统计公报》，民政部网站 http://www.mca.gov.cn/article/sj/tjgb/201708/20170800005382.shtml。

但是，社会服务方式的模式选择并不是随意行为，其实质是制度之争，牵涉制度变迁及制度选择的理论范畴。不同的是，社会领域的制度选择不是在“真空”中运行，而是深受更为复杂的“母体”限制，比如政治体制、经济水平、文化观念等要素。因此，社会服务方式的模式选择受制于外部环境的约束，这也使得社会领域的制度选择变得越发复杂、越发多元，制度竞争的过程、机制及结果也值得深度探究。

简单地认为中国与众不同，或者将社会服务方式的模式选择简约地理解为将走向中国特色的社会服务方式，肯定别无新意。所以，如果要真正理解社会服务方式的复杂变迁就得运用科学的实证解剖，把握现状的本质及背后的机制。延伸而言，本书的问题可以表述为：第一，“大民政”和“社工热”不仅出现在两个典型地区，甚至也会同时出现在一个地区，为什么在相同国度会出现截然不同的制度设计？这种现象是过渡阶段的产物还是会长期存在呢？第二，如果是过渡阶段，那么他们的终点是什么？两种制度如何通过竞争走向终点？又有哪些因素影响着制度竞争？第三，如果是长期存在，那么两种截然不同的制度如何相安无事地相处？每种制度背后又有哪些支持性力量？这些问题都是本书的探讨议程。

第二节　核心概念

一　社会服务

社会服务与社会政策、社会福利等词语可以交替使用，意涵相同。习惯上，社会政策指国家为了改善公众的生活境遇而提供现金和实物的社会措施。社会服务（Social Services）由英国学者蒂特马斯（Richard Titmuss）提出并被广泛讨论，他把含有资源再分配和促进社会整合目标的各种政策统称为社会政策，并在《论福利国家》中详细阐述了当前仍被使用的社会服务概念。

社会服务指为那些相信自己有能力促成某些变化的群体提供资源再分配和非经济性目标等措施，使那些成员达到某一起码的标准和获得一定的机会。[①] 分析来看，社会服务具有三个显著性特征：第一，如何确定社会成员？强调他们是“有能力”改善自己的生活境遇，但目前并没有获得相应的生活水准及其可能的机会渠道，也可以理解为“需要帮助”的群体。第二，如何理解服务目标？强调社会成员的社会性生存，使其在“自然的”社会体系内自行调节，获得一种趋于均衡和秩序，即“社会适应”。第三，如何实现服务目标？高度强调资源分配和非经济服务等手段，前者要求改善资源分配或重新集聚资源，后者指更多地提供个性化、差异化等有针对性的生活服务。

国内学者认为我国已经进入社会政策时代。[②] 即，社会福利政策作为一种现象较为集中出现的时期，经济的发展、社会问题的积累、社会风险的加大、社会公正理念的普遍认同等构成了充要条件。社会服务特指为需要帮助的群体提供困难救助、矛盾调处、人文关怀、心理疏导、行为矫治、关系调适、资源协调等生活服务，旨在使服务对象更好地融入社会，获得更好的社会福利。比如，2002 年以来中央政府陆续出台取消农业税、义务教育免费、农村合作医疗、居家养老、免费午餐、儿童保护等社会政策。上述政策的共同特征，即政府为维护和保障全体公民，尤其是社会困难群体和特殊群体（如老年人、残疾人、儿童、失业者、贫穷者等）的生存权益和生活需求，向其提供必要的日常劳务帮助和基本服务支持的

① ［英］理查德·蒂特马斯：《社会政策十讲》，江绍康译，吉林出版集团 2011 年版，第 9—13 页。

② 王思斌：《社会政策时代与政府社会政策能力建设》，《中国社会科学》2004 年第 6 期。

一种制度安排；它是以非现金形式支付或提供的优惠，是以劳务为基础的、具体的、直接满足服务对象基本需要的服务。[①]

二　社会服务方式

根据蒂特马斯的概念，本书认为社会服务方式（Social Service Delivery）指供给者在特定价值观念的影响下依托组织体系和运用专业知识向受益者传递社会服务的过程总和。那么，如何理解上述抽象的概念或含义？社会服务方式也就是社会服务传递到个体的过程，但传递过程受到社会环境、国家制度的影响。所以，我们可以从个人与社会、个人与国家等两个维度深度理解。

首先，从个人与社会的维度审视社会服务方式类似"医疗系统"。如果一个人要幸福地生活于现实社会之中，那么他就需要富足的生活、健康的身体、良好的心理、适当的社会交往等。随着社会转型的深入，人们的社会适应甚至影响到生理健康、心理调适等方面。所以，社会服务包括各种人们日常生活亟需的专业服务，其中社会工作者与教师、医生、心理咨询师一样旨在使得人们生活得更好。从这个意义来讲，社会服务方式涵盖了"改变个人适应社会"与"改变社会适应个人"等改变系统，也包括相应的行动主体、运行逻辑及制度支持。

其次，从个人与国家的关系理解社会服务方式则是联结社会福利与公众诉求的桥梁，也是社会福利体系建设的关键环节之一。随着公众对社会服务的诉求变得愈加"复杂而个性"，国家及社会所提供的福利服务正在"爆发式增长"，由此造成了社会服务传输的"最后一公里"问题。即，如何构建起高效灵活、回应性强的社会服务方式？这也是本书探讨的核心主题。但是，如何理解转型时期

---

① 王思斌:《社会服务的结构与社会工作的责任》,《东岳论丛》2014 年第 1 期。

中国社会服务方式的模式选择?

长久以来，政府致力于探索一套适合于本土环境的社会服务方式。但是，外部环境的变化导致社会服务的规模之大、种类之多，这是前所未有的，使得已有的社会服务方式难以有效回应社会需求。西方的社会服务方式作为可资借鉴的备选方案被引入中国，同一时空中存在两种社会服务方式，那么它们之间的竞争过程及选择结果就令人感兴趣。形象地讲，我们可以把社会服务视为“自来水”，已有方式是通过“钢管”（传统民政工作）将自来水传输到每家每户；然而，当前“自来水池”的储量和类别越来越多，原有传输渠道的容量不足，亟须新建管道，那么到底是采用新型的“塑料管”（西方社会工作）还是延续之前的“钢管”呢？这就需要考虑不同材质管道的传输效率、质量及持续性，而这些指标又受到中国社会“土壤”特征的影响，比如“钢管”就不适用于酸性土壤，更为复杂的是“土壤”也可能随着时间的变化而变化。所以，社会服务方式的选择变得复杂、紧迫而棘手。

三 民政工作

传统中国的社会服务方式统称为民政工作。民政自古有之，现代意义的民政泛指以人民群众为管理对象及其切身利益相关带有社会性、政治性的社会行政管理工作。民政工作指具体的民政业务和事务，是国家对社会事务行政管理的一个重要内容，承担着解决社会问题、调整社会关系、稳定社会秩序的重要任务；其作用是服务于国家经济发展和社会进步，在社会管理和建设中发挥调解、稳定、助动的作用。[①]

民政工作的内涵处于不断发展的过程之中。比如，崔乃夫提

① 周良才:《民政工作》，天津大学出版社 2010 年版，第 5—6 页。

出，民政工作是政权建设、社会保障和行政管理“三个一部分”；多吉才让认为民政工作是社会事务管理、基层民主政治建设、军队和国防建设服务、社会救助和社会福利“四个方面”；甚至近期北京、上海等地还提出了包括社会管理“大民政”说。民政工作承担起社会稳定的作用，适应改革开放的需要，为社会主义现代化建设创造一个良好的社会环境。①

本书从特征和功能角度综合性定义民政工作。民政工作强调政权组织（国家）提供社会服务和社会管理；指以国家行政权力作为后盾，运用行政化手段和社会化方式相结合，由政府部门、群团自治组织依法组织实施的服务和管理工作，以期解决社会问题、调解社会矛盾、维护社会公平、发展社会民主，实现社会稳定，维护人民群众基本生活权益和社会权利。具体内容包括社会服务、社会保障、政权建设等方面；具有较强的政治性和群众性，也含有社会性和多元性的特点；发挥着社会稳定机制的基本功能。

四　社会工作

西方的社会服务方式统称为社会工作。社会工作起源于西方资本主义萌芽时期，其发展程度却因各国政治制度、经济制度、文化传统及社会发展等差异而不同。社会工作可以区分为普通社会工作、传统民政工作和专业社会工作。普通社会工作指在本职工作之外无偿地为他人服务的利他工作，与义工或志愿者基本相同；传统民政工作形成于毛泽东时代，是党政机关、群团组织等以行政职能开展的助人解困和社会救助活动；专业社会工作是在“助人自助”理念支持下运用专业知识或方法帮助社会上处于不利地位的个人、群体和社区，克服困难、解决问题并预防问题的发生，恢复、改善

① 朱巍巍：《民政三十年：理念的跨越》，《中国民政》2008年第5期。

和发展社会功能，以适应和进行正常社会生活的社会服务。[①]

本书所讨论的社会工作特指“专业社会工作”，可以视其为一种助人活动、助人过程、专业方法或制度体系。本书无意参与定义的争论，把社会工作理解为与民政工作对等的西方制度。正如，威特默尔（Witmer）从制度角度所认识的社会工作，由有组织的机构或团体为解决个人所遭遇的困难而实施的一种援助，是为协助个人调整其社会关系而实施的各种服务的制度设置。[②] 社会工作强调运用专业知识与方法帮助社会上处于不利地位的个人、群体和社区，克服困难、解决问题并预防问题的发生，恢复、改善和发展其功能，以适应和进行正常的社会生活的服务活动。[③]

社会工作具有强烈的社会服务与社会组织意涵，“服务”强调社会工作解决个体问题的属性，即在有效资源配置条件下最大化地满足个体需求；“组织”表示社会工作解决问题的方式，即整合服务对象的力量为了共同利益而自发地参与行动，以期提高成员的福祉。[④] 其中，“社会性”是社会工作最为独特而深刻的表征，社会工作的功能是从社会属性角度出发维护社会系统的正常运行，以期通过恢复、改善和发展社会功能，协助社会成员自助式地融入社会，增强人们的社会关系，丰富人们的生活方式。[⑤]

第三节　文献述评

转型时期社会服务方式的创新路径、模式选择及理论建构，实

---

① 王思斌：《我国诸社会工作之内涵及其比较分析》，《中国社会工作》1998 年第 1 期。

② ［美］威特默尔：《社会工作：一种制度的分析》，转引自李迎生《社会工作概论》，中国人民大学出版社 2004 年版，第 5 页。

③ 李迎生：《社会工作概论》，中国人民大学出版社 2004 年版，第 6 页。

④ 甘炳光等：《社区工作：理论与实践》，香港中文大学出版社 1994 年版，第 138 页。

⑤ 甘炳光：《社会工作的“社会”涵义：重拾社会工作中的社会本质》，*The Hong Kong Journal of Social Work*，Vol. 44，No. 1（Summer 2010），17 – 28。

质就是如何看待民政工作与社会工作关系的问题以及两者关系的未来走势。民政工作由本土传统积淀而成，是此轮社会服务方式选择的初始状态；社会工作则是外部舶来品，与民政工作构成竞争关系。目前，学术界对民政工作与社会工作的竞争关系存在三种主流观点，即现代化的阶段论、嵌入性发展理论、后现代的碎片化发展。

一　现代化的阶段论

福利国家浪潮极大地推动了社会工作制度在世界范围内的扩散。实质上，国外学者看待发展中国家的社会工作模式时有两种主流观点，即“西方中心论”和“转换—对接范式”。前者强调后发国家要照搬先进模式，全方位地模仿和学习西方“先进制度”；后者强调后发国家在学习先进模式时要做出相应的改进，其终点在于实现先进制度的本土化。目前，转换对接范式逐渐占据主导，在此背景下社会工作本土化研究越来越重要。

部分学者从制度扩散阶段的角度理解社会工作本土化过程。沃尔顿（Walton）等人总结了社会工作在发展中国家的发展历程，即移植（Transmission）、本土化（Indigenization）、内生化（Authentization）等渐进式阶段，“制度的适应性”是推动制度演变的真正动力，而“适应性”重点体现在该制度是否可以有效回应特定社会环境中的社会问题；首先移植社会工作的知识和技术，随之进行本土化的改良，最后走向与社会共容的内生化阶段，其中本土化与内生化之间此消彼长、互补发展。[①] 然而，发展中国家在社工教育和实践方面走过了几十年，从发达世界移植的社会工作并没有在新的土壤中牢固扎根，其根本原因在于发展中国家在社会工作方面遵循高依赖性模式，缺乏本土“行业实践”做支撑；由此说明，只有更加

---

① Ronald G. Walton and Medhat M. Abo El Nasr，Indigenization and authentization in terms of social work in Egypt，*International Social Work*，1988，31（2）：135 – 144.

有效地与这些国家的文化、经济、政治现实、特殊问题全面结合，才能增强社会工作的适应性与本土化。[①]

多数学者在阶段论基础上研究具体模式及其转型路径。总结亚太地区、中东、埃及以及拉美地区的发展历程，社会服务方式主要经历了“传统福利体制”、“工业慈善模式” 和“现代化模式”。传统福利体制时期，社会服务方式深受传统文化中助人思想及方法的影响，宗教团体、社会精英是承担社会福利的重要行动者。工业慈善模式时期，社会工作被西方殖民者、传教士等引进到当地，提供从属于殖民策略的消极社会服务；随着本国的工业化和城市化，社会问题逐渐弥漫了整个国家，福利体系随之开始有资金流入，此时社会服务主要以修补性、慈善性等方式回应社会需求。现代化模式时期，经过西方训练的当地福利工作者倾向于模仿英美的社会工作模式、理论和实践，逐渐地替代了传统模式，并且当地人民的权力增强、意识觉醒、社区发展、社会活跃、草根运动频发等现象也会迫使地方执政者采取现代的社会服务方式。[②]

近年来现代化模式备受质疑，社会服务方式的跨地区交流互动越发频繁。社会工作的内生化发展阶段不断地冲击殖民主义模式或现代化逻辑，更加强调不同的文化有着不同的社会服务方式，应该置于特定的社会和文化环境中对其加以理解。也有学者认为西方社会工作制度“嵌入”当地社会环境，因此它能够让社会工作专业从地方性实践中汲取营养，并对国际社会工作的发展提供变革经验，推动向前发展。[③] 卫小将认为全球社会工作发展过程中存在着两股

---

① Ibraim A. Ragab, How Social Work Can Take Root in Developing Countries, *Social Development Issues*, 1990, 12 (3): 38 – 51.

② Kristin M. Ferguson, Beyond Indigenization and Reconceptualization: Towards a Global, Multi-directional Model of Technology Transfer, International Social Work, 2005, 48 (5): 1 – 17.

③ Mayadas, N. and D. Elliott, Lessons from International Social Work: Policies and Practices, in M. Resich and E. Gambrill (eds) social work in the 21st century. Thousand Oaks, CA: Pine Forge Press, 1997.

驱动力，一是美英国家追求专业化的驱动力，二是发展中国家探索本土化的驱动力。其中，专业化不断地被建构为社会工作发展的主流话语，而本土化是反“专业帝国主义”的一种探索，土生化则是反思和推进本土化的重要策略。[①] 无论怎样，现代化理论强调受市场经济和公民社会的影响，社会工作作为西方先进模式必然替代传统的社会服务方式。

二　嵌入性发展理论

嵌入性发展理论由王思斌提出，是中国社会工作本土化路径中最具影响力的观点。借助波兰尼及格拉诺维特的“嵌入”概念，王思斌以此分析中国社会工作的发展模式及行动策略，引入经济学中的“嵌入”概念来分析社会工作的发展路径和格局。其背景是，本土性社会工作（民政工作）体系或强或弱地提供社会服务，对公众的日常生活有着持久影响，西方情境下发展起来的专业社会工作被视为制度创新的重要参照，两个相互独立的制度却在中国相遇。当原有体系依然存在、并未打破时，专业社会工作进入中国就必须与原有社会保障和服务体系结合，而不可能独立推行一套社会服务方式，嵌入性发展是必经之路。[②]

所谓“嵌入性发展”指“专业社会工作嵌入原来的社会服务领域之中并谋求发展的”，或者“专业社会工作实际上是进入本土社会工作实践的原有领地，前者嵌入后者之中”。相对而言，专业社会工作弱于本土社会工作，此时的嵌入则指专业社会工作必须进入行政性社会工作占主导地位或基本覆盖的社会空间发挥作用。[③] 除此之外，熊跃根提出“体制嵌入”的概念，指在社会工作教育领

---

① 卫小将:《全球社会工作发展路径与走向》,《甘肃社会科学》2015 年第 1 期。

② 王思斌:《试论我国社会工作的本土化》,《浙江学刊》2001 年第 2 期。

③ 王思斌:《中国社会工作的嵌入性发展》,《社会科学战线》2011 年第 2 期。

域行动者与政府主动联结或被动吸纳的交互关系。[①]

社会工作嵌入发展的基本格局：从“政府主导下的专业弱自主性嵌入”到“政府—专业合作的深度嵌入”。专业社会工作在进入实际社会服务领域和实践时，它和政府的关系是怎样的，它们之间的地位高低和支配关系又怎样。王思斌认为，社会工作恢复重建以来，政府试图实现社会服务创新，但是由于改革以来社会问题的复杂性和维持社会稳定任务的艰巨性，政府靠行政力量提供福利服务的基本做法没有变，所以此时基本上是一个由政府支持的实际社会服务为主导，同时专业社会工作又具有一定自主性的浅嵌入格局。专业社会工作通过社会实践取得令人（尤其是政府、社会服务领域的负责人）满意的成绩时也就获得了社会的认同与许可，由此可以使得政府让渡更多、更大的活动空间，最终形成政府部门的行政工作与专业社会工作合作的深度嵌入格局。[②] 实质上，嵌入性发展的主要动力来自于政府，它在面对社会不稳定、矛盾突发期所带来的挑战时主动引入专业社会工作，嵌入到原有的民政工作体制，提高专业化社会服务水平。

专业社会工作的嵌入性发展是现实约束的结果。实际上，我国推动社会工作发展的重要力量来自于政府，而不是民间。政府期望利用专业手法解决越来越复杂的社会问题，但原有体系又是完整无损的，这就需要在既有行政性社会工作中嵌入专业社工。此时，新体系将会朝着满足现在的经济体制和政治体制发展，社工理念、方法等都有可能互相适应，也就是互构性演化，走向行政—专业的社会工作。当然，本土的传统文化也会一直影响其发展。中国儒家文化中的家国观非常浓厚，社会本位的观念也是影响至深，导致国家

---

① 熊跃根：《论中国社会工作本土化发展过程中的实践逻辑与体制嵌入》，载《社会工作专业化及本土化实践——中国社会工作教育协会 2003—2004 论文集》，社会科学文献出版社 2006 年版，第 195—208 页。

② 王思斌：《中国社会工作的嵌入性发展》，《社会科学战线》2011 年第 2 期。

要承担更大的社会服务责任，当然社会也有义务照顾弱势群体。这告诉我们，在中国不能追求一味地科学化、程序化的社会服务工作模式，而应该追求人文关怀、助人自助地实施社会服务，在工作人员与受助人之间建立起实质性的信任关系。[①]

总结来看，嵌入性发展强调社会工作能够成为社会服务的主要方式，但受路径依赖锁定、结构性张力等影响只能嵌入到政府（原有）框架下运行和拓展，其发展受到行政性、半专业化的“本土性社会工作”（民政工作）的掣肘。[②] 外来社会服务方式的本土化进程受到原制度的有效性和地位、新制度适应当地文化和社会制度的程度等影响。虽然王思斌等人看到了中国当前存在两种社会工作制度竞争，但是他在本土化研究中没有提出机制性解释，也没有明确嵌入状态下“有效”和“适应”的内涵，更多地描述嵌入式、依附式的实现西方专业社会工作本土化的策略。

三　后现代的碎片化发展

普遍认为，嵌入性发展的优势是专业社会工作可以得到政府的合法性认同、获得足够的生存空间和体制内资源的支持，在短期内实现快速发展。事实真是如此吗？目前，越来越多的学者从解构的角度关注社会工作与民政工作的关系。专业社会工作在表面上一片繁荣景象，实则受到初始状态、社会环境不断地撕裂，最终的走向已经越来越不确定了。

自20世纪80年代末社会工作进入中国之后，社会工作就在适应—回应的循环中不断地本土化。早期对于本土化的探讨比较集中关注文化价值，认定其是诱发社会工作实践困境的深层根源。事实

---

① 王思斌：《中国社会的求—助关系》，《社会学研究》2001年第4期。

② 古学斌、阮增媛琪：《本土中国社会工作的研究、实践与反思》，社会科学文献出版社2004年版，第3—5页。

上，这样的认识是远远不够的，毕竟道德规范体系不是凭空存在，而是与具体社会结构紧密相衬。比如，西方更多地是“个人—社会”为两极的社会结构，中国则在中间多了一层“家庭”的元素。所以，社会工作本土化时必须结合其独特的家文化，衍生出一套适合中国国情，能够得以推行和发展的社会工作本土理念、操作模式，而不能盲目照搬照抄。①

社会服务方式与政治体制、权力网络等结构性因素的联系日益受到重视。强政府、弱社会的结构下，专业社会工作嵌入之后难以保证其独立性、自主性和专业性地位，缺乏自己的独特话语，有可能会沦为政府强化社会控制的工具，进而背离其推动社会公平正义的专业使命。② 微观层面，专业社工以政府购买服务的机制嵌入原有的行政社会工作之后，被吸纳到街道的权力网络过程中产生了外部服务行政化、内部治理官僚化和专业建制化的过程。然而，复杂的街区权力关系限制了专业社工深度嵌入社区治理，这使得表面光鲜的社会工作在街区权力体系中逐渐式微，失去影响。如果要挽回式微的专业权力，就要有专业社会工作的批判意识，策略性地与街区政府建立既独立又合作的关系，与原有的本土社会工作结盟，这样才能推动街区社会治理的民主化变革。③

然而，本土社会工作与西方社会工作还在同一时空内出现了竞争、分离的状态。郭伟和在对中国农村的大学生村官和国际援助的社区发展项目中实证发现，体制内演进与体制外发育的冲突影响了社会服务的有效供给。大学生村官就较好地嵌入现行政治体制和主流发展话语之中，能够利用模糊身份动员各种社会资源；社区发展

---

① 田毅鹏:《中西社会结构之“异”与社会工作的本土化》,《社会科学》2008 年第 5 期。

② Miu Chung Yan, Kwok Wah Cheung, The Politics of Indigenization: A Case Study of Development of Social Work in China, *Journal of Sociology & Social Welfare*, 2006: 33, pp. 63 – 83.

③ 朱健刚、陈安娜:《嵌入中的专业社会工作与街区权力关系——对一个政府购买服务项目的个案分析》,《社会学研究》2013 年第 1 期。

项目则站在体制之外，不断地反思主流的发展话语，寻求现行体制无法接受的参与式发展路径，反而产生了制度冲突，最终无法完成预期的社会服务目标。[①] 同时，在汶川地震中存在遇难学生家长与当地政府的紧张关系，传统工作方式倾向于维稳，而社会工作者也可以在外部环境约束下通过实务活动及技巧担当起调解者的角色，从而扩展自身的发展空间。[②] 因此，两种社会服务方式的竞争结果受制于外部环境及其自身实践等因素，尤其显现出浓厚的解构与建构色彩，也增强了制度的不确定性。

四　文献评述

关于“社会服务方式的选择及模式”，现有研究达成了如下共识：第一，民政工作或行政性社会工作是长期存在的传统社会服务方式，而专业社会工作是转型以来的西方舶来品。第二，社会服务方式的选择，其实质在于探讨民政工作与社会工作的关系，但两者角力的最终结果还存在激烈争论。第三，转型时期中国社会服务方式的选择深受本土文化、社会环境及政治体制的影响，学者们对这些影响的不同判断导致了不同的模式。

但是，现有研究为什么会存在相互竞争的多种理论？比如现代化的阶段论、嵌入性发展论以及后现代的解构论，它们谁对谁错？事实上，这很难判断。其根源在于，已有文献较少关注两种社会服务方式的竞争选择过程，而更多地以“规范”的视角去理所当然地推断，或者是片面提取证据式的“盲人摸象”。具体而言，阶段论深受现代化理论的影响，学者们过于乐观地认为专业社会工作可以随着时间的推移而征服全球；嵌入性发展理论的诱惑性极大，但细

---

① 郭伟和：《体制内演进与体制外发育的冲突》，《北京科技大学学报》（社会科学版）2007 年第 4 期。

② Chen，Tao 2009，Social Workers as Conflict Mediator：Lessons from the Wenchuan Earthquake. *China Journal of Social Work* 2（3）.

读文献可知，学者们并没有“扎实地证据”说明外部环境如何一步步地迫使专业社会工作嵌入原有社会服务方式；解构论通过实证方法表明嵌入性发展并没有如预期那样一帆风顺，社会工作反而被权力所吞噬，遗憾的是权力如何渗透、控制专业社会工作并没有得到解剖。

进一步分析，已有研究更多地强调社会服务方式的选择结果而不是过程，还存在以下不足之处：第一，缺乏描述社会服务方式的“指标框架”。第二，尚未指出影响民政工作与社会工作竞争关系的“因子集合”。第三，缺乏影响因子对社会服务方式创新路径的“作用机制”，这是极其重要的环节。第四，没有构建社会服务方式创新的“现实状态”、“理想蓝图”及其“路径选择”的整体性研究，所以难以预测未来的走向。

因此，本书在方法论上希望在结构功能主义的基础之上增加过程事件的观察，以期更加细致地实证解剖社会服务方式的选择机制。具体的研究内容则是：以“国家与社会关系下制度竞争”的公共管理视角研究社会服务方式的创新，尤其是要揭开民政工作与社会工作的“竞争黑箱”。

第四节 分析框架

一 制度竞争的视角

制度为社会生活提供稳定性和意义的规制性、规范性和文化—认知性要素，以及相关的活动与资源。[①] 制度竞争指特定环境中不同制度之间为了争夺主导权的过程集合；也即，制度选择主体对不同制度的比较分析和筛选过程。制度竞争应该包含“选择主体”和

① ［美］W. 理查德·斯科特：《制度与组织：思想观念与物质利益》（第三版），姚伟等译，中国人民大学出版社2010年版，第56页。

"备选方案"两个要素。选择主体依据某种逻辑检验各种备选方案的优势利弊，并加以筛选和组合，故制度竞争的结果不一定是非此即彼，可能是多种制度的嵌入或融合。

新制度主义为理解制度竞争的关键机制提供了理论源泉。彼得斯认为，新制度主义回答了制度由何构成？制度怎样形成？制度如何变迁？个人和制度如何互动？制度如何解释行为及其能否验证？制度如何设计？制度如何运行？什么是好的制度？该理论的解释限度如何？[①] 然而，本书就是研究"本土制度"与"外来制度"的竞争关系，必然涉及制度构成、制度过程，甚至选择主体与制度本身的关系。鉴于此，本书从影响制度形成的关键因素入手系统借鉴"理性选择制度主义"、"历史制度主义"及"社会学制度主义"等理论。

（一）理性选择制度主义：效率

"理性选择"一直是解释社会变迁或制度变迁的关键因素。该流派认为制度变迁即新制度替代旧制度的过程，遵循着"效率最大化"或者"利益最大化"原则。依理类推，制度竞争的实质就是制度之间的效率竞争，其结果可能是有效率打败无效率或高效率打败低效率。无论怎样，理性选择制度主义以经济学为基础，效率是评价制度优良的唯一标尺，而制度的核心功能也就是利益协调。

诺斯认为制度变迁与技术进步的轨迹非常相似，其根本动力及关键因素是行为主体追求自身利益最大化。技术变迁引致的相对价格变化是制度变迁的源泉，制度又决定经济绩效。不同行为主体（如个人、集团或政府）推动制度变迁的动机、方式及结果都可能不同，但是他们背后受制于共同的逻辑原则。这就是，制度变迁的

---

① ［美］盖伊·彼得斯：《政治科学中的制度理论：新制度主义》（第二版），向民等译，上海世纪出版集团2011年版，第22—23页。

成本与收益法则决定着制度变迁的方向及速度。当存在预期利润时，行为主体才会去推动制度变迁，直至维护自我利润得以保障时才得以完成制度变迁过程；反之亦然，这就是制度变迁的利益最大化原则。诺斯强化了制度变迁的效率决定论，通过“边际报酬递减”讨论了制度变迁的“路径依赖”，如专有资产、意识观念等都对效率有着外在影响，因此“理性”是制度竞争的核心解释变量，其表现则是“效率”或“利益”。①

谢普斯勒认为“制度如何被选择”、“制度是如何得到维持”由选择主体的利益关系所决定。他从公园里孩子玩捉迷藏时选择游戏规则入手，发现制度可以等同为一种博弈形式；而制度选择就相当于选择一种规则。大多数制度选择场景中，选择主体对许多外部参量的把握只是局部，并且他们完全有能力通过制度实现共同目标。那么制度选择就是纯粹的协调问题，特别是利益分配性冲突的协调。事实上，许多社会制度都是个人在已有知识范围内明智地发挥自己的预见力和利益关系而选择的。制度转型可能来自于两种力量，要么是内部力量的推动，即改变或重新协商原有规则；要么来自外部力量，特别是由于某些无法预料的整个体制的冲击。②

制度提供了协调社会利益分配的准则，那么各种协调逻辑串联起来就是制度演化的光谱，即自发形成、市场协调交易以及社会选择等是理性选择的重要机制。某些准则对于整个社会的集体利益来说是必需的，作为个体的选择主体以“最有利”方式筛选出规则。③ 制度并不会在需要时自动产生，相反它一定是被创造而来。

---

① ［美］道格拉斯·诺斯：《经济史中的结构与变迁》，陈郁等译，上海三联书店 1994 年版，第 7—22 页。

② ［美］肯尼斯·谢谱斯勒：《制度研究：理性选择理论的启示》，载何俊志等《新制度主义政治学译文精选》，天津人民出版社 2007 年版，第 128 页。

③ ［美］杰克·奈特：《制度与社会冲突》，周伟林译，上海人民出版社 2009 年版，第 5 页。

由于理性选择理论侧重于解释规则对行为和政策结果所产生的塑造作用，所以制度是如何被创建、如何竞争等问题就不能引起较高关注。制度变迁或许发生在现存制度无法满足当前环境下的各种需要，以致无法提高效率；然而在变迁过程中，新旧制度之间的竞争就必不可少。即使制度竞争没有被理性选择学派直接重视，也能够在其中寻找制度竞争的解释逻辑。

理性选择理论的分析范式被广泛地引入到政府、政治及制度研究领域。然而，以“个体主义”为分析单位就很难解释日常政治社会生活，为了提供一种对政治的综合性解释，他们的理论就必须致力于政治制度的本质和作用。[①] 所以，理性选择理论受到了较多批评：第一，关注制度对外部行为的规制和影响，而较少关注制度本身的生成、发展及变迁。第二，把个体偏好和利益视为外部因素，由外部结构决定，所以没有透彻地解释制度选择或制度变迁过程。制度竞争中各个主体的地位和权力又是如何影响各自的利益或效率，并没有得到充分的讨论，而社会结构中有众多因素无形中支配着变迁方向。

（二）历史制度主义：权力结构

历史制度主义在理性选择学派之后迅速地发展。该流派强调制度对于公共政策和政治后果的重要作用，注重通过历史轨迹分析事件对现在的影响，试图放大历史视角解释路径依赖和制度变迁的根源。历史制度主义尤其关注行动者的利益诉求、行动能力和外部环境等受制于“过去的权力结构”。由此，该理论才可以解释，为什么相同原因可能导致不同的结果？以及为什么同样的结果却是不同原因造成的？即，制度变迁的起点到终点之间存在多种可能路径。

---

① Tsebelis, *Nested games: Rational Choice in Comparative Politics*, University of California Press (Berkeley), 1990.

路径依赖提供了制度分析的新视角。从微观层面的个体理性选择转移到中观层面的历史进程影响，从静止的理性或偏好分析转移到比较动态的社会结构分析。然而我们也需要正视，路径依赖提供了很好视角，但还没有深入的分析传导机制，特别是放到社会环境中的根源性分析。政治科学领域对历史制度主义极其注重。主要原因有：第一，集体行动的主导作用、制度的高度密集、权力的非对称性，以及其内在复杂性和不透明等使得制度演化更为复杂而难以琢磨。第二，缺乏竞争和学习的有效改进机制、行动者狭窄的视野，以及政治或社会领域的制度有着更加强烈维持现状的倾向，这些特征增加了行动者选择制度的难度。①

按照瓦戈的理解，社会中所有的利益集团都被分为掌权集团和无权集团，两者之间存在“权力关系合法性”的结构性冲突。在任何组织或社会里，按照角色和位置可以分为两个“准集团”，这两个集团的成员之间有“潜在利益”的相互对抗。处于强势位置的集团倾向于保持当前状况，而处于从属地位的集团则期望改变当前状况。每个集团内部的成员分享着经验、角色、利益，以至于达成维护自身利益的共识。那么，制度变迁的类型、速度、幅度，都取决于上述的“结构变迁的条件”。这些条件包括权力阶级保持自己权力的能力，以及潜在的被统治利益集团所受的压力。②

斯考切波尔运用历史制度主义方法比较分析法国、俄国和中国革命时特别重视社会结构、利益集团和阶级分析等理论工具。首先，她认为聚合—心理学理论、系统—价值共识理论和政治—冲突理论的可靠性比不上阶级分析方法，也认为某种单因素的分析无法完整地解释革命发生过程。其次，她相信阶级形成与国家结构的特

① Paul Pierson, Increasing Returns, Path Dependence, and the Study of Politics, *American Political Science Review*, Vol. 94, No. 2, June 2000, pp. 251 - 267.

② ［美］瓦戈：《社会变迁》（第5版），王晓黎译，北京大学出版社2007年版，第49页。

定互动关系、国内与国际形势的长期复杂的相互作用才能真正地理解革命，比如地主阶层对专制君主的反叛、农民暴动和更加中央集权的新制度诞生等都体现了结构性视角。[①]

凯瑟琳·西伦对德国、英国、美国和日本的职业技能培训制度做了比较分析，揭示了技能培训制度的缘起、传承及变迁。西伦认为权力分配理论（利益集团理论）理解制度变迁是政治联盟和其他社会制度变化引发的功能性变迁，即制度锁定被描绘成一种决定性状态的路径依赖。她提出制度动力和制度匹配等强调制度发展过程中的斗争属性，这样做可以找回驱动制度源生、再制以及变迁的政治动力。[②]

阿塞莫格鲁和罗宾逊认为制度选择是利益集团之间的斗争结果。不同的社会群体（有时是社会阶级）在政治结果上存在不同的利益，但为什么权贵要建立民主制度？这种情形之所以能够发生，只是因为被剥夺了选举权的民众能够对权贵造成威胁，迫使他们让步。权贵们可以采取行动阻止民众的要求，但权贵会在理性选择的基础上决定镇压还是妥协。最终出现民主制度的让步，但这使得权贵们的政治权力继续保持下去。[③] 随后，他们还用“制度漂移”解释部分国家建立包容性制度而其他国家采纳汲取性制度，其关键在于许多“偶然因素”的干扰，如初始制度、自然条件、社会结构等。[④]

白苏珊提出一种研究制度变异与变迁的动态方法。此方法探

---

① ［美］西达·斯考切波：《国家与社会革命：对法国、俄国和中国的比较分析》，何俊志等译，上海世纪出版集团2007年版，第3—5页。

② ［美］凯瑟琳·西伦：《制度是如何演化的》，王星译，上海人民出版社2010年版，第12页。

③ Daron Acemoğlu, James A. Robinson, *Economic origins of dictatorship and democracy*, Cambridge University Press, 2006.

④ ［美］德隆·阿塞莫格鲁、詹姆斯·罗宾逊：《国家为什么会失败》，李增刚译，湖南科技出版社2015年版，第5—6页。

讨个体、制度及其所处环境之间的复杂的互动以解释变迁过程，把三个不同分析层次整合在一起。在个体层面，她提出了基于实证之上的关于嵌入地方政府和市场制度中的个体所追求的目标之假设。在制度层面上，她对由地方制度创造出来的激励和制约以及这些激励和制约如何影响个体追求其目标的方式进行了分析。在国家政治经济体制层面上，她借鉴经济变迁的进化理论，分析了国家制度环境的转变如何改变了地方制度所创造出来的激励和制约。从进化（演化）的角度来看，即使是急剧的变迁也有清晰的起源，而起源可从个体、制度及这些制度所存在的环境这三者的互动中得以确认。①

制度演化的两种机制：一个机制是制度层叠，指把全新的元素嫁接到另外一个稳定制度架构中。另一个机制是转换，设定全新的目标或者有新群体加入到制度创建时所依赖的联盟之中，能够促使制度所发挥的功能及其所扮演的角色都发生改变。所以，通过把路径依赖理论中的相关内容（强调正反馈效应），以及历史制度主义中强调不同过程和不同制度动力之间的次序与互动的传统内容结合起来，我们能够洞悉制度是何时及如何随着时间而发生变迁、发展以及演化的。

其中，西伦创新性地提出“制度匹配”对制度变迁的重要性。制度匹配意指，某种社会的政治经济制度或多或少地是一种综合体系，其中各种各样的制度安排通过种种途径密切黏合在一起；从历史上来看，认为对于一个领域中特定的制度安排而言，如果在相邻领域存在着一套与之兼容或匹配的制度安排，那么将会“提高制度的回报”②。霍尔和索斯凯斯认为，不同领域内的制

---

① ［美］白苏珊：《乡村中国的权力与财富：制度变迁的政治经济学》，郎友兴等译，浙江人民出版社 2009 年版，第 4 页。

② ［美］凯瑟琳·西伦：《制度是如何演化的》，王星译，上海人民出版社 2010 年版，第 252 页。

度之间相互匹配有助于巩固整个系统的稳定性。这一方面是因为，上述制度安排是竞争优势形成的基础，所以围绕这些制度已经做出行动战略选择的关键行为者不愿意改变现状；另一方面原因在于，即使人们企图改变其中的部分制度，但由于变动一个领域的规则将需要其他相邻领域做出调整，如此一来既提高了制度变迁的成本，也增加了制度变迁的政治障碍。制度匹配的事实说明，如果一个领域的主要制度被改变将会立刻辐射到其他相邻领域，导致其内部出现冲突和变迁。①

历史制度论者从权力的观点探讨制度，能清楚解释制度变迁的方向与内生动力从何而来。制度的起源与变迁并非凭空发生，而是镶嵌于整个制度体系的演化过程中。从个别制度走向整个制度体系，真实的历史过程充斥着各式各样的机制与制度，一项制度可能承载了不止一种机制，制度与制度间也会互相影响。制度变迁的路径就是不断被其他制度所形塑的演化过程，同时又是权力斗争之下的产物。经由大量的经验研究作为基础，历史制度论者已归纳出不同的制度变迁模式，比如取代（displacement）、转换（conversion）、层迭（layering）、漂移（drift）等。针对这几种制度变迁模式，可以从制度所处的政治脉络和制度本身的特质等两个面向进行更为系统化的分析。政治脉络是指偏好现状的行动者，是否具有足够的否决能力以捍卫现状；否决能力越强，越能够保持既有制度不被改换。制度特质关注的则是行动者在制度的运作过程中，所具有诠释和执行的空间大小；空间越大，就表示制度的规范越不明确，行动者有越多的操作空间。②

综合来看，历史制度主义下制度变迁的结果有：潜在的制度

---

① Hall and Soskice, *Varieties of Capitalism: The Institutional Foundations of Comparative Advantage*, Oxford University Press, 2001.

② 黄宗昊：《历史制度论的方法立场与理论建构》，《问题与研究》2010 年第 3 期。

可能会突然显现出来；当新的行动者开始出现并利用现存制度来追求他们的新目标时，旧的制度开始服务于新的目标；旧的行动者在旧的制度框架内采用了新的目标和策略；政治行动者调整他们的策略以适应制度自身的变化。历史制度主义的四个明显特征是：倾向于在相对广泛的意义上来界定制度与个体行动之间的相互关系；强调在制度的产生和运作过程中权力的非对称性特征；在分析制度的建立和发展过程时，强调制度的路径依赖特征和政治生活中的意外后果；尤其关注将制度与能够产生出政治后果的其他因素整合起来进行政治分析。[①] 历史制度主义把社会结构、政治权力等结构性要素纳入制度形成的过程分析，在中观层面充实了制度变迁的逻辑，从而打通了制度与社会的政治经济条件之间的联系。

（三）社会学制度主义：合法性/观念

社会学制度主义从宏观层面的“符号”、“观念”及“合法性”等要素理解制度竞争过程。当然，社会学制度主义并没有否定理性、权力的影响。该理论将制度外显为“组织”，并认为正式的组织结构不仅反映了技术要求以及资源依赖，而且还要受到社会环境的深远影响，其中社会流行的知识、观念及专业形象通过教育、法律、规范等渠道强加于行动主体。因此，由于组织或制度深深地嵌套于社会与政治环境之中，他们的结构与实践通常映射了社会环境中的规则、信念和惯例等意义框架。[②]

“理性神话”使得制度话语与实践结构性分离。韦伯在分析资本主义制度形成过程中特别突出新教伦理的影响，这种文化观念对

---

① 何俊志：《新制度主义政治学的流派划分与分析走向》，《国外社会科学》2004 年第 2 期。

② ［美］鲍威尔、迪马吉奥：《组织分析的新制度主义》，姚伟译，上海人民出版社 2008 年版，第 5—10 页。

制度形成起着基础性支持功能，其中理性价值贯穿始终。[①] 鉴于制度嵌植于复杂的技术关系和交换网络之中，甚至环境中已经形成了一套行之有效的政策、规范等“理性神话”（myth），新制度不得不采取其中的话语、仪式等以此增加自身的合法性及适应性，而不论这些实践做法和程序的直接效用。对于话语与行动分离的结构性矛盾，制度实施过程中以“脱耦”的方式加以运行，如强化组织活动的专业主义、抽象组织活动的真实目标及仪式性的监督与评估。[②]

“制度同形”成为理性囚笼禁锢和束缚人们行为的社会反馈。韦伯在《新教伦理与资本主义精神》中警告说，由禁欲主义所招引的理性主义精神已变成了一个“铁笼”，即官僚化的科层制不断地禁锢和束缚着人们，并且这种控制是如此高效和强有力以至于难以打破。从而使得新兴制度发生了结构性变迁，他们的产生越来越少地是由竞争或效率需求所驱动，相反制度为了应对外部环境的不确定性和相关约束，日趋走向在结构、文化和行动方面的同形。制度同形的发生机制主要源于：政治影响与合法性问题的强制性同构；对不确定性做出标准反应的模仿性同构；与职业化相连的规范性同构。[③] 制度同形并不是非理性的迎合外部环境，组织不仅获得了合法性，还借此获得了发展资源、物质收益等更高的经济效益。

这就是说，社会学制度主义更加关注成员在做出决策时“外部环境”和“意义框架”的约束。制度的结构和框架表达着这些形

---

① ［德］马克斯·韦伯：《新教伦理与资本主义精神》，康乐等译，广西师范大学出版社2009年版，第12页。

② Meyer J. W.，Rowan B. Institutionalized Organizations：Formal Structure as Myth and Ceremony. *American Journal of Sociology*，1977，83（2）：340－363.

③ Paul J. DiMaggio，Walter W. Powell，The Iron Cage Re-visited：Institutional Isomorphism and Collective Rationality in Organizational Fields，*American Sociological Review*，1983：147－160.

式的信息。这里体现的基本假设是：制度是一种意义系统，在制度内，组织和个体的行为依赖于意义的注入以及符号的运用。① 社会学制度主义从环境中收集和处理信号，并力图用政策与变化的环境相匹配的分析方法来理解制度竞争和变迁。②

（四）小结：比较分析

新制度主义内涵丰富，各流派拥有系统而完整的制度竞争逻辑，分别强调“效率”、“权力结构”及“合法性”等，总结如表1－1所示。

表1－1　新制度主义主要流派的比较及启示

类型 / 内容	理性选择制度主义	社会学制度主义	历史制度主义
制度的定义	制度是形塑个体行为的规则集合体，同时个体在规则约束下追求效率最大化	制度包括认知性、规范性和规制性的结构和活动，通过符号和意义系统来连接环境与行为，是成员在感知和认知的社会性建构	制度是社会结构中不同单位分配权力或利益的正式规则和执行程序，且这套规则受历史沿承下来的权力结构影响
制度与行为的关系	制度外生于个人行为，约束人们策略互动的范围，克服集体行动的困境。个人采取策略性算计途径极大化地追求效率最大化	制度是一种意义体系，个体行为依赖于所注入的意义和所运用的符号，受制于社会合法性。采取文化途径解释行为的合理性	制度是社会中利益集团权力斗争的结果，所以制度是镶嵌在政治社会经济结构之中引导行为者的正式或非正式程序、惯例、规范及协定

① March and Olsen, The New Institutionalism: Organizational Factors in Political Life, *American Political Science Review*, Vol. 78, No. 3, Sep., 1984, pp. 738－749.

② B. Guy Peters, *Institutional Theory in Political Science: The New Institutionalism*, London and New York, Willington House, 1999.

续表

内容＼类型	理性选择制度主义	社会学制度主义	历史制度主义
制度形成及变迁的逻辑	制度是人为有意创设的，以降低行为者之间互动的不确定性和成本。既有制度的存续是因为其能够提供行为者更大的价值；因此，制度变迁意味着效率更高的新制度替代效率略低的旧制度的过程，以适应不断变化的需求	制度来自于文化、习俗、传统等，起着规范性约束作用。行为主体之所以选择某种制度，并不是因为它提高效率和绩效，而是增强了社会合法性。所以，制度变迁是某种制度安排更好地得到社会认可和承认，顺应了特定场域的合法性压力	制度来自于已有的社会结构体系，是权力或利益争夺的规则性产物。那么，制度变迁就是回应社会结构变化的必然过程，该过程中的权力主导结构受历史因素影响，权力主导者在情境中界定自身利益，进而影响着制度变迁方向
核心启示	制度是偏好相同的个体追求效率最大化原则的规则	制度是观念和意义约束下对社会合法性原则的建构	制度是权力不对称性结构约束下的利益集团竞争和妥协的产物

从新制度主义可以得到两方面的启示。第一，不能割裂地看待“效率”、“利益”及“合法性”对制度竞争的影响。由于各个流派对制度内涵、行为假设的理解不同，逐渐走向偏执而深刻的理论发展道路；事实上，每个关键变量都有一定的解释力，但又不充分。第二，制度竞争的逻辑具有复杂而系统的特性。在创新制度竞争理论时，应该尝试借鉴已有关键变量；但是，不能简单地线性组合已有理论，而应该在辨析理论基础之后结构性、系统性地重构，即重新界定制度内涵、竞争基础及行为逻辑等。那么，如何在分离的三个制度竞争流派基础上，另辟蹊径地提出统合性的制度竞争解释框架？

二 解释逻辑

本书试图在群体分化视角下以新制度主义为基础建构制度竞争理论，尤其两种制度的竞争过程及选择结果。“效率”、“权力结构”及“合法性”是影响制度竞争的关键因子，但他们都处在特定的国家与社会关系之中，其互动关系决定了最终的制度选择。

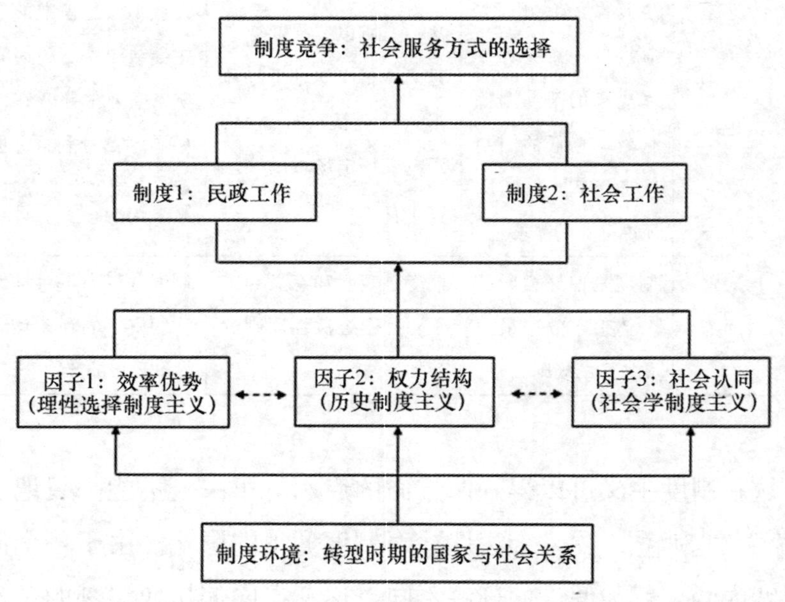

图1—1 社会服务方式的制度竞争逻辑

第一，制度与个体、群体、社会的关系。无论何时何地，个体或群体只要参与社会生活，就必然需要制度的规制和规范，两者之间密不可分。社会由个体或群体组成，而个体、群体生存于社会，人们需要创造各种制度指引社会交往。社会关系网络变得越来越密集和错综复杂时，制度结构在促使人们更加有序地融入社会时尤为重要，具有维护秩序稳定与有效配置资源的功能。

第二，社会分化与制度非中性特征是制度竞争的前提。随着专业化分工程度的提升，现代社会面临的最基本现实是“全面分化”，与之形成各种利益群体。制度的功能之一就是协调或重组利益格局。利益集团势必通过干预制度建立过程争取有利于自身利益实现的设置。所以，“非中性”就是制度面对社会分化的必然结果；即，同一制度对于不同群体带来不同的收益、分担不同的成本，那些已经或可能从某种制度安排中获益的人群会竭力去阻挠变革。[①]

第三，权力结构塑造了制度选择主体的利益偏好，进而影响制度竞争的决策过程。利益集团的利益偏好由历史经验构建而成，也会不间断地“内卷化”予以巩固自身利益。依据所掌控的资源数量及类型的禀赋，群体之间呈现权力非对称关系。在制度竞争的“场域”里，群体力量对比占优者拥有优先的制度选择权，更有可能获得“制度选择主体”的资格。但是，权力结构无法完全决定制度竞争的结果，也就是说相对强势集团并不能为所欲为地根据自身利益偏好武断地选择最终制度，还需协商权衡其他群体的利益诉求。

第四，制度选择主体在选择竞争性制度时兼顾效率最大化和社会合法性原则。制度不仅是利益分配的规则，也需要为解决社会问题提供稳定可行的规则、秩序或指引。一方面，制度选择主体面对多种制度可供选择时，“效率最大化”则成为永恒不变的选择原则。因为权力结构筛选出的制度选择主体遵循功利法则持续地追求自身利益，那么此时依照理性选择学派的观点，制度竞争就是效率竞争，只有效率更高的制度才能胜出。另一方面，制度选择主体选择持续稳定的制度秩序，必然要考虑合法性问题。

① 张宇燕：《利益集团与制度非中性》，《改革》1994年第2期。

虽然强势集团依靠实力、权力取得了制度选择主体资格的优势地位，但制度不能仅是强权的结果，还需要获得社会认可，否则无法长期维系。制度选择的结果只有符合当前社会的意识观念、符号体系、文化认知，才能获取合法性地位，这也有助于制度的顺畅运行。

第五，权力、效率与合法性构成制度竞争理论的有机整体。具体而言，“权力”是针对制度选择主体或制度主体来讲，受制于历史结构的权力格局；“效率”与“合法性”都是针对参与竞争的制度本身，与制度选择主体没有直接关系。前述已说明，三者之间的关系是，后两者都服务于前者，前者保障后两者的实现。其实，三者之间共同形成了有机结构，把人格化及非人格化要素、各层面因素统统整合为一体。对于“效率”与“合法性”的辩证关系，虽然制度的形成并不是竞争与效率所致，而是合法性约束的结果，甚至制度结构与制度绩效之间存在“结构性矛盾”或者“制度性同形”；事实上，“效率”与“合法性”之间能够相互促进，一方面制度的合法性有助于降低制度实施的摩擦成本，提升制度的效率，另一方面制度的合法性部分来源于绩效或效率。整体而言，制度效率最可能被直观地观察，相反社会群体或利益诉求的变化以及社会合法性的变化都相对缓慢。所以，利益、效率与合法性等都是制度竞争的关键变量，相互影响、相互促进，共同决定了制度竞争结果。

第五节　研究设计

一　研究策略

当前，社会服务方式的创新及选择处在“政策试验”阶段。民政工作与社会工作的制度竞争并没有分出胜负，且这种竞争更多地在局部展开，不是全国性的。中国独特的“分级制政策试验”由“试点”和“由点到面”构成，这种方法允许地方政府根据当地实际情况摸索各种解决问题的方法，成功的地方经验会被吸收到中央制定的政策中，继而在全国范围推而广之。[①] 政策试验逐渐呈现多点并举、层层深入的格局，不仅增强了中央与地方的互动，还加剧了地区之间的学习与竞争。由此预测，威权体制下政策试验演进的两个路径，要么追求以地区特点为本的创新，要么强调以赶超发展为本的创新，以此路径的制度创新可以兼容地方特色与集成发展等优势。

政策实验勾勒出制度竞争“跨时空”的发展动态及连续谱系，那么如何有效观察这种动态过程呢？本书借鉴电影拍摄的“蒙太奇手法”。

蒙太奇意为构成、装配，由一系列“镜头”经有机组合而成的逻辑连贯、富于节奏、含义相对完整的影视片断。蒙太奇这种操纵时空的能力，经过分解与组合，实现去芜存菁、完整叙述的全景画面。其中，“连续蒙太奇”是重要类型之一，它是沿着一条单一的情节线索，按照事件的逻辑顺序，有节奏地连续叙事，这种叙事自然流畅，朴实平顺，便于清晰展示事件发生的内在脉络。

根据我们的观察，社会服务方式的制度竞争过程及发展趋势并不是在某个地区线性式发展。相反，制度竞争可能发生在跨越时间与地域的范畴，比如 A 地区发生了初级竞争、B 地区在借鉴了 A 地区的经验之后升级了竞争关系，此时初级竞争过程并不会在 B 地区发生。所以，我们认为社会服务方式的制度竞争可能是同期出现、连续出现、错位出现等。然而“蒙太奇方法”所提供

① 韩博天：《通过试验制定政策：中国独具特色的经验》，《当代中国史研究》2010 年第 3 期。

的解构与重组策略恰好可以修复事件过程，由此将跨地区的改革创新案例根据特定的时序逻辑予以自动建构，且还可以预示未来的发展方向。

二　研究方法

本书属于实证研究。为了回答研究问题，结合描述框架、解释框架，以及理论假设，本书需要通过以下四个逻辑步骤完整地介绍国家与社会关系范畴下两种制度原形之间的竞争。第一，在描述框架的指导下，描述民政工作和社会工作的制度原形，以及辨析两者的共性和差异。第二，基于制度原形，判断当前中国社会服务和社会管理领域工作方式的形态分布，提炼总结其规律。第三，结合典型案例验证理论假设，展示民政工作与社会工作制度竞争的全过程。研究方法和资料获取都是服务于上述写作逻辑。

实证研究所用的资料包括文献资料和第一手调查，所对应的研究方法则有文献研究、典型案例，特别是对典型案例进行深度访谈。

文献研究。本书研究对象是延传的中国传统民政工作与介入西方专业社会工作之间的制度竞争。那么首要任务是根据指标框架描述两种理想类型，即民政工作和社会工作，文献研究方法能够完成此项工作。文献研究需要回答全能主义时代民政工作的方法技术、组织方式、价值理念及其发挥作用的制度环境。同时，查阅西方专业社会工作发展历史、实践案例等资料以便厘清它所适用的土壤条件、工作方法、价值关怀等，且在此基础上运用“理想类型”的方法论比较民政工作与社会工作之间的异同。

典型案例。本书在论证理论框架时所用的资料全部来自典型案例，该方法不强求在总体样本中选出代表性案例，而是尽力地包含可能存在的类型。本书采用深度调查基础上的多案例研究，事实上，社会服务方式的选择的当务之急是搞清楚其背景、意图、策略、路径及结果等机制，而案例研究恰好集中展示了全新现象的“描述性”和“解释性”等问题。当前中国民政工作与社会工作的竞争还处于发展阶段，无法从整体上作出精确描述，故典型案例的方法是能够有效满足研究需要，还原民政工作与社会工作之间的制度竞争过程。

三 资料获取

为了研究论证制度竞争的影响因子，本书在分析时运用布罗代尔法则下的求同求异法。“求同法”力求寻找不同案例的共性特征，是归因过程的充分条件；“求异法”则是探究某种现象出现与否的差异特征，是归因过程的必要条件。求同求异法将“比较分析”贯穿始终，对于探索和验证因果关系极为重要。

本书为了充分搜集研究资料，设计了两种案例选择方案，即“差异复制”和“逐项复制”。要么能产生相同的结果，要么能由于可预知的原因而产生与前一研究不同的结果。在复制过程中，最重要的则是建构合适的理论框架，即申明在哪些条件下，某一特定的现象将有可能出现（逐项复制），或者在哪些条件下某一特定现象不可能出现（差异复制）。①

案例分类地图则是以竞争结果构建起交叉矩阵，即民政工作、社会工作或两者融合。调研时，课题组根据网上搜索、专家推荐及滚雪球的策略确定典型案例，主要分布在重庆、四川、北京、广东等地，上述地区也是我国社会服务方式创新的重镇。最终，案例清单如表1－2，这也构成了本项研究的实证资料。

---

① ［美］罗伯特·殷：《案例研究：设计与方法》，周海涛等译，重庆大学出版社2004年版，第62页。

表 1 – 2　　调查案例清单

编号	代码	地区	案例名称	组织性质
1	DT	广州	HL 街道家庭综合服务项目	社会组织
2	HY	广州	DS 街道家庭综合服务项目	社会组织
3	MY	重庆	JX 社区社会工作项目	社会组织
4	RH-HY	重庆	HY 社区社会工作项目/市民学校项目	社会组织
5	RH-CN	重庆	CN 社区社会工作项目/市民学校项目	社会组织
6	RH-WS	重庆	WS 社区社会工作项目/市民学校项目	社会组织
7	YZ	重庆	DP 社区社会工作室项目	基层政府
8	MX	重庆	JY 市民学校项目	基层政府
9	HC	重庆	JZ 社区市民学校项目	基层政府
10	NH	重庆	NH 社区市民学校项目	基层政府
11	SH	北京	SHXC 社区服务工作站项目	基层政府
12	YQ	北京	YT 街道社区服务工作站项目	社会组织
13	ZYD	北京	CY 流动人口服务项目	社会组织
14	ZY	四川	GH 工会惠民帮扶项目	基层政府
15	QH	四川	HW 灾害社会工作项目	社会组织
16	XCQ	四川	LX 灾害社会工作项目	社会组织
17	SS	四川	DJY 灾害社会工作项目	社会组织

第六节　篇章结构

本书从制度竞争视角研究社会服务方式的模式选择，探讨传统民政与社会工作的关系，并建构起解释逻辑。主要内容及篇章安排如下：

第一章是“导言”。主要内容是提出问题，界定概念，批判主流理论，确定研究思路，交代资料来源等。

第二章是“社会服务方式的理想类型”。主要内容是阐述方法论，确定特征群指标，描述民政工作和社会工作的制度原形文献综述，比较两种理想类型，以及探讨专业化的本质。

第三章是“环境分析：民政工作与社会工作的竞争要素”。主要内容是分析竞争条件、竞争主体、竞争环境。

第四章是“合作性嵌入：社会工作的嫁接与依附”。主要内容是分析社会工作嫁接到传统民政所形成的合作性嵌入模式，包括合作的动力、嵌入的路径、社工嵌入的行为逻辑、嵌入的功能及张力。

第五章是“竞争性替代：民政工作的觉醒与抵抗”。主要内容是分析社工嵌入之后传统民政的反应，即竞争性替代模式，包括竞争的起点、竞争的逻辑、逆向替代的过程及其后果。

第六章是“内生性发展：两种制度的媾和与创新”。主要内容是分析传统民政在实践之后的全新选择，即内生性发展。包括内生的权力格局、资源动员与发展策略、亦官亦民的内生身份及权力运行逻辑等。

第七章是“制度竞争：效率、观念与权力”。主要内容是分析制度竞争的影响因子、基本规则、相应的推论，以及竞争结果呈现的类型谱系图。

第八章是“总结”。主要内容是结合制度竞争逻辑审视传统民政的特征、改造的切入点及改造的路径等，也对本书的贡献、不足及展望做了交代。

第二章

社会服务方式的理想类型

第一节　方法论

如何观察和研究社会服务方式的制度竞争？其前提是尽可能知晓现存的竞争性制度。从历史经验来看，中国乃至世界活跃的主流社会服务方式有“民政工作”和“社会工作”，各自起源于不同的制度环境，但都有其显著的特征。身处制度、文化交融的时代，制度竞争的结果已不再是零和博弈，更可能是不同制度要素的选择与重组。因此，制度原形是理解制度竞争结果的基础。

在方法论上，本书采取韦伯意义下的“理想类型”描述制度原形。韦伯在《新教伦理与资本主义精神》首次展示了“理想类型”方法，对“理性资本主义”与“宗法传统经济”做了深刻描述和比较分析，提出了包括科层制、新教伦理、天职与美德等经典概念。理想类型是研究者精心思维和辩解之后的一种主观建构，它是思维逻辑上的完善物，是对经验现象的综合建构而不是摹写复制，因此理想类型虽然源于现实社会但并不等同于现实社会。理想类型表现出三个比较深刻的特征：一是主观建构而不是凭空虚构，主客观统一地体现了某个时代社会文化现象的内在逻辑和规则；二是抽象建构而不是概括事物的方方面面，抓住事物的关键，舍弃纷杂零乱的细节；三是合法合理的经典建构，整个过程中体现了高度理性化、简约化的特质，赋予现实经验的理性元素。[①] 人们借助于理性的“理想类型”可以对多元奇特的社会事实加以整理，形成经典模式或类型，借此作出解释性的理解和因果机制的分析。理想类型是不同于社会事实的分析方法。涂尔干认为一切行为方式，不论它是固定的还是不固定的，只要能从外部给予个体行为约束，或者普遍存在于该社会而不管其在个人身上的表现如何，都叫作社会事实。社会事实是社会现象中具有客观性、规律性的非个体意识的社会行为方式，近似于事实。

一般而言，“特征群”是刻画“理想类型”的具体方法。特征群指一组同时出现的、同时发展的特征，在一定范围内普遍存在，具有一定的稳定性，短期内不会改变。如现代社会中常见的城市化、工业化、大众传媒、科层制政府、法律体系、核心家庭等，在19世纪之前的任何国家都看不到，它们构成了“现代社会”的“特征群”。[②] 换言之，某些特征在特定理想类型中会同时出现，并且不会在其他理想类型中出现，一旦观察到某些特征的出现就可断定该现象属于某种理想类型。

因此，本部分引入“理想类型”方法论，以“特征群”构建理想类型的描述框架，详细描述和比较“民政工作”、“社会工作”等两种制度原形，在此基础上探究两种制度的专业禀赋及匹配环境。

第二节　特征群指标

一　指标框架

根据社会服务方式的概念界定，本书将其解构为一系列组成要

① 周晓虹：《理想类型与经典社会学的分析范式》，《江海学刊》2002年第2期。

② 王乐理：《政治文化导论》，五南图书出版股份有限公司2002年版，第245页。

素，以此构成特征群的一组指标。

社会服务方式的概念指“服务供给者在特定价值观念的影响下依托某种组织体系、运用专业知识向受益者传递社会服务的过程总和”。因此，社会服务方式的组成要素包括：“价值观念”、“组织体系”、“方法技术”。与之相关的还有，“制度环境”、“供给主体”、“对待受益者的态度”、“问题的归因”等。

价值观念指某种制度所秉持地指导性的核心原则，或者是对某些问题自成体系的科学论述。价值观念渗透在专业知识之中，直接影响着行动主体的行为方式。相对而言，价值观念较为稳定，也是社会环境对制度的映射，它的改变则需要较长时间的演化。当然，多数价值观念都有着宗教理念的支撑，如社会工作与基督教就有密不可分的联系。现有研究也极其重视价值观念的作用，比如夏学銮在解读社会工作制度时强调其实践、专业和制度等构成了“助人”的有机整合体，以社会工作实务的服务、行动来实现助人，以社会工作专业的知识、价值和技能来助人，以社会福利制度的理念、政策和项目来助人。[①]

组织体系指传递社会服务的渠道和过程，由组织网络、运行机制及命令链等构成。国家及社会所提供的社会服务规模日益增多，传输渠道的承载能力受到极大挑战，因此组织体系是衡量社会服务方式的重要指标之一。目前，多数研究从宏观层面的价值理念和微观层面的方法技术着手刻画社会服务方式，忽略了组织体系这一中观维度。事实上，无论民政工作还是社会工作，组织体系都是至关重要的，它为具体落实价值观念或专业知识提供了作用空间。

方法技术指社会服务过程中使用到的流程、模式、知识及手段等。我们通常所讲的专业能力主要在方法技术上得以体现。“专业”

---

① 夏学銮：《社会工作的三维性质》，《北京大学学报》（哲学社会科学版）2000 年第 1 期。

是社会分工导致的产物，它的出现也可以为其圈定独特的工作范畴。是否达到专业的标准？现有判断依据主要有以下元素：“一套系统的理论、专业的权威、广泛的社会认可、伦理守则、专业文化。”所以，专业知识虽能够独立考察，但专业知识所体现的“权威”、“伦理”、“信任”则更为重要。当然，这也表明方法技术与价值观念有着内在一致性，即方法技术是价值观念在表层的具体体现。

价值观念、组织体系及方法技术构成社会服务方式的特征群指标。三者环环相扣、密不可分，构成完整的集合。从不同的层次、不同的角度分析该体系发现，价值观念属于最深层次的文化要素，受到政治、经济、社会等大环境的影响，也直接影响到组织体系的运行及方法技术的效能。组织体系属于骨架性的支撑网络，起到承上启下的串联作用，既能让价值观念落地，也能使专业知识发挥作用。方法技术则是直接存在于服务过程，深受价值观念和组织体系的影响，且能够反衬宏观的文化要素和结构要素。

然而，任何制度不是在真空中运行，而是嵌入在社会结构之中。制度匹配对于理解制度移植或制度竞争尤为重要，每种制度安排都有其特定的场域，制度之间存在着紧密耦合以及多样的功能互动，不同领域内的制度之间相互匹配有助于巩固整个系统的稳定性。如果制度安排缺乏内在协调的一致性，以至于根本无法实现自我均衡，这将影响制度运行时的整体稳定。社会领域的政治性与社会性使得制度环境更为复杂，这些制度的“功效”受制于政治体制、文化环境、经济状态及社会结构等，即笼统地称为“制度环境”。

看似制度环境如此复杂，如何选取指标聚合地表达其内涵？本书认为政治社会环境映射到社会服务领域时，可以通过“国家与社会关系”维度给予考察。国家与社会关系展示了政治权力与社会力量之间的较量，这场较量又受到政治体制、社会状态的形塑。所以，这种互动视角较好地表达了外部环境的复杂和交叉，由此影响到社会服务的具体传输过程。可以说，特定“国家与社会关系”构成了社会服务方式的制度环境，也是制度运行的土壤和母体。不同国家与社会关系下，制度体系的价值观念、组织体系和方法技术等指标的取值也不同。

总之，方法技术、组织体系、价值观念及制度环境构成社会服务方式的特征群指标。其中，指标之间具有较强的相关性，而每个指标内部还可以继续拓展和转化为更具操作性的子指标。

二 特征群的形成机制

社会服务方式的特征群是怎样形成的？为什么某些指标会稳定地聚集在一起？基于分析，我们可以确认两种机制。

第一，偶然因素与发展历史共同塑造的路径惯性，使得特征出现在固定轨道。制度的发展历史就是对无数偶然事件的反馈，由此串联、建构起稳定的制度特征。然而，历史的点点滴滴有着自身的内在逻辑，看似偶然事件之外还有其必然性，正如制度经济学所强调的“路径依赖”。更值得说明的是，社会领域的价值观、组织方式等变化相对缓慢，日积月累，制度的各个要素似乎出自固定“模子”。近年来兴起的制度同形理论，更是强调高度制度化环境中所积累的“合法性”会通过强制、规范、模仿等途径使得制度趋同，至少在制度形式方面的差异日渐缩小。

第二，制度固有的理念和内在的逻辑要求制度要素之间的高耦合度。制度是人们日常生活互动而积淀的规范，尤其是成熟的制度自成体系，具有一套观念和逻辑，同时各个要素之间大体上能够满足逻辑自洽的要求，至少看起来能够自圆其说，没有冲突。比如，社会服务时强调赋权于受益群体，那就在价值观念上要求尊重、在专业方法上要求参与，否则就会自相矛盾。

第三节　民政工作：国家建设的触角

民政工作泛指政府机关或行政机构以人民群众为对象，与人民群众切身事务相关的社会性、政治性的管理和服务。从定义上看，民政工作在国家运行中极其关键，是政府联通并解决群众问题的重要方式，蕴含了现代国家如何管理和服务公众的价值。接下来回顾发展历程，并剖析“民政工作”作为一种理想类型的特征群。

一　发展历程

（一）民间慈善与官僚化济贫的交替

“民政”自古有之，宋代肇始，以慈善为形。民政在不同的社会形态，不同的历史时期，具有不同的内涵与不同的社会功能。据史料记载，民政在北宋时期因为社会身份（贫富贵贱）登记变化及贫民阶层的诞生而兴起，与“军政”相对应，即广义的老百姓之事。①

北宋日益发达的商业贸易，财富日趋集中，贫穷成为社会问题，尤其是“鳏寡孤独”之人亟需救济。济贫在宋代已不再是单纯的宗教救赎或宗祠内部事务，而是政府不得不面对的社会问题，甚至成为政治斗争的工具。南宋仍然沿袭北宋的传统，政府在社会福利方面极其重视，更是将不同的贫穷问题分门别类由不同的机构处理，比如济养院收养并医理贫病之难民、慈幼庄救济被遗弃的小儿等。但是，官办福利的诸种弊端逐渐显现，如地方官的疏懒舞弊、行政效率低下等使得政府救济停滞不前。与此同时，受“宗法文

---

① 徐静春、李光华：《民政工作》，机械工业出版社2012年版，第4—6页。

化”影响，宗祠、家族建立了范围广泛的互助救济模式，通过这些手段维护宗族的声望和利益。①

明清时期，慈善组织步入制度化与官僚化发展阶段。随着明代官僚制度的发展，慈善组织在效率方面有所改善，但是官办济贫机构中如腐败等诸多舞弊依然存在，甚至变本加厉。另外，由于政府没有正视明中后期经济大幅发展所产生的新富阶层及贫穷带来的社会焦虑，所以地方精英自然而然地介入慈善领域。最终，明末善会等慈善组织逐渐沦为地方精英争权夺利的结盟场所，国家不得不对此领域加强管制，扼制和削弱官方色彩。但是，康乾盛世的中央政权进入高度稳固时期，慈善领域不再像明代时被定义为敏感话题，善堂等民政组织成为“妇人慈仁”、“道婆之政”等实施教化的载体，创办者、支持者借此对外表达“孝顺”、“忠诚”等意涵。于是，无论是皇帝或地方贤达，无不乐于见到地方善堂普遍成立，使清政权披上一层仁慈的光辉，以此强化地方政权和乡村秩序的“合理化”及“正当性”。自此，慈善济贫事业在全国得以正视，“善堂”、“育婴堂”、“惜字会”、“清节堂”、“助葬会”等逐渐“官僚化”，慈善的规模、经费等都是自南宋以来最有保障的时期。②

归纳来看，清政府介入慈善济贫的发展过程如下：初期的善会及善堂在救济项目的组织方面，主要继承明末的传统，并没有任何的政府参与；雍正时期将善堂视为稳固政权的措施，但又不希望官员触碰过多引发腐败；乾隆时期官僚大势介入善堂，由此也成为地方善士与官僚合作的典范，但由此地方势力顽疾引发中央权威减弱、社会问题未得到解决，以致长达两百年的动荡和重建。

当然很多学者关注，宋明清以来的慈善济贫（民政）顾及了不

---

① 梁其姿：《施善与教化：明清时期的慈善组织》，北京师范大学出版社 2013 年版，第 36 页。

② 同上书，第 97 页。

同社会群体的需要，是否意味着萌生了“福利国家”的影子？梁其姿的研究表明，慈善济贫更多地是维护社会秩序的策略，透过教化的方式、微妙的施受关系，善会以较小社区为单位，巧妙地安抚、凝聚了各个阶层力量，因而也稳定了社会，延缓了可能因利益冲突而导致的社会动荡。所以，明清慈善组织的历史意义与福利国家的传统毫无关联，而在于调整政权与社会的关系。[①]

（二）从政权建设到社会福利

民政工作的地位及功能在新中国得到了空前地强化。1949 年 11 月，中央内务部主抓民政工作，并自上而下的在省、专署（地区）、县成立相应的民政机关。此时的内务部是中央最大的部门，内设民政司、社会司、地政司和优抚司等单位，囊括了政权建设、区划设置、游民改造、社会福利、社会救济、拥军优抚等事务。由于新中国刚建立，这段时期的民政工作以“政权建设”、“游民改造”和“福利救济”为主，革命时期的政权组织体系建设得以延续并成为重中之重，以期维护政治社会稳定。

民政工作助推群众工作落地及增强政权建设能力。1953 年 12 月 24 日，《人民日报》撰文《民政工作应积极为国家总路线服务》指出：民政工作是和广大人民的生活密切联系的，只有加强工人阶级的思想领导，肃清资产阶级思想的影响，反对主观主义、官僚主义，树立深入实际、调查研究、走群众路线的作风，才能发挥人民的力量和智慧，才能取得成绩并获得人民的拥护。经验证明，只要把群众发动起来，任何艰巨的任务都能够胜利完成。各级民政工作部门还必须经常向党政领导机关请示报告，反对分散主义。同年，中国在借鉴苏联地方政权的组织机构和工作方法，建设以“居委

① 梁其姿：《施善与教化：明清时期的慈善组织》，北京师范大学出版社 2013 年版，第 226—228 页。

会”为主的基层政权体系，且延续至今。[①]

社会主义三大改造之后进入全面的计划体制，城市单位制、农村户籍制的设置为履行民政工作提供了新框架。全国大部分人民都被安置在总体性社会的精细化结构之中，所以此时没有明确的民政工作之说，而是由各种“计划机器”协调统一地应对。在城市里单位办社会制度下，大多数民政事务都由单位内部解决，包括一个人的生老病死、吃住行学等各种福利；由于当时工业欠发达，社会上还存在少量无组织的街道居民，他们的福利事项由居委会或社区承担。在农村里，户籍制把人们固定在土地上，限制了人口盲目流动，农民阶级的福利服务完全由生产队、公社等劳动单位全权负责。并且，党务系统、工青妇等人民团体也提供了福利传输渠道的功能。

改革开放后，单位制瓦解、家庭联产承包责任制使得原来的“单位人”转变为现在的“社会人”，相应地民政工作得以重新独立运行。早期，重建的民政部继承了新中国成立时的组织架构和工作内容，但加强了市场经济转型时期的民政工作研究，主要是引入和介绍西方在解决福利问题的制度设置，比如民政部官员到香港地区、欧洲等国考察专业社会工作。随着市场化程度的提升，企事业单位逐渐专业化，只做自己的工作和专业领域的事情。所以以前由单位解决的福利问题现在要由社会来解决。至此，1989 年全国人大常委会通过了《中华人民共和国城市居民委员会组织法》，加强居委会建设。但是值得注意的是，计划时代的单位制、户籍制烙印并没有完全切除，仍然在继续发挥作用；再者这一阶段的社会福利财政相对较弱，民政事务大致归为公共服务、便民服务和公益服务，但实际内容较少，还处于典型的补救型福利阶段。民政事务由政府主导、部门协作，强调社会参与的工作机制，尤其是广泛动员社会

① 《历次全国民政会议回眸》，《中国民政》2012 年第 3 期。

力量为民解困。

2011年以来，中央加强社会建设和社会管理创新任务下民政工作得到了全面提升。北京、上海等地纷纷提出“大民政”设想，无论在财力还是影响力方面，民政事务都得到了重新认识。虽然民政工作依然扮演着社会稳定器的调节阀功能，但社会分化带来了越来越繁杂的社会需求和越来越激化的社会矛盾，民政工作的内容也大大增加。在中央提倡防止和解决社会问题的关口前移的条件下，关涉民众的民政事务则主要落在基层社区层面，并且要增强工作的前瞻性、主动性、有效性。那么当前民政工作已有质的拓展，从被动应对到主动预测，不再停留在传统公共服务和便民服务，丰富了公益服务内容。此前民政工作赖以生存的单位制、户籍制受到社会发展的严重冲击，几乎荡然无存。这也成为民政工作革新和适应的动力。

回顾发展历程，如何理解民政工作？民政工作突出的特点是由行政体系为群众提供多元化的、社会性的福利服务保障，突出政治导向的社会管理和社会服务功能。如何理解民政的部门设置？我们可以把基层政权和社区建设视为中轴、民间组织等社会力量作为辅助，运行社会福利和慈善事业，起到“上为中央分忧、下为百姓解愁”的社会稳定机制的作用。

二　方法技术：群众路线

民政的原意就是管理与民相关之事务，管理主体是行政权力机构。行政活动或多或少与国家权力存在直接或间接的关联，国家权力是坚强的后盾。那么，行政传达必然以国家法律、政策为准绳，也通过行政过程反馈和完善法律政策。此工作方法既实现了社会公共事务的管理，也增强了政府的回应能力。

行政传达是民政工作第一位的方法特征。中国特殊的政治体制赋予了行政传达更为丰富的内涵。无论新中国成立时的全能主义还是改革开放后的权威主义，行政与政治都是完整合一，行政目标是实现政治稳定。普遍认为，威权主义是一种“自上而下”的政府理念与实践，权力的行使不需要考虑人民的同意。[①] 再者，行政权力机构仅能按照命令式的程序将政策转化为行动或管理，但还做不到“管理”所要求的以效率最大化的方式实现目标而进行组织活动，以及对结果真正负有责任。[②] 因此，民政工作在中国政治体制发展的方法技术是典型的行政传达，依托于国家权力自上而下、命令式地实施福利服务，维护政治及社会稳定。

群众路线是民政工作落到实处的关键渠道。民政工作一直受困于是否拥有专业知识和独特方法上。事实上，毛泽东早在革命时期就高度重视“关心群众生活，注意工作方法”；“就得和群众在一起，就得去发动群众的积极性，就得关心群众的痛痒，就得真心实意地为群众谋利益，解决群众的生产和生活的问题，盐的问题，米的问题，房子的问题，衣的问题，生小孩子的问题，解决群众的一切问题”。[③] 群众路线的精髓在于“一切为了群众，一切依靠群众，从群众中来，到群众中去”。[④]

群众路线要求人民干部深入群众生活、了解群众需求、动员群众力量共同克服困难和问题。群众路线的工作方法一直延续至今，处处落实到民政工作的具体行为之中。比如，民政工作人员定期走家串户传达政策通知、了解群众疾苦、落实救济福利等。甚至，群众路线体现在共产党执政以“人民满意”为考核的核心标尺。群众

① ［美］安德鲁·海伍德：《政治学》（第二版），张立鹏译，中国人民大学出版社 2009 年版，第 44 页。

② ［美］欧文·休斯：《公共管理导论》（第三版），张成福等译，中国人民大学出版社 2011 年版，第 8 页。

③ 《毛泽东选集》第一卷，人民出版社 1991 年版，第 136—141 页。

④ 《毛泽东选集》第三卷，人民出版社 1991 年版，第 897—902 页。

路线充分地体现了民政工作的社会性和群众性。

群众路线实际上也是一种“决策模式”，包括信息采集、议程设定、政策策划、政策确定、政策实施、政策评估等几个阶段，且群众路线比西方的决策模式更优之处在于：第一，整个决策过程被看作一个周而复始、无限循环的过程，由领导与群众的不断互动组成。第二，决策者具有群众观点是前提，需要在任何具体决策之前形成，并在与群众的互动中不断深化。第三，群众路线模式对群众在决策过程中的作用更加重视，要求形成密切的干群关系。第四，决策者的角色并不是拍板者，他们作出的决定还得拿到群众中去作宣传解释，化为群众的意见得以检验。群众是群众路线决策模式的主角，群众路线属于“逆向公民参与”。[①]

调查研究是民政工作得以开展的基本前提。如何走群众路线？调查研究是关键。调查研究又是怎么开展的？调查研究的对象是人民群众，重点了解人民群众的生活福祉。毛泽东认为调查方法要求与群众做朋友，而不是去做侦探，使人家讨厌。群众不讲真话，是因为他们不知道你的来意究竟是否于他们有利。要在谈话过程中和做朋友的过程中，给他们一些时间摸索你的心，逐渐地让他们能够了解你的真意，把你当作好朋友看，然后才能调查出真情况来。这就是毛泽东强调的“没有调查，就没有发言权”、“调查就是解决问题”。[②]

民政工作的宗旨是“以民为本、为民解困、为民服务”，既然要解决问题就要做好群众工作，需要对扶持和帮助的人做深度调查研究。调查研究很好地贯穿了群众路线，拒绝闭门造车。事实上，我们在社区、生产队到处可见基层干部与群众“扯家常”、“大走访”，当然众多基层干部主要来自于本社区或本村，为民政工作的具体实施打下了坚实基础。所以，只有深入群众调查研究了解需求

---

① 王绍光：《毛泽东的逆向参与模式：群众路线》，《学习月刊》2009 年第 23 期。

② 《毛泽东选集》第一卷，人民出版社 1991 年版，第 109—118 页。

和症结，才能干好民政工作。

三 组织体系

方法技术需要“组织体系”的支撑与落实。民政工作的方法技术特性极其依赖官僚行政组织及强调干部主观能动性。行政传达、群众路线、调查研究等方法背后暗含了贯穿行政权力的组织结构，需要以极尽深入最基层的组织网络为载体。民政工作的国家建设属性，使之组织体系遵循典型的官僚制和科层制，主要由民政部门、党群系统以及社会组织构成。

民政部门的职能变化也体现了民政工作的内涵发展。民政部门具有中国政府最独特的结构特征，即“条块结合”的网状分布。民政部门的垂直系统中，从民政部、各省市的民政厅、地市级的民政局等拥有完整的层级传达体系，上级单位决定政策的方向、向下属民政部门进行业务指导及引导下属单位对指定事务具体落实。民政部门最底层级则是“基层政权单位”，即与群众密切接触的行政村或城市社区。法律上来讲，行政村与城市社区不属于基层政府，而是其延伸，但所起的功能则大部分集中在履行经济发展、基础设施建设等政府职能，福利事业是重中之重。

自始至终，基层政权体系都是民政工作的抓手。新中国成立之后，基层党委、街道、公社、单位等组织扮演了国家触角，国家借此输送渠道管理社会、提供服务；改革开放后，基层控制的渠道也从单位制向社区制过渡，社区则不可避免地经历了权力再建过程。与此同时，权力再建不是简单的行政控制，还汲取了群众自发的能动力量。所以，当前中国行政权力体系在基层的延伸呈现出蜂窝状的组织结构，[①] 包括基层党支部、群众自治组织以及各种形式的福

---

① Shue V., *The Reach of the State: Sketches of the Chinese Body Politics*. Stanford: Stanford University Press, 1988.

利性民间单位。基层政权体系不是空架子，而是整合了基层行动相关的组织、权力、资源和网络的统一体。

社会组织也是福利功能的承载体之一。首先，官办社会组织的规模和功能尤其显著；改革开放前就已经存在的人民团体、免登记社团、事业单位、官办的宗教组织以及改革后成立的新型社会组织等，构成了政权体系之外传输社会福利的重要纽带。其次，改革开放之后大量民间成立的社会组织日趋壮大，在“行政吸纳社会”的策略下逐渐成为社会福利供给的又一主体，尤其是具有服务功能的正规社会组织。

四　价值理念

“全心全意为人民服务”不仅是党和政府的宗旨，更是民政工作的核心价值。人民是政治术语，内涵是阶级分析，在中国语境中不包括那些被无产阶级专政的对象。然而，此价值观念已经得到创新与承载，人民的范畴随着时代的变化而扩展，且此理念与中国传统的儒家文化或家长式政府也并行不悖。甚至，基层的民政干部更是自诩“父母官”，既然是父母官，那就“应该”并“积极主动”地为人民服务，想民之所想、急民之所急，这是一种“社会责任”的体现，也是理所当然的事情。

官方而言，民政工作的价值理念为：“上为中央分忧，下为百姓解愁”的宗旨，“以民为本，为民解困，为民服务”的思想。民政工作的价值理念体现了政治性和群众性与方法技术、组织方式有机协调。这种“以人为本”的核心理念，既尊重个人需求和个人的内在价值，也为个人履行集体义务、社会责任提供了观念支持，实现了个人发展与社会发展的有机统一。[①] 民政工作的价值观与古代

① Leung, Terry Tse Fong, and Cherry Hau Lin Tam. The “Person-Centred” Rhetoric in Socialist China. *The British Journal of Social Work* 45. 5 (2014): 1489 – 1507.

的民本思想、毛泽东时代的“人民公仆”、“为人民服务”等观念一脉相承，体现为全心全意为人民服务。毛泽东在《论联合政府》时提到，我们共产党人区别于其他任何政党的一个显著标志，就是和最广大的人民群众取得最密切的联系。全心全意地为人民服务，一刻也不脱离群众；一切从人民的利益出发，而不是从个人或小集团的利益出发；向人民负责和向党的领导机关负责的一致性；这些就是我们的出发点。[①] 说到底，民政工作是做人的服务和管理工作，始终坚持以人为本、执政为民、全心全意为人民服务，群众满意才是评价民政工作的根本标准。

当然，民政工作的价值理念中还包括传统文化的仁政思想。在威权制度环境下，家长式作风、大包大揽贯穿整个政府行政。比如官员们认为有责任担当群众的所有困难，在解决困难时往往从给予、恩惠的角度出发，而不是完全听从于受助人意见。民政工作所体现的意识形态，在根本上巩固了政权建设的正当性和合法性，增强国家的回应能力，助力国家触角的延展，强化社会控制的力度。

五　制度环境

民政工作在毛泽东时代得以强化和完善，用以帮扶困难群众、维护社会秩序等逐步沉淀而成的工作方式。所形成的方法技术、组织方式和价值理念都生长于深厚的本土环境，与当时的制度环境逻辑自洽。其中，政治环境、经济制度和社会文化三个方面可以视为民政工作的外部制度环境。

“总体性社会”是民政工作成型时的国家与社会关系，比如毛泽东时代和斯大林时代。首先，威权制度为政府主导提供了权力网络，比如深入民众的基层政权体系为自上而下传达和反馈福利制度

---

① 《毛泽东选集》第三卷，人民出版社 1991 年版，第 1094—1095 页。

提供了渠道保证。其次，高度计划经济体制满足了民政工作的资源垄断供给，这就要求民政福利工作必须由控制资源的行政体系承担，而群众之间互助的慈善公益资源非常有限。最后，儒家文化传统的父爱主义理念及家教式政府为民政工作提供了合法性支持。除了宏观制度环境的支持之外，民政工作需要社会福利制度提供法律保障，如果没有针对五保户、老年人、青年人、残疾人等相关的社会福利政策，那就没有相应的财政预算支持民政工作落地。

民政工作形成于总体性社会的制度环境，同时也有利于巩固现有制度。比如，基层政权建设有助于民政工作的落地，而民政工作又会强化基层政权建设，增加干群信任程度。总结来看，民政工作是威权制度环境下以行政主导为核心、依托行政权力体系、面向群众困难而推行的一套福利输送制度，具有典型的政治性和群众性，完善的基层政权体系和有效的群众工作路线是民政工作发挥作用的关键。

第四节　社会工作:社会团结的力量

2014 年，世界社会工作联合大会将社会工作定义为：社会工作是以实践为基础的职业，是促进社会改变和发展、提高社会凝聚力、赋权并解放人类的一门学科。社会工作的核心准则是追求社会正义、人权、集体责任和尊重多样性。基于社会工作、社会学、人类学和本土化知识的理论基础，社会工作使人们致力于解决生活的挑战，提升生活的幸福感。

一　发展历程

（一）济贫、国家行为与社会工作雏形

普遍认为，1601 年英国《济贫法》开启了社会工作的发展之

门。这是社会福利史上最重要的法案，以1536年的《亨利贫穷法案》及1572年的《郊区分担比例法案》为根据，为处理贫民救济提供了典范。济贫法规定：由地方教区举办贫穷救济，设立监察员若干人；政府向地主征收济贫税；凡有工作能力的贫民必须参加工作，以工作换取救济，教区设立习艺所并介绍工作；禁止无家可归者及无业游民行乞游荡，设救济所强迫其在所内工作；强调家人及亲属对贫民的救济责任。

1788年，德国汉堡在济贫时规定：第一，设立一个中央办事处，综合管理全市的救济工作，全市分若干区，每区设监察员1人、赈济员若干人。第二，救济方法是助人自助；对失业者介绍工作；把贫苦儿童送往职业学校学习技艺；把病患者送往医院诊治；不准向沿街乞讨者施舍，以取缔无业游民且不使其养成依赖心理。该制度颇见成效，但因市民增多、救济人员不足而衰败。1852年，德国建立了爱尔伯福制：第一，将全市分为若干区段，其中每段的贫民不准超过4人。第二，每段设济贫员1人，求助者须与济贫员接洽，调查后才给予补助；每两周调查一次，济贫员为“义务职务”，由政府委派地方热心人士担任；救济标准必须是国家规定的最低标准。第三，14个区段设监察员1人，领导区内济贫员，并由区内各段组成赈济委员会，每两周开会一次，讨论全区济贫工作并形成报告、提案，交给全市各区联合组成的中央委员会（市最高救济机构）。

济贫法被视为社会保障制度的始祖，实则是服务于当时的资本主义发展及加强社会控制。回顾该法案出台的时代背景，17世纪处于封建主义向资本主义的转型时期，资本主义开始萌芽，而资本主义的扩张则需资本、土地及劳动力等生产要素的快速积累，其中充足的劳动力是必不可少的。从济贫法的规定可以清晰地看到“国家”、“强制”的身影，如政府主动承担救济责任、强迫有工作能力的人以工作换取救济、不准沿街乞讨等。同时，济贫实施过程中大量体现了宗教支持的“慈善组织”要素，正如“友好访问员”是志愿者活动，由当地有热情、有声望的人担任；更为重要的是，济贫由教区自主组织，而政府仅起到监督完善作用。

目前国内学术界普遍认为济贫法勾勒了专业社会工作的雏形。比如，政府强制将“有劳动能力的乞丐”送入习艺所，所体现的则是社会工作专业价值伦理中的“助人自助”。它确定了由“专门人员”从事济贫救助活动，即具有志愿性的济贫员、赈灾员等；它确定了定期的家庭调查制度，按照穷人的工作能力予以设计有针对性的救助策略等；这些做法为社会工作的“专业化”、“职业化”奠定了基础。

（二）专业化发展路径：个人与社会的分野

19 世纪中后期，欧洲及美国社会出现一系列经济、政治、文化危机，社会撕裂程度加重，面对的社会问题前所未有、涉及人数急剧增多。以济贫法、汉堡制及爱尔伯福制为基础的济贫难以维系，且占据主导地位的资产阶级尤其是辉格党（自由党）希望国家更少地承担济贫责任，或至少要提升济贫效率。[①] 为了解决上述问题，社会工作的专业化发展逐渐呈现出两种截然不同的路径，即“慈善组织会社”和“睦邻友好运动”。

慈善组织会社（Charity Organization Society）的典型实践于 1877 年由洛威尔（Lowell）和哥尔亭（Gurteen）在纽约水牛城创办。Gurteen 认为贫困在每个城市的土地上稳定地增长，然而那些真正需要帮助的人往往不会主动寻求帮助，相反游走街道的懒汉、乞丐和骗子至少带走了一半的救济金，因而克服救济所导致懒惰和

---

① John Pierson, *Understanding Social Work: History and Context*, Open University Press, 2011.

浪费、推进科学慈善已是当务之急。慈善组织会社应运而生，试图通过如下做法提高济贫效率和济贫精准性：第一，由“友好访问员”详尽调查穷人的所有需求，登记穷人正在接受的公共或私人援助，以此构建最终的需求缺口。第二，加强慈善组织之间的分工与联合行动，从中选出理事会或执行委员会，慈善组织会社遵循尽量减少直接救济、杜绝重复救济的原则，以此提升慈善资源的投放效率。博伊德·希尔顿认为慈善组织会社深受基督教福音派和理性冲动的影响，是社会进步的体现。

同一时期，睦邻友好运动（Settlement House Movement）即在工业贫民窟建立学习和交往的聚集地，也在英国和美国兴起，如汤恩比馆、霍尔馆等。睦邻友好运动最初于1860年由一群杰出的英国改革家提出，他们主要以基督教社会主义者、理想主义者或中产阶级知识分子为主，他们认为贫穷的本质来自于工业资本主义附属的阶级鸿沟、社区隔离等，贫穷所带来的影响需要全社会承担而不是穷人独自面对。因此，他们主张建立睦邻中心，要求救助人充分地参与邻里生活，与受助人一道研究问题的本质及其原因，并发展与社区领袖的关系，如教师、牧师、警察、政治家、劳工和商业团体，共同促进和发展社区生活、文化、关系等。睦邻中心包括各种各样的俱乐部、兴趣组织、社会服务机构等，在社区内开展文化活动、社区服务活动及社区发展项目等，如讲座、课程和儿童照顾。

现有文献来看，简·亚当（Jane Addams）为睦邻运动提供了系统思考。[①] 她主张济贫活动时重视社区及社区居民的作用，即“回归社区”，透过“与社区居民/受苦者共同生活”来观察、聆听以及共同行动，挖掘社区内部的潜在资源，借此响应社区居民/受苦者的需求，这是一种以人为本的思维与实践。社区不只是一

① 冯丽婕：《试析 Jane Addams 的社会工作理论及其对中国实践的借鉴》，《社会工作》2013 年第 2 期。

个提供福利服务的地方，也是居民相互了解促进社会融合的地方；居民不只是福利服务的案主，更是解决问题的参与主体。睦邻运动将社区打造为一个公共领域，也是实践社会改革与民主训练的地方。

比较而言，“慈善组织会社”与“睦邻友好运动”对社会问题根源、解决问题的原则等方面存在巨大差异，前者重视个人因素、后者重视社会因素。慈善组织会社强调个人应该对贫穷负责，反对扩大公共救济、鼓励私人救济行为；鼓励慈善组织运用科学（有效率）的方法帮助有需要的人士，加强“友好访问员”的调查、登记制度，坚持服务对象应该主动作出适当的改变，为社会工作的个案工作及临床治疗服务奠定了基础。睦邻友好运动强调济贫服务不应只关注个人需要及改变，更应关注社区及社会出现的问题，社会工作者要走进弱势群体的生活之中，去研究分析贫穷、被压迫及被剥削的根本问题，消除不公平的政策，改变不公正的制度，以及进行社会改革等整体行动，为社会工作的社区发展或社区社会工作提供了思路及技术支持。所以，慈善组织会社追求“科学慈善”，而睦邻友好运动旨在“社会改革”。

（三）社会工作的“社会”意涵

社会工作发展史显示了社会工作由政府主导向社会自主的转变。初期，济贫法出台之后政府主要回应两类穷人，对待那些没有工作能力的穷人采用院舍照顾，对待那些有工作能力的穷人则强迫进入习艺所并促使他们参与工厂工作。然而，慈善组织会社与睦邻友好运动时期，社会工作的行为方式和行动目标逐渐转向社会立场，此时行动主体以慈善组织为主、力图唤醒社会的自愈能力，应对资本主义方式带来的社会撕裂或冲击。这种特征可以归纳为“社会性”。只不过，慈善组织会社、睦邻友好运动对社会问题的根源有着截然不同的判断，由此产生的解决办法也不同，而相同的是日趋强调恢复社会秩序，治愈社会失序的弊病。

从恢复社会秩序的角度来看，我们可以把社会工作理解为促成社会团结的有力助手。事实上，“社会团结”是经典社会学持续追寻的主题，即探索社会秩序。如下两组概念对社会秩序的理解大有裨益：第一，滕尼斯的“共同体”与“社会”。共同体依靠共同的价值、共同的传统、共同的风俗习惯等被组织起来，以情感、文化等力量整合起来；而资本主义社会是匿名社会，依靠理性处理彼此关系，契约、法律、强制等维系着社会秩序。[①] 第二，涂尔干的“机械团结”和“有机团结”；前者指在相似性基础上形成的共同情感和集体意识约束着个体行为的团结状态，后者则是在异质性基础上的相互依赖和契约规范合力使个体重新凝聚。[②] 因此，传统社会向现代社会转型过程（即社会分化）则伴随着社会秩序从机械团结转向有机团结；个体存在状态不再是一盘散沙而是镶嵌在专业团体以此联系更宏大的国家或社会。

资本主义的发展使得社会分化，由此产生了系列问题，如贫困等。但是，滕尼斯及涂尔干的理论认为，社会能够自发地实现整合并维护社会运行的完整形态。此间，社会工作所采取的个人适应或社会调适等观点与其一以贯之。也就是说，社会工作的“社会”含义包括了社会的自愈能力，即运用社会的方式、整合社会的资源实现了人与社会的和谐相处。慈善组织会社强调社会自治组织为穷人提供自发式帮助，而不是过分依赖国家或市场。睦邻友好运动更是如此，从根本上认为穷人是社会结构导致的，必须改变社区环境及运用社区资源才能彻底改善穷人的处境，使其适应现代化的社会秩序。社会工作的核心是“社会”，它代表工作目标是追求正义、公

---

① ［美］斐迪南·滕尼斯：《共同体与社会》，林荣远译，商务印书馆1999年版，第25—26页。

② ［法］埃米尔·涂尔干：《社会分工论》，渠东译，上海三联书店2000年版，第89—92页。

平、平等、民主、尊重等价值，间接地表明从国家手里为民争权。因此，社会工作是促使社会团结的重要手段，社会团结又是社会工作追求的终极目标。

总结来看，社会工作经历了资本主义发展促进的萌芽、社会问题繁杂要求的专业化，以及阶级矛盾缓和期的制度化历程。社会工作是维护西方资本主义社会系统健康运行的一种不可或缺的机制。“社会能动”贯穿着社会工作的发展历程，民间社会、慈善团体不断地探索和主导参与社会建设。初期的社会工作虽然是贵族或上层主导实施，但他们回应的目标是社会团体提出的要求；中期的社会工作从自愿性的民间行为转变为制度化的政府行为，社会工作对保障弱势群体的权益有积极作用；后期的社会工作成为支持整个社会健康运行的重要力量，代表全社会表达诉求、参与社会治理等。

二 方法技术

在分析社会工作的制度原形之前，首先展示一个经典案例。该案例来自于十五国家重点图书出版规划项目社会工作经典译丛。

> “我什么都有了”，萨伯雷说道，他及家人作为难民几周前从科索沃举家来到肯塔基州的路易斯维尔。作为协调萨伯雷一家的安置工作的社会工作者，乔希流泪了，她在服务过程中感受到了公民参与的庄严意义。
>
> 乔希从社会工作专业毕业之后在当地教会做志愿者，此次也是被教会请去协调科索沃难民安置的社会工作。这项工作对乔希的组织技巧和专业能力都是一次全方位挑战，因为她需要制定难民融入社区的计划，需要与难民局、公共事业机构、医疗系统、志愿团体等打交道，为难民提供社会保障、食品、住房、医疗、交通、语言等融入新社区的必要服务。

乔希组织起一支10人左右的志愿者力量，共同研究萨伯雷全家的详细情况、了解受助对象。在此基础上统筹协调各个志愿者分别承担接待、办理社保和医疗、寻找住房、购买家具、提供交通，引导萨伯雷一家适应新环境。乔希意识到单个志愿者的力量是非常有限的，必须寻求社区志愿团体、社区关系网予以支持，并且本社区也有各方面的充足资源。比如，一户波斯尼亚难民知晓萨伯雷到来后，通过“社区关系网”找到了他们，与他们共度周末。乔希在开展社会工作时还意识到必须精通难民所拥有的权利，这样才能更好地扮演倡导者的角色，才能顺畅地协助办理社会保障登记、医疗计划。并且，乔希还根据自身工作中的发现向市长委员会、州移民局提供建议和咨询，以期更好地提供难民安置服务工作。

完成任务后，乔希总结到，社工的优势在于把专业的价值体现在沟通、联络和倡导工作中，完成社会工作服务活动的关键在于社区服务关系网络提供了丰富的资源和社区信息，因此只有建设一个健康、多元的社区才是强大的社区。另外，社工不是志愿者，没有必要弄清楚每件事怎么做，但他必须知道从什么地方能够获取什么样的信息，还必须知道如何转介服务和如何在案主和资源之间建立联系；类似教堂等宗教团体的慈善赞助也是非常重要，社工应该并经常向他们提交公开报告。乔希感悟到，做社工绝不仅仅是一条职业生涯的道路，而是一项为边缘和弱势群体创造奇迹的人道主义事业。

——整理自《社会工作实务案例分析》案例27

“社区难民工作”①

---

① ［美］里瓦斯、赫尔：《社会工作实务案例分析》（第三版），李江英译，中国人民大学出版社2006年版，第243—253页。

从案例中可知，社会工作不仅有较强的行动模型，还有相关的动员技术、服务能力等。社会工作者在实践操作中逐步形成了“通用过程”模型，即接案、诊断、计划、介入、评估、结案等环节。此间，社会工作的行动由众多心理学、社会学等理论支撑，比如“人在情境中”、“优势视角”、“生态系统论”、“赋能赋权”、“心理动力理论”、“认知行为理论”等。同时，社会工作发展出一套完善的工作方法，包括个案工作、小组工作、社区工作、社会行政及社会倡导等。

个案工作。专业社工将心理社会、行为和系统概念转化成技巧，通过直接、面对面帮助个人和家庭解决内心问题、人际关系问题、社会经济问题和环境问题，达到与社会环境适应的状态，这就是个案工作，也称为临床社会工作。此方法起源于英美慈善组织协会，特别是友好访问员时期。当大家在帮助弱势群体时着重强调个人社会态度，而不是关注外部社会因素时，标志着社会个案工作得到了合理支持的基础。

小组工作。一种以小组的形式（两个或更多的人）做人的工作的方式，以发展技能，通过顿悟促进个人的成长，改善个人的社会功能水平，实现社会性目标和完成既定的任务。包括教育小组、成长小组、支持小组、心理治疗小组、任务小组等。同时，社会工作者还应该推动小组改变社会环境，这包括帮助组员对影响自己生活的机构和社区拥有更多的支配权和决定权。

社区工作。协助社区成员寻找共同存在的问题，通过改变成员与社区、群体的权力关系，鼓励成员的参与、合作等挖掘社区内外的资源解决问题，增强社区成员之间的凝聚力。其中，社会工作需要承担的事务有：一是为社区需求而调集资源、帮助人们开发、增强和维持参与、资助与合作的能力；二是改变社区和群体关系以及决策权的分配。

社会行政。社会行政意在串联政府与社会，实质是将社会政策转化为社会服务的双向过程，一方面是将政策转化为具体的社会服务，另一方面是用积累的经验提供政策修订建议。在此过程中，社会倡导是必不可少的，也就是通过社会动员获得公众支持而推动社会变化的工作方式，倡导的核心是社会公平、社会正义等权利。

社会工作的核心方法技术体现在个案工作、小组工作、社区工作和社会行政上。四种方法是循序渐进发展起来的，打通了福利服务的宏观层面和微观层面，也为政府与民众互动搭建了桥梁。整体而言，社会工作的方法技术体现了个人或社会的自主性、独立决策的能力，而开展福利服务时以赋权、参与等为理念指导。

三　组织体系

历史来看，社会工作的组织体系保障是条块分割的属地教区及志愿服务组织。又如社区难民工作安置的案例，萨伯雷的社会融入工作依托于教会、志愿团体以及政府支持。组织体系中包含了政府体系和民间体系，两者相互配合达成伙伴关系。政府主要起着政策、法律制定，拨付福利财政，监督评估民间组织的服务成效等。

然而，提供什么社会福利、怎么提供？即社会服务传输的决定权多数来自民间社会服务机构，它是社会工作的重要主体。社会工作早期，宗教慈善组织起着至关重要的作用，以及教区社会福利委员会、社会服务机构等都是独立的民间社会力量。当然，这与欧美政治制度、社会发育状态有关，建基于“自治”之上，大部分社区都有由居民自发形成的社会服务机构和选举产生的社区福利委员会，共同承担社区的卫生、福利及娱乐活动。毫无疑问，西方专业社会工作由民间慈善团体组织实施，自主组织构建了较为发达的社会支持网络。

社会工作的组织体系包括两部分：官方的社会福利部门及其下属机构，如社区社会福利总办事处、社区社会福利办事处，都属于行政体系；民间社会服务机构及慈善团体，如社区社团、社区服务中心，属于民间体系。社会福利部门的主要职能是实施宏观管理，包括拟定社会福利规划和政策、制定社会福利服务标准和规则、确定对社会服务机构的资助计划、监测社会服务机构的服务等。民间社会服务机构需要直接为市民提供福利服务，全面管理人财物确保福利政策落实和服务质量。

总结来看，社会工作的组织体系受“社会性”塑造，符合“社会团结”目标。所谓社会性，即能够把一盘散沙的人团结起来，能够支撑人与人之间的互动，它是一种把有生命力的社会和个人联系起来的东西，向下使得公民的责任和权利能够得到落实，比如结社的权利；向上能够使社会成为一个有生命力的、生机勃勃的社会，支持社会的繁荣与和谐。这样使得社会成其为“社会”，即社会具有“自愈功能”，社会也就具备了自我发展、前进的能力，同时可以抵御权力及资本的殖民化，保卫社会不受行政力量、经济力量等干扰和侵蚀，建立起有机协调的团结秩序。

四　价值观念

历史视角下，社会工作价值观念走过了“慈善使命论”、“科学使命论”、“解放变革使命论”。第一种强调社会工作的慈善精神，更多地强调施舍、帮助，由利他主义驱动。第二种强调社会工作对于社会秩序的推动或恢复的作用，尤其强调行动过程中的有效性和精准性，受到基督教理性精神的影响。第三种强调社会工作解放那些受压制和剥夺的弱势群体，推动社会公平正义的实现，甚至改造社会。[①] 社会工作的价值观念与社会性、社会团结的意涵息息相关。

本书认为，价值观念是文化的一种表现。价值观念对制度、行为的影响呈现阶梯状，即深层的价值观、中层的核心理念、表层的行为规范。

“助人自助”是社会工作的核心价值理念。通俗地理解，助人自助与授人以渔同义。助人者帮助受助者利用自身资源或者能力使受助者摆脱困境；而不是直接给予或施舍，希望受助者能够在今后遇到困难时独立自主地解决。助人自助“助人”和“自助”两个环节，相辅相成。助人要求社工并非单纯地提供物质等直接帮助，而是致力于受助人的能力提升和机会增多，特别是融入社会生活环境。自助要求社工自觉地推动受助者的主体地位、能力提升，唤醒受助者的权利意识及可获取资源的渠道，并引导受助人结合内外资源实现受助转向自助的过程。

“助人自助”所体现的深层价值观念是什么？那是深受西方基督教文化影响的公平正义、天赋人权、人本主义等价值观。第一，任何人生而平等，享有社会给予的救济帮助，社会应该为那些需要帮助的群体提供相应的机会和资源，其中利他主义支撑的志愿行动尤为重要。社会工作是重新调整资源配置过程，而社会公平、社会正义则是社会工作孜孜不倦追求的价值目标。第二，人们具备公民素质，拥有民主参与的渠道；受助者能够自主地争取有利于自身发展的社会资源，并积极参与自身相关的政策制定。当然，这与公民身份、公民权利相关，即公民在得到充分的经济福利、安全时也能享有符合通行标准的社会权利，如获得社会服务的权利。[②] 第三，

① 陈涛：《社会工作专业使命的探讨》，《社会学研究》2011 年第 6 期。

② ［英］马歇尔、吉登斯：《公民身份与社会阶级》，郭忠华等译，江苏人民出版社 2006 年版，第 53—60 页。

人本主义认为人是积极的、现实的、可信赖的、具有成长取向的，人可以作出建设性的选择，能自由行动。因此个人有决定自己态度和行为的自由，并且呼吁人们将他人视为一个独立的个体。社会工作的目标不是引导服务对象选择某种“正确”的生活道路，而是发掘并实现服务对象的潜力。①

“助人自助”外在表现的行为规范有哪些呢？包括尊重、接纳、不批评、案主自决、个别化、保密等。这些要素是实现助人自助的行为准则，而其深层假定是平等、公平原则，也就是说，社会工作认为案主有权利、有能力改善自身境遇，外界的帮助应是促使其发挥潜能，而不是干预或强制。最终，社会工作促进人与社会环境的和谐相处，使得社会更加包容。

五　制度环境

西方社会工作发源于“社会自治”的环境之中，自下而上的渐进发展，具有浓厚的宗教和民间色彩。济贫法时期，宗教背景下的民间慈善组织的“友好访问员”秉持“助人自助”理念，由此塑造了专业社会工作的雏形。然而，资本主义带来的阶级冲突和社会问题打乱了社会秩序，福利国家体系作为劳资双方妥协的产物不断地完善，间接地推动了社会工作发展。然而，随着福利国家的财政紧缺，国家主要通过“合同外包”形式支持社会工作服务，也日益强调社会工作成果的量化及效率。但是，自始至终，西方专业社会工作并没有失去民间性和社会性，乃至今天的“社会行政”、“社会倡导”等都为国家与社会的互动提供了更好的载体，比如福利政策转化落地以及基于服务经验反作用于政策修订等。即使在福利国家时期，政府主动介入社会服务也并没有

① Leung，Terry Tse Fong，and Cherry Hau Lin Tam. The “Person-Centred” Rhetoric in Socialist China. *The British Journal of Social Work* 45. 5 (2014)：1489 - 1507.

破坏社会自治原则。

总结来看，西方专业社会工作需要特定的运行土壤：社会空间、法律保障和财政支持。其中，一个独立、健全、能动的社会最为重要，如果国家完全控制社会就只有行政性社会工作；当社会拥有独立行动的空间，社工才能发挥资源协调、外部互动、诉求表达等功能。法律保障给予了社会工作的合法性、做事依据，以及代表社会追求正义、平等、公平等核心价值观。财政支持提供了社会工作必要的物质基础。这些条件直接体现为自由民主体制，以及所坚持的“小政府、大社会”形态。只有这样，社会工作运行时才能充分地调动各种社会资源，发挥社会支持网络的功能，解决和预防各种社会问题。

但是，现有的条件都来自于市民社会想象之中，为社会工作的发展提供了土壤和基石。市民社会的三个特质尤为重要。第一，市民社会遵循的价值观与社会工作一致，如平等、自由、博爱、自我发展等。第二，市民社会的组织原则强调人与人之间的自主联系，即社会组织，为了相互利益而团结行动的载体；这种组织方式坚持自愿原则，拒斥利益驱使和强权压制等逻辑，比如俱乐部、观鸟会、社会服务组织等。第三，市民社会所依附的制度结构认为“个人”是独立、自主、完全的社会成员，在参与社会生活上应该确保每个人的基本权利。①

制度环境为理解社会工作的“社会”提供了启发性视角。外部环境要为社会工作提供关心社会事件或公共议题的机会，这必然要求社会得到充分的发育，有独立自主的运行空间与逻辑。社会工作不是受政治、资本的任意摆布，而是具有足够能动性和行动力，这就要求社会服务机构以志愿认同等机制动员社会资源，

① 陈涛：《公民社会：专业社会工作的社会基础》，《中国社会工作》1998 年第 6 期。

在民主法治基础上为弱势群体争取权益。所以，社会工作的“社会”既期望达成社会公平正义的静态意涵，还需要社会方式的动态能力。

第五节　特征群的比较

制度原形是相较于现实运行而言的。为了便于比较，理想类型的抽象性、归纳性有助于高度提炼制度的核心要素，所以采用理想类型的方法描述制度原形。制度原形指特定时期、简约环境下所形成的具有普遍性和规律性的原始制度。本书假定制度是制度要素的有机组合，而不是混沌的整体，那么制度具有可拆分性特征，完整的制度包括制度主体、制度内容、制度对象、制度环境等要素。以此类推，民政工作与社会工作都具备上述制度结构，且两种社会服务方式制度之间存在显著性的差异。

民政工作与社会工作是在两种不同制度环境下发育出来的子制度，都能够有效地向受助者输送社会福利服务。从字面来看，两者的差异集中在“民政”与“社会”的前缀，但其背后都蕴藏着丰富的含义，直接体现了各自在提供社会服务时的目标、价值观念、组织体系及方法技术，深刻地反映了与之相伴存在的制度环境和社会土壤。

基于特征群的比较可知，民政工作体现为较强的“国家建设”色彩，包括群众路线、行政逻辑、官僚体系、为人民服务、全能主义等逻辑自洽的特征，意在加强和巩固国家建设。社会工作则追求和恢复“社会团结”，具有公民参与、赋能赋权、自愿逻辑、助人自助、社会公平及市民社会等显著特征，旨在增强和提升社会的自愈能力，抵抗权力和资本对社会的双重殖民。表 2－1 总结归纳了两种制度原形的特征群。

表2－1　　　　社会服务方式制度原形的比较分析

制度原形 特征指标		民政工作	社会工作
功能目标		国家建设的触角	社会团结的生产
方法技术		群众路线	通用模型
		行政命令	案主参与，赋能赋权等理论
		调查研究、深入群众等	个案工作、小组工作、社区工作、社会行政、社会倡导等
组织体系	组织网络	民政部门、群团组织、基层政权体系为主，社会组织为辅	宗教慈善组织、社会服务机构、社区自治组织为主
	指令系统	自上而下的命令链	自下而上的自主决策
	财政支持	财政拨付系统	政府购买系统（契约关系）
价值观念	价值观	政府责任，父爱主义	个人权利，公平正义
	核心理念	全心全意为人民服务	人本主义、助人自助
	行为规范	同情、主动、给予、统一化	尊重、接纳、自决、个别化
制度环境		总体性社会 权力、资源、网络等高度集中 国家全面干预社会	公民社会 社会能动空间 社会自治基础之上的行政支持

进一步分析，两种制度的外在表现或者结果方面存在相似之处，但其行动主体、价值理念、行动逻辑等深层机制又截然不同。比如，民政工作与社会工作都强调受助人的参与，前者的参与是出于国家治理需要的自上而下的制度安排，具有很强的国家动员、群众参与等革命传统；[①] 后者则是基于权利为本的自治自愿自主参与，有很强的社会组织成分。又如，价值理念层面两者都涉及“以人为本”，但来龙去脉却大相径庭。民政工作体现民本思想，政府给予、

① 杨敏:《公民参与、群众参与与社区参与》,《社会》2005年第5期。

恩惠群众，突出地展现了父爱主义，这是主动“对你好”或“为你着想”；社会工作体现权利意识，公民是社会主体，政府应该为我服务、保障我的福利需求，这是公民权利的内在要求。因此，背景分析或机制分析在辨别制度原形时极其重要，制度环境的比较恰恰提供了知识基础。

第六节 专业化:迷思与祛魅

当前，民政工作作为本土实践的制度典范，却被理解为“非专业”、“传统而落后”受到嫌弃。王思斌将此称为由政府负责、非专业化的行政性社会工作模式。政府负责是指：第一，几乎所有福利性和公益性的服务活动都是在政府主导下推行，行政管理体系承担了大量社会工作服务职能；第二，几乎所有资源都由政府提供，生活服务所需资源也都是依靠单位或准行政机构帮助解决。非专业化是指：第一，以往实际社会工作者并不是一种专门的职业，更多地是本职工作之外的助人活动，或以（准）行政干部的身份出现；第二，从事实际社会工作的人大多没有受过社会工作所要求的较系统的专门训练。① 与此同时，西方舶来的社会工作却不断地被形塑为“专业的象征”。那么，谁是专业的？“专业化”的评判标准又是什么？

社会工作专业吗？Flexner 百年之前在全美慈善和矫治大会发表题为“社会工作是一个专业吗”的演讲时，提出了衡量专业化的六个标准：伴随着责任的智识性（intellectual）活动、构成素材来自于科学和系统的学习、有实际和明确的目标、拥有可教育的技术、活动者是自我组织的、动机上是利他主义的。经过分析，社会工作

① 王思斌：《中国社会工作的经验与发展》，《中国社会科学》1995 年第 2 期。

者扮演更多的是协调者角色、社会工作的范围过于宽泛、缺乏专属性工作目标等，使其成为一门专业而受到质疑。但是，社会工作满足了其他专业标准，历史表明它逐渐走向了专业化与职业化并举的状态。①

至今，社会工作仍是一个充满争议的专业。社会工作以知识、技术和独特价值观为支撑，是一种引发社会变革的专业机制。然而，社工为了强调其专业性，神化理论的作用，强调理论解释现象的确定性及实践方案的终极效果。事实上，理论可能是对现实的某种推测或假说，更不是万能魔法。如果临床工作者生硬地套用理论，就违背了“证据为本”的实践精神。社会工作成为专业的代价是维持其模糊性。尽管面对大量的批评、不确定的目标和知识以及专业内的争议，但并没有妨碍社工对减轻痛苦、发现弱势、恢复功能和呼唤社会正义的委身。②

国内社工界以社会工作为标杆批评民政工作缺乏“专业精神”和“理论知识”。专业精神体现专业的精髓，贯穿于服务过程之中，批评者认为民政工作缺乏支持性的社会学理论、操作性的通用模型、普遍性的方法技术等，并且民政工作在基层实践中以“管控为主”，缺乏“人本思想”的专业精神等。但是，我们在梳理民政工作的制度原形时并非如此，相反存在一套与党建理论密切联系的专业逻辑。对于专业知识或理论方面，批评者认为民政工作没有一套成型的理论，事实上社会工作也如此，主要借用社会学、心理学等理论，实践过程中更多地是使用某种“视角”而非特定“理论”，建构特征极为浓厚。因此，我们对制度原形的阐述表明社会工作专业、民政工作业余的论断并不成立。

---

① Flexner, A. Is Social Work a Profession? *Research on Social Work Practice*, 2001, 11, 152 - 165.

② Cooper, s. Social Work: A Dissenting Profession. *Social Work*, 1977, 22 (5), 360 - 367.

为什么普遍认为“社会工作”是专业化力量？为什么对社会工作推崇而对民政工作鄙夷？这是专业“迷思”的必然结局。在社会分化的条件下，社会事务的解决越来越复杂，需要更为精确、分工的专业作为支撑，降低社会的不确定性，因此专业化成为必然的趋势。现代社会中，正式的社会服务方式嵌植于复杂诉求关系和多元供给网络之中，人们倾向于选择高度制度化、合理化的策略与程序，而不论这些做法的直接效用。制度化的策略与程序就如强有力的神话，是被韦伯意义下“理性”所建构的仪式或符号，否则就是非专业化的。如何打破这种“专业铁笼”，只能通过长时段的实践思考予以改变。

更值得深思的是，社会工作的“社会”是什么？社会工作的英文可以拆分为“social”和“work”两个单词。Work 翻译为工作，现代意义下的工作是分工与专业化的结果。斯密以“磨针”为例论述分工，“如果一个工人没有接受过这一职业（扣针的制造会成为一种专门的职业，就是分工的结果）的相应训练，也不知道怎么使用这一职业所需要的机械，那么就算他一整天都竭力工作，也有可能连一枚扣针都制造不出来，更不用说二十枚了。……也有些工厂会让一个工人完成两三道工序，即使小工厂连必要的机械设备也很简陋，但是只要工人们勤勉地工作，这个工厂每人每天可以制造出四千八百枚针”[①]。这个例子说明了分工带来了职业化与专业化，也正是如此把上述劳动活动称为“工作”。如果按此理解，社会工作的确是专业分工、职业训练的结果，突出表现为提升了服务效率。但是，社会工作到底是什么样的工作呢？根据单词组合，我们应该从“social”的含义寻找答案。至少可以确信，社会工作不是简单地追求商业效率的工作。

① ［英］亚当·斯密：《国富论》，谢宗林等译，中央编译出版社 2011 年版，第 3—4 页。

当致力于专业化而重视临床、个案、可测量的效率时，社会工作因去社会化受到抨击并被称为“不忠心的天使”[①]。甘炳光认为社会工作通过关怀社会、关注弱势群体、改变社会环境、基于社会理解案主需求、追求社会公义等体现“社会”意涵[②]；也有学者呼吁社会工作者以社区为实践平台，找回其“社会为本”的原初专业精神，恢复其“社会自我保护机制”的专业本质。[③] 本书从两个方面理解社会意涵，一是社会工作追求社会性目标，如公平正义、社会适应、社会秩序等；二是社会工作运用社会的方式实现目标，如自主组织、推动结社、集体行动、建立社会支持网络等。

因此，专业化并不是社会工作的唯一特征，甚至还称不上核心特征。相反，我们更应该从社会性角度重新理解社会工作，以及反思社会性与专业化的关系。

---

① Specht, H. and Courtney, M. E. *Unfaithful Angels: How Social Work Has Abandoned its Mission.* New York: The Free Press. 1994.

② 甘炳光:《社会工作的“社会”涵义: 重拾社会工作中的社会本质》, *Hong Kong Journal of Social Work*, 2010 年第 44 期。

③ 陈立周:《“找回社会”: 中国社会工作转型的关键议题》,《思想战线》2017 年第 43 期。

第三章

环境分析：传统民政与专业社工的竞争背景

传统民政与专业社工出自两种完全不同的制度环境，为什么两种制度在转型时期的中国却能够同时存在？逻辑上讲，每种制度镶嵌在特定的社会结构及外部环境。对于中国而言，传统民政工作一直占据着社会服务的垄断地位，为何此时西方社会工作还能寻得发展空间？甚至，两种制度构成了竞争关系。为此，本部分重点研究社会服务的外部环境及其变化状况，以此提炼制度竞争条件、竞争主体及竞争动力。

第一节　竞争条件：市场化和全球化

改革开放不仅导致中国的经济转型还引发了社会结构的深刻巨变，集中表现在“市场化”和“全球化”两个方面。这种影响触及了政治、经济、社会各个领域，也导致了地区之间、城乡之间、贫富之间等发展不均衡的问题，乃至公众的思想意识、价值取向、道德观念及行为方式也发生了翻天覆地的变化。终而使得社会治理领域遭遇前所未有的挑战，不但要提供规模庞大的福利服务，还要高效率地满足个性化需求。因此，中央政府及地方政府明确地感知到社会建设的重要性，意图通过“政策创新”、“试点探索”等方式构建中国特色社会主义社会治理体系，实现治理能力现代化及加强国家能力建设。

一　市场化：流动社会与社区服务

毛泽东时代，党和政府是满足社会服务需求的唯一主体，遵循总体性社会逻辑。政府通过各级官僚行政机构及深入人心的意识形态维持社会稳定，建立了“单位办社会”、“人民公社”等渗透和控制社会的独特制度。国家正是通过遍布城乡的“单位”、“公社”将人口、资源、网络等吸纳到政府管理体系之中，从而扩大了国家权力的触角范围和确保了社会秩序的平稳发展。

单位办社会指在计划经济体制下个人、群体的社会生活及福利服务由工作所在单位组织并具体负责，这里的单位包括机关单位、事业单位以及国有企业。这个时期的单位不仅担负经济职能，还需承担政府的社会管理及福利保障职能，甚至单位内部还要建立起与之相关的生产设施、社会支持网络等，比如个人的生老病死、结婚生子、住房教育等都由单位负责。人民公社指在农村地区建立起来的工业及农业合作的基层单位组织，类似城市的“单位”组织。国家每年为公社下达生产指标，农民通过劳作完成国家任务及获得相应的工分，并以此为分配标准领取日常生活所需品。农民根据属地原则自动参加人民公社，其衣食住行与人民公社息息相关。人民公社成为农民参与政治、经济、社会生活的主要载体，也是国家联系农民的重要中转站。

因此，新中国成立之初，我国在城市基层社会建立起单位制为主、街居制为辅的管理体系，在农村地区建立人民公社的“蜂窝状”管理体系，国家权力对社会实现了全面覆盖。国家改革开放之前中国是固态社会。国家通过单位、公社等组织形式管理人口流动、福利供给、民政救济等社会服务，这些管理特征与当时的计划经济体制、总体性社会等构成了有机的整体，政府也有效地控制着社会的方方面面，没有留下一丝缝隙。

然而，市场化改革打破了原有相对稳定的社会秩序，单位制、公社制或街居制等管理模式难以适应市场化体系，基层社会管理陷入困境。[①] 市场化机制使得个体趋于原子化，基层社会迫切需要建立一种新的组织形式和管理体制应对新形势下的社会问题和福利需求。

历史唯物主义认为生产力决定生产关系，经济基础决定上层建筑。市场经济替代计划经济之后，个人生活、社会结构及政府管理方式也随之变化。市场经济通过竞争机制追求资源有效配置，为此需要类似资源自由流动、保护私有产权、尊重市场规律、减少政府干预等一系列基础条件。因此，政府职能转型是发展市场经济的关键保障，将经营权归还给企业、把资源配置权交给市场以及将一部分宏观经济管理职能交给中介组织。企业或单位独立自主地参与市场分工，引入现代企业管理制度，提升企业竞争力，实现利益最大化。与此同时，当企业把经济目标或创造利润放在第一位时，原来由企业承担的职工福利则需转移给专门的生产单位统一供给，比如养老、医疗、失业及最低生活补助等服务，但类似社会保障功能的统筹工作更需要政府的有效管理。农村的家庭联产承包责任制也是市场化改革的结果，农民可以自由地参与市场经济活动，商品贸易、劳动力流动成为家庭收入的主要来源，当然农民外出务工还为市场经济提供了产业工人。整体而言，市场经济的社会分工、专业化加速瓦解了单位办社会和人民公社体制，人口、资源等也不再是固态化的，而是随着市场交易的发展而流动起来。

---

① 何海兵：《我国城市基层社会管理体制的变迁：从单位制、街居制到社区制》，《管理世界》2003 年第 6 期。

市场化改革催生的流动社会亟须重新建立一套有效的社会保障制度和社会福利供给体系。那么，政府怎么办？社会又该如何行动？流动社会的显著特征是原来组织化、固定化的人和物开始自发移动且原子化，现实表现为“单位人”变成了“社会人”。与此同时，政府、企事业单位及公社等传统组织承担的社会服务难以适应流动社会，呼唤着社会自发的分散性回应机制。

然而，中国的市场化改革或市场经济的发展有其独特性，主要由政府高级官员、技术专家及知识分子共同推动，完全不同于“资本家先于资本主义”的路径。① 政府在市场化改革过程中不仅占据主导作用，甚至进一步巩固了权力的社会基础。社会服务领域也不例外，政府在基层政权建设的基础上推动社区建设及民政工作，主动承担企业转型的福利服务空缺，为发展市场经济提供后勤保障。为了更好地履行社会福利职能，政府成立了专门的职能部门及其深入基层的官僚体系。“街居制”的社会功能在这一时期得以全面展示，比如社区居委会、村民委员会实现了社会的再组织化，重建了社会福利传输的组织网络等。随着社会服务的规模增大，街居制也面临职能超载、职权有限和角色尴尬的现实困境。于是，1991 年开始，政府主动寻求政社合作、居民参与等方式改变社会服务管理体系，逐渐形成了当前的“社区制”。社区成为落实人们基本生活服务的固定场所，实现了行政主导与社会自治的协调统一，为全社会编织了有形的社会支持网络。

虽然政府主动出击回应市场化改革，但市场化改革带来经济增长的同时却生成了更多纷繁复杂的社会问题。客观形势迫使政府转型为一个具有回应性、效率化及问责的权力组织。其结果是，政府

---

① ［哥伦比亚］吉尔·伊亚尔、伊万·塞勒尼、艾莉诺·汤斯利：《无须资本家打造资本主义：后共产主义中欧的阶级形成和精英斗争》，吕鹏等译，社会科学文献出版社 2008 年版，第 11—12 页。

职能转型成为必然，从管理型政府向服务型政府转型、从无限政府转向有限政府，追求“小政府、大社会”格局。因此，传统民政工作在市场化时期也需要进一步创新，加强专业化建设，把做不好、不能做的服务转交给社会主体承担。这里，“小政府”不是弱政府而是强政府，即使是西方国家也没有减少福利责任，只是在福利生产时引入市场机制，与此同时需要强化政府的治理能力；“大社会”指市民社会的规模及影响较大，但是社会组织及公民参与并不会改变政府的主导格局，相比而言大社会属于行政主导下社会自主运行。基于上述理念，政府统筹，经济、社会各司其职。当前的难点在于培育社会，流动社会已经为社会自主运行提供了资源与空间。大政府向强政府的转化过程，也是大社会建设过程。强政府要求政府能够在最高效率的状态下履行自己的职责，对社会实行精准化管控，而大社会、能动社会是政府的最佳帮手，共同建设和分享市场经济的成果。

无论怎样，市场化改革对社会福利供给方式提出了全新挑战。组织再造及治理能力现代化是回应挑战的关键策略。传统民政工作体制在基层政权体系建设的过程中继续发挥作用，提供基础性的服务和管理。但是，随着社会的流动性增强，社会问题越来越复杂，传统行政体制的回应显得相对迟缓，为社会的自主组织、自主运行等创造了难得的契机。因此，市场化改革带来的流动社会为民政工作与社会工作之间的竞争创造了条件。

二　全球化：开放社会与示范效应

市场化与全球化相伴相行。改革是学习和借鉴“先进国家”的“先进制度”，并对自身“落后制度”进行改造的过程。全球化提供了打破封闭、走向开放的契机，能够为改革提供最直接的灵感和选择。封闭社会条件下，我们极为重视和守卫遗产，路径依赖机制支撑着制度在新时期继续传承与创新。然而，市场化改革的影响是全局性的，对原有制度的有效性和可行性带来了前所未有的挑战。为此，我们在改革的基础上配合全球化，广泛地汲取全球经验。只有在参与全球化和对外开放条件下，才能了解那个更好的制度和经验，才能明确改革的目标和方向。

全球化的影响不是停留在纸面上的，而是具体作用在福利服务方面的“间接示范”和“直接输入”两条途径。第一，示范效应路径指面临传统单位制和公社制瓦解带来的真空困境，政府在改革初期就确立了以民政系统为核心的民政工作方向，但也在向西方国家学习资本主义时代下的“社会工作”。比如，民政部门专门组织高层官员到访西欧各国、中国香港地区等。第二，直接输入路径指外来的社会工作作为一门专业输入中国，共同培训专业人员、翻译海外经典教材等措施；纵观社会工作专业学科发展了二十多年，国内还没有形成本土化的教材及理论成果。可以说，外来的社会工作正是在全球化的开放时机下顺势进入中国。

在毛泽东时代，老百姓的生老病死甚至精神生活等事务统统由单位、居委会或公社负责；那时民政系统的民政工作、人民团体的群团工作也发挥一定功能。那个时期公共服务的提供方式完全符合当时的计划经济等环境，表现出相得益彰。受到市场化影响，原有单位/公社的众多职能被抛向了社会。全球化时期的开放社会，中国有机会学习西方社会结构下的社会工作体制。目前来看，社会工作在中国的发展速度十分迅猛，逐渐形成了一整套完整的制度体系。

据资料显示，1984 年民政部考察团赴香港地区学习社会福利制度及社会工作专业的学科发展；1987 年民政部派出考察团前往挪威、瑞典学习社会福利与社会工作及社会工作教育，随后在北京召开“马甸会议”恢复了中断了新中国成立之前的多年社工教育，在北京大学、中国人民大学等学校开设社会工作与管理专业；1990年，中国民政理论和社会福利研究会与香港社会服务联合会合办社会福利发展的研讨会；1991年民政部成立中国社会工作协会，享受局级事业单位待遇；1994年，中国社会工作教育协会成立，设在北京大学社会学系。至此，社会工作的引进及教育发展已初见端倪。

社会工作继续在上海、深圳等地发酵。1994年，上海市开始了社区服务、社区管理、社区工作、社区自治等内容的全面社区建设实践；2003年上海市人事局、民政局联合发布《上海市社会工作者职业资格认证暂行办法》；2004年，上海市政府鼓励并培育社工机构，比如向上海市阳光青少年社工中心购买青少年社工服务。2004年开始，深圳市借毗邻香港之机发展社会工作体制；于2007年10月发布《中共深圳市委深圳市人民政府关于加强社会工作人才队伍建设推进社会工作发展的意见》等1+7文件。同期，全国各地纷纷开始重视社会工作的发展，作出了有益探索。

中央政府从国家层面给予社会工作高度认可并作出制度安排。2004年，民政部组织有关省市民政厅局级干部到美国、中国香港考察社会工作专业化、职业化建设；2006年，人事部、民政部联合发布了社会工作师职业水平评价及资格考试的实施办法；十六届六中全会提出建设宏大的社会工作人才队伍，充实到公共服务和社会管理部门；其他相关政策和讲话也显示社会工作的重要性日益增强，《十二五规划纲要》拿出三章的篇幅讲社会建设和社会管理；《国家中长期人才发展规划纲要》明确在2020年社会工作者队伍将达到300万人；甚至中央《加强和创新社会管理，建立健全中国特色社会主义社会管理体系》中已明确了社会工作在社会建设方面要扮演积极角色。为了推动社会工作的发展，民政部2009年出台了《关于促进民办社会工作机构发展的通知》。这一切表明，社会工作不再是简单的人才建设、专业方法的补充，而是作为更高层面的社会建设、社会管理创新的新兴手段。

社会工作在中国发展的历程中处处体现出全球化的影响。其发展的重要特点有，第一，政府主导下的强势上位；早期各地政府推动进程较缓慢，而中央政府自 2006 年之后在政策方面给予确立和支持大大地加速了进程。政府支持既包括政策出台，还有公共财政、行动空间。第二，专业教育先行、强调人才建设；自始至终，社会工作的发展都需要相关学科支撑，所以政府在引入社会工作及外出考察时都非常重视专业教育。第三，区域试点，这是中国改革的重要特征之一；因为社会工作来源于西方社会，能否适应中国环境有待验证。①

三 结果：民政工作与社会工作同台竞技

市场化和全球化共同冲击着传统中国社会结构，也为社会再组织化及社会福利供给等提供了可资借鉴的解决方案。市场经济释放和创造了“自由流动资源”和“自由活动空间”，进而削弱国家、强化社会的地位，共同为社会成员提供资源和机会。② 市场化起到了牵一发而动全身的功能。市场经济不仅打破了传统的单位福利体系，还增添了自由流动及市场失灵等新的社会问题，这不得不让政府或社会重新提供解决方案。全球化则提供了国际经验，加深和拓宽了制度传递。然而，西方资本主义的社会工作正是在市场化、工业化和城市化背景下发展起来的，由社会自发形成的服务机构立足社会而提供的福利体系。中国现在也在经历西方社会发展的某个阶段，所以社会工作体制是值得借鉴学习的制度设置之一。

因此，开放社会使得民政工作和社会工作的制度竞争成为可

① 中国社会工作协会/组编：《中国社会工作发展报告（1988—2008）》，社会科学文献出版社 2009 年版，第 23—28 页。

② 孙立平：《自由流动资源与自由活动空间：论改革过程中中国社会结构的变迁》，《探索》1993 年第 1 期。

能。市场化提供了土壤，全球化则提供了机遇。值得注意的是，当前国有企业事业单位的转型仍在持续推进，单位制的部分福利保障功能依然存在。正如改革开放先锋城市深圳的当前做法，随着市场化程度的推进，原有的民政福利体系难以应对新的复杂的问题，转而借鉴并引进香港的社会工作机制，使得民政工作与社会工作共同在基层社区发挥作用，同台竞技。

> 当前政府的问题是真正干活的人很少，专业水平也不够。特别是在建设服务型政府时，国家行政体制的社会服务体系专业水平是不够的；其次，中国民政工作范围比较狭窄，仅仅承担小部分特殊群体或困难群体的负担，而市场化带来的老人、儿童、心理疾病、贫困人等繁杂问题亟需专业解决。为了拓展民政功能、提升服务水平，深圳市政府向中国香港地区学习引进了可以形成竞争的社会工作。民政工作与社会工作竞争，打破民政系统的垄断经营和功利主义，提高社会服务的专业水平以及工作质量，建设服务型政府。[①]

第二节　竞争主体：国家和社会

既然存在制度竞争，那么代表民政工作和社会工作参与竞争的主体是谁？按照制度及制度变迁的含义，制度主体是制度的重要组成部分，没有制度主体就无法讨论制度。诺斯将制度主体视为行动集团，是推动和主导制度参与竞争、推广及变迁的核心。[②] 再者，

① 杨宝，对深圳市民政局社工处向科长的访谈，2008 年 7 月。

② ［美］道格拉斯·诺斯：《经济史中的结构与变迁》，陈郁等译，上海三联书店 1994 年版，第 7—22 页。

从研究制度竞争的角度，我们还得重视决策者或裁判者，将此称为“选择主体”。换言之，制度竞争也是选择主体挑选制度的过程。选择主体与竞争主体之间没有逻辑关联，但某个制度主体占据竞争过程的主导地位时也可能扮演选择主体的角色，控制制度竞争过程及竞争结果的筛选原则。

一 国家与社会的分离

改革开放之前国家与社会关系属于总体性社会特征。即，国家掌管意识形态、暴力机器、大众传媒及经济生活，几乎垄断了所有重要资源，具有极强的渗透、动员与组织能力。与此同时，国家通过行政权力、政策工具吞噬了能动性的自主社会，社会成为国家的附庸且与国家的步调保持高度一致，表现为现代国家对传统社会的全面渗透与替代。[①] 然而，市场化改革削弱了国家的影响力，新兴的中产阶级通过自主结社维护自身利益，比如怀特在研究浙江萧山的社团时发现大量存在一个介于政府与市场之间的社会空间，虽然政府对其具有较大的权力但它毕竟是代表社会的新兴力量。[②] 因此，市场化改革的结果——资源流动与社会空间的出现加速了社会的发育，直接冲击了国家权力的控制力度。所以，宏观环境显示国家与社会关系的边界逐渐松动和分离，社会的自主性和能动性正在不断加强。

国内外学者高度关注转型时期中国社会领域的发展变化，提出了诸如“公民社会”、“市民社会反抗国家”、“法团主义”等系列概念。他们共同指向市场经济下具有社会性的社会正在恢复，独立于国家权力的社会自治团体也得到迅速成长。查尔斯·泰勒认为市

① 赵文柯：《五代美国社会学者对中国国家与社会关系的研究》，载涂肇庆、林益民主编《改革开放与中国社会——西方社会学文献述评》，牛津大学出版社 1999 年版，第 13—34 页。

② White G. Prospects for Civil Society：A Case Study of Xiaoshan City. *Australian Journal of Chinese Affairs*，1993，29（29）：63－87.

民社会可以分为三个层次，最低限度的含义是只要存在不受制于国家权力支配的自由社团；较为严格的含义是只有当整个社会能够通过那些不受国家支配的社团来建构自身并协调其行为时；甚至这些社团能够相当有效地决定或影响国家政策之方向。[①] 当前中国至少出现了最低限度的市民社会，如王颖等人观察到浙江存在大量的社团，在市民社会理论基础之上提出了社会中间层的概念[②]；而 Unger & Chan 对工会和商业协会考察之后得出了法团主义模式等[③]。虽然当前社会领域的研究还存在激烈的理论争论，但是大家都观察到：随着市场化改革的深入，社团组织、行业团体所拓展的公共领域不断发展壮大，同时私人领域的公民意识、权利意识迅速崛起，逐渐形成了一股不容忽视的不同于国家权力的社会力量。

国家摒弃了传统大包大揽的家长式作风，在市场逻辑和社会力量的双重压迫下也开始渐进式改革。自由主义的市场经济下，新公共管理运动成为国家政府改革的主旋律。服务型政府、有限政府的建设则是关键目标，政府职能不再是管制和约束社会行动，而是为社会建设提供后勤支持。虽然中国并不完全遵照西方新公共管理运动改革政府，但改革的实际结果却是相似的。也即，社会力量的角色越来越重要，承担起部分政府职能转移或满足新出现的社会需求。

强国家、大社会成为国家与社会关系的建设方向。国家或政府的职能转型要求建设一个强大、精致的国家，只有强国家才能统筹经济社会发展，为社会提供保质保量的公共服务，维持社会稳定。

---

① 邓正来：《国家与市民社会：一种社会理论的研究路径》，上海世纪出版集团 2006 年版，第 28—29 页。

② 王颖：《中国的社会中间层：社会发展与组织体系重构》，《中国社会科学季刊》1994 年第 6 期。

③ Unger J.，Chan A. China，Corporatism，and the East Asian Model. *Australian Journal of Chinese Affairs*，1995，33（33）：29 - 53.

强国家要求政府职能部门能够在自己最高的效率下履行职责；大社会要求社会团体或组织能够有效地承接政府转移的职能以及社会要求，把政府做不好、政府不能做的事情承担起来。因此，国家转型必然要求社会力量的发育和壮大，以及尊重社会自主的运行逻辑。社会工作就是国家转型和社会成长的典型代表，不仅意味着社会团体积极主动参与公共服务，还表现为政府事务以“社会的方式”运行。

因此，国家与社会的分离并不意味着对立，而是要有机地融合在一起。国家与社会之间的分离只是位势的区别而已，不代表绝对的利益冲突或者立场对立。这种“分离”在“范围上”是“有限的”，国家仅仅放弃了对“私人领域”的控制，但重建了对“公共领域”的渗透。而且，这种“分离”在时间上也是“有限的”，经历了最初的国家与社会的“分离”之后，紧接着就通过建立“行政吸纳社会体制”重建国家与社会的“融合”。政府不仅运用“消极的控制策略”，还运用更加“积极的替代策略”，即通过“延续”、“发展”、“收编”、“放任”等策略发育出可控的社会组织体系，从而“功能替代”那些公民社会因素。所以，改革开放以来的社会变迁，并不是单纯的社会自治扩大的过程，也不是单纯的重建政府控制的过程，而是一个在社会自治增加的过程中重建行政控制的过程。在某种程度上，这是一个社会和国家双赢的过程。当然，时至今日，尽管社会获得了前所未有的解放，但中国仍然是一个行政主导的社会。①

很多专家认为大社会就是要把政府跟社会割裂开来，实际上是割裂不开的。相反，政府是什么？政府是社会的产物，政

---

① 康晓光、韩恒、卢宪英：《行政吸纳社会》，新加坡世界科技出版社2010年版，第286—288页。

> 府高于社会。这是最基本的东西。所以那些把社会跟政府分裂，放在并列地位，这是不现实的。无论什么时候的社会，政府都对社会起一个控制作用，如果政府不控制社会的话，就无法发挥作用。所以，目前咱中国形成了“党委领导、政府负责”的社会建设基本格局。①

国家与社会在事实上是分离的，并且有各自的运行逻辑及价值主张。当前，我们还无法给予国家、社会准确的定义，但能够勾勒出大致的图景。国家不仅仅是一个社会经济冲突或争斗的场所，也是一套以执行权威加以良性协调的行政、政策和军事组织；国家首先并主要是从社会中抽取资源，并利用这些资源创设和支持行政组织。② 所以，行政组织被视为国家权力的基础及代表。与此对应，社会组织是社会力量的显性代表，它并不按照强制、暴力等政府原则运行而是以利他主义、自愿精神、独立自主等为运行机制。国家所释放的社会空间为民政工作和社会工作的竞争提供了条件支撑，政府与社会组织分别代表着不同的运行逻辑。值得强调的是，主体分化并不是严格意义下的国家与社会，而是强调两种组织类型及两种运行逻辑的划分；毕竟国家与社会都不是铁板一块，且两者边界模糊。

二　行政组织：民政工作

民政工作是国家建设的触角。国家在市场化转型时期释放了部分权力，比如政府推动实施经济自由化、福利社会化。一般而言，面对松散的原子化社会，国家可以采取三种方式管理。第一，完全

---

① 杨宝，对北京市西城区社工委冯科长的访谈，2011 年 10 月 9 日。

② ［美］西达·斯考切波：《国家与社会革命：对法国、俄国和中国的比较分析》，何俊志等译，上海世纪出版集团 2007 年版，第 30 页。

放权，让渡于自发形成的社会团体管理；第二，重新组织，国家可以改造传统组织体系使其在新环境下恢复活力；第三，无动于衷，国家即使自身无暇顾及社会的再组织化，但也不给予有组织社会的崛起空间。事实上，国家体制则是从极权主义转向权威主义，其对社会实施精细化控制。国家选择了第二种方式，对传统基层政权的重新加固，使其朝着有利于传统体制发挥作用的方向迈进；同时对社会组织采取压制，控制公共领域的发育。因此，民政工作就是国家从传统体制过渡到新环境下最好的继承与创新，国家也没有从社会服务领域退却，而是通过改造后的新组织体系提供福利服务。

行政体系成为民政工作参与制度竞争的支撑主体。民政工作是在国家一体化的背景下发展起来的，其运行方法充分展示了行政权力逻辑、组织方式依托于各级政府及基层群众自治组织、价值理念更是以政治为核心。民政工作是中国国家转型及延续的特殊产物，与政府融为一体。具体而言，民政系统和基层群众自治组织是民政工作的支持者，国家的社区建设为其提供优质服务创造了可行渠道。甚至，国家发起的民政工作正作为“特色社会主义的社会工作”参与全球福利体系的竞争。

城市化进程催生了大量的新兴城市社区，但其福利体系仍以行政体系主导的民政工作为主。比如，北京市丰台区三环新城是2006年开始入住的经济适用房小区，白领阶层居多；2008年达到了较高的入住率，此时街道办事处决定建立居委会为小区提供公共服务及福利保障。在过渡的两年时间里，该社区没有成立有效的社会团体提供公共服务，也没有外来社会团体帮助。社区党委书记认为，“政府有责任、有义务把社区建设好，为全部老百姓提供社区服务，为特殊群体或弱势群体予以全方位支持。民政工作则在社区建设的基础上有效地实施，所作所为比‘社会工作’更加到位和更加负责。我们这群社区工作者就是所谓的‘社工’，但我们更有体制上的优势”。

三　社会组织：社会工作

社会工作成为社会福利供给的主要制度的时间并不长，这与社会的自主发育程度有着千丝万缕的关系。第一，社会工作是在国家对社会控制松动的条件下才出现的；第二，社会工作被视为应对复杂社会问题的利器，突出表现为专业能力及其为受益群众建设社会支持网络，实现助人自助的目标；第三，社会工作坚持公平正义，通过社会行政、社会倡导等方式推动社会进步。但是，以行政体系为代表的民政工作并不是束手无策，事实上其所留存的狭小空间制约了社会工作的全面发展。即使如此，自主的社会空间也培育了社会工作，也为社会工作参与制度竞争提供了机遇。

西方制度语境认为社会服务机构是支持社会工作发展的基石。在西方国家或地区，慈善团体、民间组织大量存在，其中服务社区民生的社会服务机构长期接受政府购买为老百姓提供社会工作支持。然而，虽然中国正在经历社团革命，为社会带来了新鲜组织、新鲜血液及新鲜逻辑，但是不同于西方的关键之处在于自上而下的基层政权体系，这也是民政工作得以有效运行的基础。令人欣喜的是，20 世纪 90 年代以来大量行业协会、民办非企业单位以及慈善基金会等快速出现。然而，我国社会组织发育时间较短且受制于空间和资源限制，至今未发展到可以独立自主提供社会工作的地步。当然，国内社会组织领域有意识地追求西方社会工作的专业化，“社会工作机构”甚至成为判断社会组织专业能力的标签之一。目前，官方文件中也专门出现了民办社会工作服务机构，是指工作人员中有 1/3 以上具有社会工作师资格证书的服务性机构，民政部《关于促进民办社会工作机构发展的通知》之后，这类机构正在大量兴起且势头正猛。

教育机构是我国社会工作发展的重要支持主体。大学成为社会工作制度的研究者、倡导者乃至实践者。虽然我们看到政府在2009年之后大举推动社会工作的发展，但是这种发展是有目标限制的。中央、部委及地方政府都是希望发展专业的社会工作人才队伍，充实传统民政工作系统，实质上是吸纳专业能力而不是社会工作的组织方式和价值理念。首先，教育机构、学术团体在当前中国有比较大的自由，大多数学者都曾到欧美、中国香港地区留学访问，实质性地接触了更为广泛的西方社会工作，他们有地位和能力推动真正的社会工作。比如，社会工作学界大力呼吁并推动社会工作的独立地位，而不是完全依附于政府购买制度下的“跑腿”社会工作。其次，社会工作暗含着社会公正的人文关怀，深受知识界的崇尚和追求，这也不难理解教育机构和学术界对社会工作制度的狂热支持。最后，中国社会工作发展的轨迹就是教育先行、制度跟进，截至2016年我国大约有300多所院校开设了社会工作本科专业、100多所院校开设了社会工作硕士（MSW），社会工作学生的就业压力也迫使教育体系持续“渲染”社会工作的快速发展态势。例如，汶川地震的灾后重建中也充分显示了教育机构的主体作用。

2008年5月12日，四川省汶川县发生里氏8.0级大地震，灾区一片狼藉、百废待兴。上海市政府对口援助都江堰市，特地组织“上海社工灾后重建服务团”前往灾区提供“社区重建”等工作，协助灾区人民开展自救和自建。华东理工大学、复旦大学、上海师范大学与上海阳光青少年社工中心、浦东社工服务队等四支队伍分赴临时安置点开展工作，高校教师、学生轮换参与社区重建；在服务期间，社工团与上海市政府一道推动都江堰社会工作的发展，如成立社会工作者协会、培训30名社会工作人员、辅助社会工作制度建设等。今天，都江堰社会工作的发展依然是灾后重建软性服务的一道风景线，而四川当地高校进一步地参与社工发展，如西南石油大学等。除此之外，北京大学、中国青少年政治学院、云南大学、中华女子学院、重庆工商大学、长沙民政职业学院等众多教育机构参与和推动灾区社工发展。2010年，南都公益基金会还资助中国社会工作协会在专家组的指导下进行“社工服务试点工程”项目，其资助额达到120万元。①

总结来看，民政系统及基层组织为代表的“行政体系”支持着民政工作发展，教育机构及社会组织为代表的“社会服务机构”支持着社会工作发展。更重要的是，国内社会工作的发展是政府主动发展的结果，但是政府关注的重点是“社会工作人才”，而不是照搬照抄西方的“社会工作制度”，两者存在本质区别。由于行政体系、社会组织等内涵极其丰富、难以把控，我们在区分主体时相对笼统，旨在为后续分析和比较提供情境。制度主体支撑着民政工作与社会工作的制度竞争，但这不意味着双方拥有平等的竞争地位和权力。事实上，国家与社会仅是有限分离，这样导致我国当前仍然体现出“国强社弱”、“政府主导”的特征，社会工作的发展在一定程度上受到政府较大影响。但是，国家的强势并没有阻止社会力量争取社会工作的竞争地位，特别是社会工作实务界和教育界的加入进一步壮大了社会力量的话语权。因此，至于这场制度竞争的评判主体，既可能是国家也可能是社会，完全取决于双方角逐时的力量对比和妥协程度。

第三节　竞争动力:需求和供给

制度竞争时有发生，转型时期的中国更是如此。制度竞争不仅

---

① 杨宝：对南都公益基金会“512灾后重建资助项目评估”的整理，2011年3月。

仅存在于社会领域，在政府管理、经济体制等方面，比如新公共行政与新公共管理、计划经济与市场经济之间的较量此起彼伏。但是，制度竞争并不一定在同一时空进行，也可能发生在制度变迁过程之中多种制度的“比较”中。对于社会服务而言，不同的社会发展阶段有不同的福利需求，因此社会服务的需求与供给状况构成了制度竞争的特定情景，直接影响了制度竞争程度或者制度要素的有效性。

一 社会需求

民政工作或社会工作的直接目标都是回应社会的福利诉求。通常来说，社会需求的类别及规模都是随着外部环境变化而变化。中国在转型的特殊环境下造就了以下类型的社会需求，一方面是政府主张通过“社会化方式”退出部分公共服务的生产领域；另一方面是市场化改革带来的新型却繁杂的社会服务问题。我们知道，毛泽东时代的总体性社会通过单位制、街居制为民众提供福利服务，而那些服务处于普惠性的低水平。然而，随着生活水平的提高，人们需要的外部支持或福利诉求日趋复杂，也更加个性化。

已有研究表明，福利需求受到经济技术、政治效应及意识形态的影响。[①] 工业化理论认为科技的突破和普及导致经济结构的转变；农业、手工业为基础的简单生产模式让位于现代企业，引发了传统家庭结构变迁、社区迷失、失业严重、老人养老等问题凸显。政治斗争和阶级斗争则认为福利需求是工人阶级向统治阶级争夺属于自己的那份财富，缩小社会不平等的差距。然而公民权利论等意识形态出现之后，福利需求激增的原因则可追溯到人们对社会权利的肯定，这时人们认为自己不仅要获得就业权利、参政议政权利，还需

① 黄黎若莲：《中国社会主义的社会福利：民政福利工作研究》，中国社会科学出版社1995年版，第21—27页。

要获得平等的社会福利权。[①] 无可争议的是，经济发展水平是影响社会福利需求最为重要和持久的力量。

社会需求的特征发生了质的变化，即从基础需求转向更高层次的服务。新中国成立初期，人民群众的最基本生活保障则是首要需求，如土地改革和扶贫济困。在单位制、公社制时期，福利保障方面几乎依托于固有体制解决，仅为少量无业游民等提供改造机会。而在市场化时期，国家开始大范围地改革社会服务供给方式，针对那些没有家庭和丧失劳力的特殊群体，给予最低水平的服务和物质救济。但是这个时期伴随市场化的推进，与民众相关的养老、住房、教育、就业等都成为特殊群体迫切希望得到的社会服务。令人惊奇的是，除了衣食住行等传统服务之外，社会需求更是增添了社区养老、儿童照顾、失独家庭、心理慰藉等服务。以失独家庭的社区照顾为例，该服务在20年或30年之前根本不存在，为什么？一方面，当时的家庭结构还是传统家庭而不是核心家庭，较少存在计划生育背景下的独生子女家庭；另一方面，当时的社会相对稳定和有序，而当前正处于风险社会，有着无数的风险或可能造成失独家庭现象。然而，失独家庭的福利需求是政府不曾面对的，福利服务内容在新时期也处于更高级的状态，不仅仅是最低生活保障还需要提供心理救助、社会支持等综合性服务。

转型社会带来的社会需求涉及各个领域、各个人群，因为他们都要承受并适应社会环境变化带来的生活方式转变。所以，社会需求还可以按照受益群体进一步划分，如：家庭需求包括生活保障、亲人关系、居家服务等，社区需求包括环境维护、邻里关系、社区服务等，福利院、学校、医院等需求；按照针对的人群可以分为儿童、青少年、白领、老年人、残障人士等切身需求。

---

① ［美］马歇尔、安东尼·吉登斯：《公民身份与社会阶级》，江苏人民出版社2008年版，第53—60页。

但是，社区仍然是社会需求集中反映的重要场所。按照西方国家的经验，社会福利需求主要包括最低收入保障、医疗健康保障、住房保障、教育保障以及社区照顾等，其中基层社区对搜集福利诉求、传递社会福利等起着不可替代的作用。在中国也不例外，人们的生活服务主要集中在以户籍制为基础的社区，而户籍制也是福利供给的重要指引。社会保障的基本需求不得不通过社区传递，为了确保福利服务的可持续效果更需要建立起自发回应需求的社会支持网络。因此，社区作为民众联系社会、对接国家的重要场所及渠道，各种物质帮助和精神支持都需要得到社区网络的参与，使各个群体真正地融入社会、参与社会以及恢复人们的社会功能。总之，社会福利需求的“爆发式”增长与“高质量”要求对传统社会服务方式提出了全新挑战。

二 供给状况

面对广泛的福利需求，现代社会有四种途径予以解决。即传统家庭结构的互帮互助、政府的公共救济、企业的契约交易，[①] 以及社会的慈善活动。四类主体的四种逻辑共同形成了社会福利供给结构。

“家”在中国社会结构及传统文化中占据独特地位，不仅是社会的生产细胞还是保障单元。家庭、亲属关系之间创造了无私的互济系统，通过家族为纽带的群体力量灵活机动地解决内部成员的困难。这种互帮互助几乎包含了所有日常生活的困难，比如生活救济、精神依偎、文化教育等方面。最为重要的是，家以血缘维系，非常牢固可靠。在家的基础上，社会逐渐发育出了“社区”，有着共同宗族或风俗习惯的人们聚集在特定区域生活，也称为“共同

---

① ［英］卡尔·波兰尼：《大转型：我们时代的政治与经济起源》，冯钢等译，浙江人民出版社2007年版，第41—48页。

体”。家、社区为人们提供了十分融洽的社会环境，在此可以无所顾忌地分享物质和精神生活。但是，从传统走向现代的过程中，“家”受到了极强的世俗冲击，不再是人们无所不在的支持网络。家庭结构从传统大家转变为核心家庭，社区结构也从熟人社会转变为匿名社会。这样，家庭与社区所起的社会保障作用就有所限制；甚至家庭的核心功能也在社会化，养老等问题都抛向了社会；社区内部温馨的场景也在逐渐消逝。

政府在提供福利服务时起到了重要作用，不仅依托行政权力统筹协调社会各部门的职能定位还提供人们生活的基础性保障。政府的劳动、民政、卫生等行政部门，以行政程序和手段向社会成员提供生活保护和福利服务。政府在劳动保护、职工退休、公费医疗及其他社会福利、社会救济方面都制定了一系列社会政策与措施，使具体工作有所依循；但目前政府提供的社会服务呈现水平较低、地区差异较大等问题。[①] 政府所承担的福利服务多数以民政系统为依托，提供标准化的基本需求保障为主，辅以灵活弹性的公益服务；前者如城乡最低生活保障，后者如便民便利服务以及公益互助的活动。本质而言，政府希望弥补社会转型对社区的冲击，通过社区再造提供更好的公共服务，但政府的治理能力较弱影响了上述想象的实现程度。

企业以市场化方式提供部分公共服务。按理说，企业以营利为目标，较少涉及具有公共性质的产品和服务。但是，在新公共管理思潮下，民营化浪潮席卷全球公共服务，逐渐成为一种主要的公共管理手段。民营化是在新自由主义兴起下效率至上的有效工具，通过委托授权、政府撤资、政府淡出等一系列制度设计，其中“合同外包”或者“政府购买”是最常见的方式，以此将私人部门的市

---

① 何增科：《中国社会管理体制改革路线图》，国家行政学院出版社 2009 年版，第 265—273 页。

场竞争引入政府过程。[1] 在现实来看，市场化手段满足的社会需求集中在私人领域，以及具有一定竞争性的公共服务。比如，社区权力结构中物业公司占据比较重要的地位，甚至居民与物业公司的紧密程度超越了居委会；小区物业提供的服务包括了清洁卫生、道路整修、园林绿化、安全保卫、消防照明、电梯业务等，都是与老百姓生活的切身利益相关。除此之外，社区的便民利民服务业多由私营业主提供，比如理发店、水果店及修补店等。

社会组织以非营利、非政府的方式提供公共服务。随着经济发展和社会发育，我国社区出现了大量民间社会团体，一方面直接为人民群众提供扶贫济困、助残助老的公益服务和以娱乐健体等兴趣为主的互助活动，如多数社区都有红白理事会、秧歌队、棋牌会等；另一方面公民意识觉醒推动成立了业主委员会等维护居民权利的组织。当前，政府在政策上鼓励公益慈善类、社会福利类、社会服务类等民间组织的发展，有利于提升社会团体在未来满足民众需求的规模和能力。其中，社工机构当属社会团体中服务类组织的杰出代表，社会工作的价值理念、方法技术使其展示出解决问题时比较彻底，以及采用发展性的眼光为居民、社区提供社会支持网络。以上海某个社会工作服务中心在汶川地震的临时安置区组织锅庄舞为例，社工每天晚上六点准时在广场奏响舞曲，空闲且有兴趣的妇女们一起翩翩起舞；社工们则以舞会为契机培养社区的骨干分子，渐渐地组织起锅庄队进行舞蹈培训、对外表演，最终把这样的活动移交给居民自己主持，培育社区主人翁意识和社区凝聚力。在此基础上，社区骨干分子积极推动孩子照看、作业辅导、老人服务以及残疾人帮扶行动。

归纳而言，当前满足民众需求的供给主体呈现多元化状态。其

---

① ［美］E. S. 萨瓦斯：《民营化与公私部门的伙伴关系》，周志忍译，中国人民大学出版社 2002 年版，第 177 页。

中，政府依然承担或掌握了大量的服务资源和空间，但由于政府特殊性质使然其仅提供一些基础性保障服务，而不能提供更为个性化、弹性化的服务。企业的身影无所不在，其在提供那些可以参与市场竞争的公共服务方面是一支不容忽视的力量。传统家庭在现代化冲击下仅扮演有限作用，多数只能正在转向社会，但家庭依然是社区、社会的重要组成单元，需要与社会团体的发展一道协调性地恢复其功能。社会团体，特别是专业社工机构，正在成为复杂环境下解决民众需求的有力体系；新时期下，社会的急剧变化，带来了大量结构性、系统性社会矛盾，这亟需社会工作担负起责任，一劳永逸地解决新问题，弥补传统主体无法实现的社会功能。但是，现实格局显示政府是最强大的主体，而社会团体、社会工作正在快速发展。因此，供给格局也暗示着民政工作与社会工作的制度竞争，且两者的竞争与实际解决的问题领域有着间接关系。

第四节　小结

为了简约理解制度竞争的外部环境，我们将此影响机制展示为图3－1。社会服务方式是社会福利传递（social welfare delivery）的总过程，涉及社会福利集合、行动主体、传递方式等要素，而制度竞争的主要动力来自于“转型”。

“转型”并不是空话，而是深刻影响着社会服务方式的“有效性”。如果传统社会服务方式具有极强的有效性，从功能主义的角度就没有必要引入新制度。那么，“转型”如何影响社会服务方式的“有效性”？如图3－1，传统的社会服务方式以政府的民政工作为主，转型的外部环境从两个角度打破了原有均衡。第一，转型环境下社会福利服务集合的规模发生了重大变化，由此冲击了传统的社会服务方式的有效性；也就是说，市场化改革之后国家承担的福利服务呈现几何倍数增长，那么民政工作的“容量”能否满足当前需求？所谓的“满足”指有效地、精准地将福利服务传递给公众。第二，转型环境直接影响了社会服务方式有效性的基础；众所周知，民政工作以行政体系为载体主要提供着大众化普惠性服务，在价值理念、已有经验、服务方式等都难以适应个性化时代。所以，社会服务方式创新的目标在于回应转型环境的需要，社会工作作为创新性制度被引入，由此构成了制度竞争的格局。

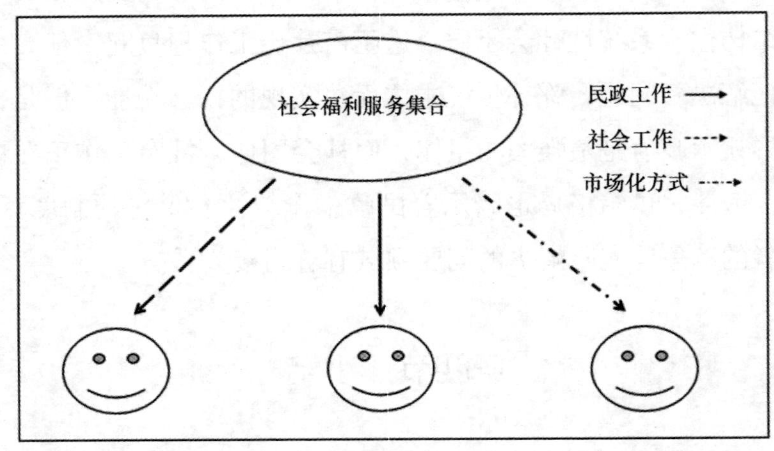

图3-1 转型时期社会服务方式制度竞争的环境分析

特别强调，制度竞争的初始状态是以基层政权体系为依托的民政工作。然而，无论转型程度处于何种水平，中国改革自始至终都是在政府主导下进行的，基层政权体系的组织性、网络化及有效性都未受到较大削弱。那么，外来的以社会组织为依托的社会工作与民政工作的竞争，依然处于基层政权体系较为完善的环境之中，而不是社会工作的源发环境。这是约束制度竞争的基础性变量。

本章分析社会服务方式制度竞争的间接变量，即制度竞争所处的外部环境及竞争主体的生存状态。市场化和全球化对中国的影响是全局性的，在此背景下“民政工作式微、社会工作进入”从而造成两种制度同台竞技；在此环境之中国家与社会分离培育了社会组织等自发性社会力量，从而成长为制度竞争的重要支持主体；在此环境下社会福利需求的规模和种类迅速增加，而传统的供给主体的回应能力却出现了弱化。上述事实构成了制度竞争的客观环境。事实上，民政工作就是在单位制瓦解之后由政府逐渐完善，而社会工作则是在开放背景下社会慈善团体及教育机构大力支持的用于解决复杂社会问题的有效方式。但是，两者都各有优势，都不能包打天下，还需具体问题具体分析。当然，两种制度的竞争与较量并不意味着零和博弈、此消彼长，而需进一步直接分析社会服务方式有效性的影响变量才能勾勒出制度竞争的完整过程，甚至有可能出现“竞争性融合”的结果。

第四章

合作性嵌入：社会工作的嫁接与依附

合作是一种互动形式，当具有共同目标的个人或群体，独自行动时很难或不可能达到目标，于是他们就会基于“优势互补”的原则联合行动。不同制度之间同样也存在合作关系，社会服务领域中民政工作作为传统制度如果难以有效回应新时期的福利诉求，而社会工作制度在西方社会早已正名，那么它似乎有可能成为改造传统民政的“救命稻草”。因此，“合作”既是社会工作制度进入中国的初始路径，也是民政工作自我改造的理性策略。本章重点论述两种制度合作的动力、方式、行为、功能及张力。

第一节　合作的动力：民政工作的责能困境

一　责能困境

转型时期，中国社会服务方式的初始制度是民政工作。民政工作借助其悠久的历史、健全的组织体系、系统的工作方式占据了社会服务领域的主导地位，也成为国家建设的重要触角。然而，新时期民政工作的适应能力、回应能力遭遇了较大挑战。

社会服务方式的关键或最棘手的环节在于“最后一公里”如何完成？也就是说，国家如何将社会服务有效地、精准地传递给居民？然而，所有的社会服务都需要最终落实到基层。“基层”通常指基层政府，《宪法》规定乡、镇政府或街道办事处是最基层的政府组织。但是在实践中，居委会、村委会却承担了相当多的基层政府职能，也可以说是基层政权的延伸。因此，本书认为社区、行政村是社会服务传递的最基本单元，也是政权体系的最末梢。从行政体制的结构安排来看，村、社区等基层组织是社会问题最直接的感知者和回应者；从行政体制的功能设计来看，基层组织则担负执行上级政府政策指令的任务，正如“上边千条线、下边一根针”形象所示。基层组织在社会服务传递中占据战略性位置，更是国家建设的“关口”和“源头”。

然而，基层组织面对的挑战也是前所未有的。一方面，在利益分化加剧、权利意识觉醒的现实面前，无论上级政府还是居民都要求基层组织承担起更加繁重的“服务责任”。另一方面，基层组织的结构位置又决定了其权力不足、资源有限、专业能力匮乏等使其没有足够的“服务能力”。比如，社区居委会侧重于承担政府管理或公共服务的职能，难以在孤老、残障等社会福利方面提供专业化服务，更无法满足类似社区文化、儿童照顾、居家养老等新兴且个性化需求，最终导致基层组织的“有管理无服务”。但是，一旦社区不能提供良好服务时，居民对其信任度则会日益降低，近年来政府服务项目逐渐增多，如果社区不能办好则会加剧老百姓的抱怨，其结果是社区陷入“费力不讨好、好心办坏事”的恶性循环。然而，社区又不能放任不管，这将助长干群疏离。

我们将这种两难现象归纳为“责能困境”，即基层组织在社会变迁过程中所承担的“职责”与所拥有的“能力”之间不匹配，致使国家权力无法渗透社会，难以有效地发挥其应有的社会功能。“责能困境”使基层组织面临“行政效率低下”、“政治合法性不足”的双重挑战，终而使得基层政权的“回应能力减弱”，引发基层治理危机。

同时，“责能困境”并不是短期现象，而是具有深刻社会基础的结构性紧张。社会学理论认为，如果用合法手段实现特定目标的努力受到阻碍时，人们就可能会尝试用各种非法手段实现这些目标，此时则陷入结构性紧张。试想基层组织的处境，如何才能摆脱当前的处境？或者换一个角度探讨，当前的困境是怎样发生的？

首先，基层组织的职能或任务暴涨能够削减吗？从历史来看，单位制瓦解之后大量社会服务转移至社区，而社区制推行以来更加强调社区承担起服务功能。职能暴涨的根源在于：第一，社区合并使得服务对象的基数成倍增长，而社区工作人员的数量却没有实现同比例增加，使得所承担的事务数量大幅度增加。第二，社会政策时代下政府开展众多民生项目，每项工作都需要基层组织实际执行，比如某个社区 2012 年的社区服务事项比 2007 年增加了 2 倍之多。第三，社会快速发展及家长式文化影响下，居民希望基层组织提供更多的生活服务，如社区养老、四点半课堂等日常事务。

其次，基层组织的治理能力能够自主改善吗？从历史来看，当前社区工作人员的能力有大幅提高，比如公开招聘大学生。然而，还存在结构性的治理能力不足，凸显在以下两方面：第一，基层组织的自主性权力不足，压力型体制下上级政府通过“行政逐级发包”、“层层量化分解”、“一票否决制”等机制将压力传导至基层，但并没有给予基层组织的制度性自主权。[①] 第二，行政体系的人员能力呈现倒金字塔，基层组织的专业能力和人员数量有限，难以满足社会服务日益个别化和专业化的诉求。

进一步分析，当前众多社会福利需求是由社会结构变迁触发

---

① 荣敬本、崔之元等：《从压力型体制向民主合作体制的转变》，中央编译出版社 1998 年版，第 28 页。

的。比如，社区养老、儿童照顾、失独家庭关爱等服务都是家庭结构变化带来的副产物。当社会分化导致传统家庭转向核心家庭时，随之而来的社会福利供给方式也发生了变化，双职工家庭不仅要考虑父母的养老问题还要考虑子女的照顾问题，甚至还要预防风险社会带来的失独风险。基层组织面对上述需要，既不能推脱责任，又没有相应的回应能力。因此，基层组织的“责能困境”属于结构性紧张，即使用合乎规范的手段不能实现预期的目标。无论职能的增加还是能力的不足，它们都是当前外部环境和社会结构所塑造的，两者的悖论难以在现有体系下得以调和。

二　回应路径

逻辑上讲，基层组织有两种回应路径：要么减轻责任，要么提升能力。减轻责任的路径在现实环境中难以实现，政府对社会诉求的回应状态是政权有效性的核心表现，这就必然要求政府承担日渐增多的社会福利责任，事实上纵观西方社会福利发展史也可以看出国家所承担的福利责任都在增长。但是，这并不意味着政府的生产责任随之增加。新公共管理运动以来，政府更多地担负起掌舵而非划桨的角色，因此政府完全可以选择自己提供，也可以选择由社会主体提供等多种方式。因此，“提升能力”是基层组织可采取的唯一路径。

基层治理能力与社会服务方式息息相关。治理能力指国家权力通过一系列基础设施对社会控制的效率与认同状态，以此脉络可以将责能困境看待为国家治理能力现代化的问题。所谓“现代”最通俗的理解就是“现时的存在”，国家治理能力现代化就是在现时条件下重新构建政府与社会的合法性秩序，也就是国家权力对社会控制的创新过程。孔飞力认为，治理能力面对的挑战主要来自于“精英统治阶层缺乏活力”、“大批社会资源不能被吸纳”及“缺乏有效的官僚行政技术";所开出的药方则是推动"政治参与"、"政治竞争"及"政治控制","参与"的目标在于尽可能多地吸纳社会精英和社会资源,"竞争"的目标则是从参与主体中搜寻更优的解决方案而不是朋党之争,"控制"强调所有的创新活动都在国家的掌控之中并力求增强国家活力、强化权力效能。①

具体到传统民政工作时,我们发现其在转型时期陷入"行政化"、"隔离化"、"低效化"的困局。这些结构性的问题循环往复,致使民政工作在社会服务供给方面逐渐式微,但其根源于与国家现代化的挑战高度相似。然而,社会工作以贴着"专业化"的标签被引入中国,被确立为社会服务方式创新的"神话",以至于全国各地如火如荼地推动专业社会工作发展。因此,转型社会导致的观念变化、诉求差异削弱了传统民政的回应能力,引入专业社工加强基层民政治理能力成为理性策略之一。社会工作通过合作的方式参与民政事务,以资源整合为基础提供有效的解决方案,从而激活基层政权组织的活力。

比如,广州家庭综合服务中心引入社会工作的初衷就是:

第一,社会结构的变化使得社会问题、社会福利急剧增加。目前,我国社会正处于转型升级的关键阶段,已进入社会问题和矛盾的多发期。社会管理的基础比较薄弱,运行的体制机制不够健全,社会组织和居民群众自治的作用还没有得到充分发挥,在保障人民群众基本生活,以及医疗卫生、社会福利、社会救助、社区服务等方面还存在不少突出问题,还不能完全满足人民群众日益增长的多元化社会服务需求。对于广州这样的特大型城市而言,单靠政府包揽社会服务的思路,已经很难适应新形势下的社会快速发展变革的趋势。于是,政府购买社会工作服务,作为广州市委市政府加快转

① [美]孔飞力:《中国现代国家的起源》,陈兼等译,上海三联书店 2013 年版,第 1—2 页。

变政府公共服务职能、激发社会组织活力、推进社会服务管理创新的重点工作之一，被列入党代会重点督办事项、市委全会重要议题及市政府民生实事。

第二，传统民政难以回应时下的社会需要。首先，居委会在政策范围内能解决的都解决了，但还是不够，居委会又解决不了更多了，这时候居委会就会找到社会服务机构，希望我们链接一些社会资源帮他们。其次，居委会治标不治本；如，有的妇女夫妻吵架了、被家暴了，就会去找居委会，居委会大妈就出来协调，把男方骂一顿，说再打就报警把他送进去或者怎么的，起码几个月男方不会这样做了，短时间内解决了。但是现在居委会发现长期有家暴的，就会转给社工机构来做，因为社会工作既治标又治本。

第三，社会工作与传统民政形成互补关系，而不是冲突的。现在居委会逐渐接受社工机构，就是因为他们知道社工机构能够帮到他们。他们很清楚社工能做什么，社工其实就是在帮助完成政府工作，只是方法不同而已。并且，近年来政府工作报告中越来越多地提到社会工作。

三　合作的领域

在“责能困境”的驱使下，基层组织作为民政工作的行动主体主动与社会工作合作。社会工作既是一种制度，也是一种专业方法，它的载体通常是社会服务机构。社会服务机构是社会组织的一种类型，主要指提供社会服务的非营利性法人，原则上满足组织性、非政府性、非营利性、自治性和志愿性特征。

社会服务机构具备灵活、创新、专业、贴近群众等优势特征，建构了社会工作与民政工作的合作基础。但是，双方的合作由政府主导，也是政府主动让渡空间的结果。合作的目标旨在让社会工作起到拾遗补阙、优势互补的作用，那么合作的领域主要集中在民政工作无暇顾及或难以回应的福利领域。包括：一方面，该项事务曾经由民政工作承担，但随着外部环境变化而无法有效供给的社会服务；另一方面，该项事务是随着外部环境变化新产生的，民政工作对此没有经验也没有能力处理，则寻求社会力量帮助。

现实中，传统民政关注的青少年、老年人、残障人士等领域逐渐成为社会工作服务的重点领域。之前，政府以救济、补助等现金类帮扶项目为主，然而上述人群的社会适应、社会交往、社会发展能力并没有得到较好的提升，因此基层民政工作更需要提升弱势群体的自我发展能力以及社会关爱服务体系。案例统计发现，我们调研的社会服务机构都涉及上述社会服务，并且在提供服务时更加注意“人”的成长、能力建设，而不是传统民政单一的经济救助。

青少年服务。比如，四点半课堂（放学时光）主要对学生提供课业辅导及课外成长活动等，重点培养青少年的责任意识、健康成长等，对行为偏差、校园欺凌、自残、网络成瘾、学习动机不强、离家出走等校园问题少年提供上门探访、个案辅导，以及成长性、治疗性的小组工作。社会工作者也通过开展康乐性活动来进一步提升青少年的角色适应和增强社会参与能力。

老年人服务。社会工作者通过定期的居家探访和制定义工帮扶计划，为独居、双居、孤寡、空巢长者群体献上关爱与祝福，减低其孤独感，培养其积极的生活态度，让长者感受到社区的关爱。建立社区长者支持网络，营造友爱互助氛围；整合及链接社区各类资源，提升长者的能力感和成就感，以满足长者的各种需求。为长者与家属搭建一个沟通的平台，让长者家属从各方面了解长者的心理、生理、精神上的需求，促进对长者的关爱与照顾；开展系列康乐工作坊，鼓励长者多参与社区活动，从而发掘兴趣，培养及提升他们的公民意识及社区归属感，以促进社区的发展与进步。

残障人士康复服务。社会工作者协助基层民政干部建立残疾人档案制度，实行一人一档制，提升残障服务的成效。定期的居家探访和制定义工帮扶计划，为特殊残疾群体献上关爱与祝福，减低其无能感，培养其积极的生活态度。提升残疾人自尊感和自信心，鼓励残疾人学会承担，协助残疾人建立正面的自我认同和自我认识，借助社会参与，鼓励残疾人勇于承担社会责任，融入社会生活。关注残疾人家属，协助家属了解残疾人需求，对家属给予支持与鼓励，营造残疾人之间友爱互助的氛围，倡导社区对残疾人的关怀与帮助，提升社区友爱、互助的意识，营造受尊重的社区环境。

除此之外，传统民政还面临来自未曾遇到的新型社会服务的挑战，比如社区建设、社区矫正、城市融合、灾害重建等。

家庭或社区服务。随着社会结构的变化，弱势家庭包括单亲家庭、特困家庭、低保、低收入家庭等日益增多，社会工作者通过资源挖掘、建立社区资产体系，促进家庭之间的互助共同进步，让弱势家庭感受到公平的社会环境。开展单亲家庭互助支持帮扶，打破"围墙"走出困境系列小组服务等。围绕家庭婚姻关系、亲子关系、婆媳关系等方面开展专业服务，开展社区家庭康乐性服务，活跃家庭社区文化，促进家庭关系和谐。

城市融合的（新）市民学校。快速城市化进程中，外来人员或新市民的社区融合已经成为各地政府最为棘手的服务之一。社会工作者紧紧围绕社区安全性、便利性、健康性、娱乐性、互助性等基本功能和社区居民的实际需求，构建起如家居技能培训、青少年服务、社区志愿服务为常态项目，再根据各个社区特定情况打造个性项目。比如，创新推出"四点半学堂"、"孝心佳节"、"爱在厨房"、"漂书角"、心理辅导爱心聊天室等爱心公益项目，甚至开展烹饪、家居布置、文明礼仪、医疗保健、手工制作等实用培训。更为重要的是，社会工作者尽力支持新市民的就业、住房、医疗、教育等民生实事，为新市民的全方位融入社区提供有力支持。

灾后重建服务。过渡安置或灾后重建时期，社会工作者针对地震伤亡家庭，开展家庭个案服务，帮助地震伤亡家庭恢复正常生活；建立地震伤亡家庭档案，对问题严重的家庭进行危机干预，开展祭祀活动，进行生计援助，真情实意帮助困难家庭。针对灾后党政干部，开展心理矫正服务，化解压力和困惑，增强灾后重建能力。针对青少年儿童，开展成长服务，促其走出地震阴影，快乐学习，机构开展学校社区社会工作，开设生命教育成长小组。针对灾后残疾人群，帮助实施康复治疗与生计发展，开展残疾人心理辅导的同时结合和谐社会的要求积极开展残疾人社会工作，帮助链接资源，开展对致残者康复治疗，同时针对残疾人开展生计发展服务，开展社区康复，增进社区互助与居民团结。

第二节　合作的方式：社会工作的多元嵌入

一　嵌入的阶梯

传统民政是社会服务方式的初始状态，社会工作是外来/后来的竞争性制度。两者的合作必然受到传统民政及其所处环境的影响。那么，社会工作进入由民政工作及其外部力量所塑造的环境之中，此种合作形态不是完全平等的地位，而是一种“嵌入”方式。其中，民政工作构成了“母体”，社会工作体系及其要素则构成“子体”，因此社会工作的嵌入必然受到母体环境的约束和影响。

“嵌入”一词被波兰尼用于解释经济与社会的关系。现代经济思想认为，经济是一个由相互连锁的市场组成的自洽体系，这个体系能通过价格机制、竞争机制等自动调节供给和需求。然而嵌入所想表达的是，市场经济并非像经济理论中说的那样受无形之手的自主调节，而是从属于政治、宗教和社会关系的组成部分。一旦市场体系试图脱嵌，刻意追求社会从属于市场逻辑时，就会产生一种反向运动保卫社会，好比弹簧一样，受到的压力越大越有可能强力反弹。嵌入概念给予的启示是，市场经济得以顺畅运行，需要依赖于社会提供的信任、相互理解和法律对契约的强制执行等要素。① 之后，格拉诺维特将嵌入思想发扬光大且推动了经济社会学的发展。从波兰尼强调经济行为是一个制度化的社会过程为起点，格拉诺维特认为这个社会过程应被视为人际互动过程，所产生的信任是组织从事交易必要的基础，也是决定交易成本的重要因素。因此，他把"社会情境"补充到制度经济学之中，既提供了信任基础，也会形成社会压力，进一步提出"低度社会化"和"过度社会化"等观点，前者更趋近于理性经济人，后者则是受道德约束的社会人。但是，市场的行动者往往是"嵌入"状态，既表现出"自主"也受到社会网络的制约。②

社会工作及其所依托的社会服务机构的嵌入改变了社会服务网络的构成。社会服务网络不仅包括自上而下的民政工作系统，也新增加了异质化、多元化的社会服务组织。因此，社会工作的嵌入方式并不是简单地"嫁接"，而是构成了多层级的嵌入阶梯。第一层的关系性嵌入，指社会工作行动主体嵌入于其所在的关系网络之中并与特定行动主体之间的双向关系，尤其是传统的民政工作系统。关系性嵌入主要通过"双方认识时间的长短"、"互动的频率"、"亲密性（相互倾诉的内容）"和"互惠性"等指标予以测量，其结果包括"强连带"、"弱连带"和"无连带"等。③ 第二层的结构

---

① ［英］卡尔·波兰尼：《大转型：我们时代的政治与经济起源》，冯钢等译，浙江人民出版社 2007 年版，第 15—16 页。

② Granovetter，Economic Action and Social Structure：The Problem of Embeddedness，*American Journal of Sociology* 1985，91（3）：481 – 510.

③ Granovetter. The Strength of Weak Tie. *American Journal of Sociology*，1973，78（6）：1360 – 1380.

性嵌入，指社会工作行动主体嵌入时受到网络的文化传统、价值规范乃至其他众多行动主体的影响。对于结构性嵌入而言，行动主体的“中心性”显示其网络中的影响力，测量指标包括行动主体联结其他主体的数量以及其所掌控的信息、资源及信任等。①

社会服务供给受到社会服务网络属性的影响。社会服务网络受到政治、经济及文化等社会环境的形塑。所以，社会服务方式的价值观念、组织体系、专业方法、资源动员等也受制于社会服务网络的外部环境。那么，社会工作制度能否在现有环境及社会服务网络中有效释放“专业能力”，则会影响其地位及合作效果。换言之，社会服务方式的专业能力不是直接由专业知识单方面决定，还要考虑专业方法在特定环境下的适应性和有效性。

专业的方法技术需要信任、资源及组织体系的支撑。信任是基础，社会服务机构或社会工作者只有取得服务对象、政府的信任才有提供服务的机会，并且信任还会影响到社会服务过程中的参与及资源获得。资源是专业方法落地的关键，社会服务的特点决定了资源动员的重要性，尤其需要动员与服务对象相关联的社区资源。组织体系是保障，社会服务机构通过特定渠道将服务传递到受众，组织网络的发达程度直接影响社会服务的传输效率。

因此，社会工作的嵌入阶梯影响了信任、资源及组织体系等指标的取值，如图 4－1 所示。如果社会工作对民政工作的“关系性嵌入”处于“强连带”状态时，服务过程中容易获得政府的信任、体制内资源及民政组织网络等支持，有助于社会工作获得较好的服务效果，由此强化政社合作关系。当然，社会工作也可以借助自身的结构优势，通过“结构性嵌入”串联起民政体系与

① Provan K. G., Huang K, Milward H. B., The Evolution of Structural Embeddedness and Organizational Social Outcomes in a Centrally Governed Health and Human Services Network. *Journal of Public Administration Research and Theory*, 2009, 19 (4): 873－893.

慈善网络，将体制外资源、慈善组织体系等引入民政领域，巩固自身的独特位置。

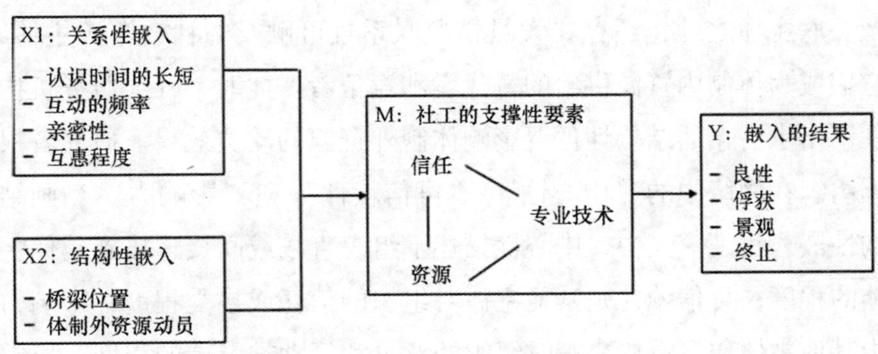

图4-1　社会工作合作性嵌入的逻辑关系

鉴于民政工作体系的成熟性、完备性和封闭性，社会工作与其建立关系性嵌入状态的分化也使得合作效果多元化。那么，政府的行动逻辑自然而然地影响着嵌入关系。威权制度环境下，政府及其附属组织主导着公共空间、公共资源、社会舆论等，而这些要素是社会服务的重要基础资源。通常而言，处于压力型体制之中的理性政府旨在通过改善回应能力且"逃避风险"，也即在信任基础上确保自身无害且有利益的"强连带关系"时才会共享资源。甚至，当民政体系依靠自身能力无法给予支持时，还可以凭其在社会网络中的影响力发挥桥梁作用，链接、影响社会工作服务的潜在合作主体。因此，关系性嵌入的程度对社会工作的发展有着至关重要的影响。

命题1：强连带关系使得社会工作从母体获得相关要素，增强专业能力的效用，双方建立"良好"的合作关系。但是，社会工作过分依赖民政体系，则面临"被俘获"的可能。

与之相反，社会组织与政府处于弱连带关系时就较难或较少动员体制内支持。这将必然导致社会工作服务差强人意吗？至少在逻辑上并不成立，因为体制外支持对于体制内支持存在“替代效应”。即社会服务机构动员社会资源弥补政府资源不足，以此确保社会工作服务所需的资源支持。事实上，社会服务网络中除了政府、社区及关联主体之外，还存在大量松散联系且可触及的社会资源主体，它们成为体制内资源供给的替代者和竞争者。此时，社会服务机构在网络中占据的结构性位置影响体制外资源的动员效果。研究者根据组织在网络中的“中心性”、“可信赖性”和“影响力”刻画结构性嵌入程度。其中，中心性描述了组织直接或间接连接到其他主体的程度；可信赖性是其他主体对组织的信任或接受程度；影响力指其他主体作出重要决策时组织的意见和行动被考虑的程度。通常而言，组织的结构性嵌入程度越深越容易获得网络中的信息和资源。[①] 因此，社会工作主体在结构性嵌入的中心性位置有助于其获得体制外支持。相反，如果无法获得体制外支持，社会工作服务则会陷入一种想象或者空中楼阁。

命题2：弱连带关系使得社会工作难以从母体获得相关支持，阻碍专业能力的效用；如果社会工作无法通过结构性嵌入获得体制外支持，双方合作关系难以维系，即使有合作也可能走向“景观化”状态。

二 嵌入的路径

社会工作以嵌入的方式释放专业能力，以此改造和充实民政力量。但是，社会工作的嵌入如何实现？特别是当前各地政府并没有健全的社会工作发展制度，嵌入的路径设计更令人着迷。

萨瓦斯在总结全球的民营化方式时发现，政府购买、特许经

① Provan K. G. , Huang K. , Milward H. B. , The Evolution of Structural Embeddedness and Organizational Social Outcomes in A Centrally Governed Health and Human Services Network. *Journal of Public Administration Research and Theory*, 2009, 19 (4): 873 - 893.

营、拨款补助、代金券制度等方式是引入社会力量的主要手段。[①]我国社会服务领域，政府购买和公益创投（补助）是建立合作关系的重要方式。政府购买满足四个必要条件：政府作为购买方、社会组织作为承包方、购买标的属于政府的公共职能、购买资金来源于财政资金。[②] 公益创投指为培育发展社会服务机构或寻求创新性的社会问题解决方案，资助方给予资金、技术、场地、实践等多方面支持，以期实现孵化的目标。

项目制是政府购买和公益创投的共同特点。项目制是政府运作的一种特定形式，即在财政体制的常规分配渠道和规模之外，自上而下以专项化资金方式进行资源配置的制度安排。[③] 项目制的过程包括：发包、打包及抓包三个环节。首先，上级政府（如中央政府）通过项目制"发包"，诱使地方政府主动参与、推动政策意图的落地。其次，地方政府（如省市等中间政府）通过整合各种资源"打包"项目，借助项目制资源实现自身设定的发展目标。最后，基层政府或经济实体（如村庄）"抓包"，即通过积极参与项目得到资源，为本地发展争取足够多的资源或者上级政府的"注意力"。[④]

"项目制"不仅整合了多层级政府，还成功引入了社会力量。从功能上讲，项目制引导、调动、激励基层政府或承包者，弥补了官僚制的刻板性、层级性、指令性等不足。项目制的精髓旨在以"委托—代理"关系改善服务质量、降低服务成本，其关键环节则是"激励"与"监督"问题。因此，不同的项目运行方式就有可

① ［美］E. S. 萨瓦斯：《民营化与公私部门的伙伴关系》，周志忍译，中国人民大学出版社 2002 年版，第 177 页。

② 杨宝：《政府购买公共服务模式的比较及解释》，《中国行政管理》2011 年第 3 期。

③ 周飞舟：《财政资金的专项化及其问题：兼论"项目治国"》，《社会》2012 年第 1 期。

④ 折晓叶、陈婴婴：《项目制的分级运作机制和治理逻辑——对"项目进村"案例的社会学分析》，《中国社会科学》2011 年第 4 期。

能存在不同的服务效果。那么，我们应该详细分析社会工作嫁接到传统民政时的具体路径，尤其需要打破政府为铁板一块的固定思维，基于不同层级政府的行为目标探究各种合作关系。

第一种路径，跨级建立合作关系、跨级拨付服务费用。上级政府通过公开招投标、竞争性购买等方式与社会服务机构建立合作关系，但是社会服务机构的服务内容、服务区域都不是直接回应上级政府的需要，而是落脚于更低层级的政府管辖范围或基层社区。此种嵌入方式，委托方是上级政府，承包方是社会服务机构，受益方是基层政府和社区居民，由此构建了多重委托代理关系，使得命令链、监督权等复杂化。与此同时，不同行动主体存在不同的行动目标，多重委托代理关系也是“多重目标”的委托代理关系，由此产生的利益冲突更为明显。

> 比如，重庆 RH 社会工作服务中心获得了团市委发包的公益创投项目，为主城某区 W 社区提供外来务工人员的社区融合服务。该项目的执行费用由团市委分管的重庆市志愿服务基金会资助，直接拨付给 RH 社会服务机构，项目则落到 W 社区，监管和评估由团市委具体负责。在合作关系建立过程中，我们发现，项目合同中承诺的社会服务内容并不是由基层社区提出，而是 RH 的社会工作者基于自身经验判断决定，由此造成了政府购买与现实需要的脱节。但是，基层社区迫于上级政府的压力又不得不接纳社工服务，提供一些基础支持。然而，资金拨付、成果考核等都由上级政府决定，所以 RH 社会服务机构没有动力主动地与基层社区沟通协调及合作，最终造成双方“不买账、不待见”的尴尬境地。另外，这种路径有时还会使得社会工作服务不适用于基层社区，就会在项目落地时调整具体的服务内容，从而使得政府购买竞标时的项目书成为一种

“形式”。

第二种路径，直接建立合作关系、基层拨付服务费用。社会服务机构与基层政府直接签订合作协议，所提供的服务及服务对象都在基层政府的管辖范围之内。项目经费由基层政府直接拨付给社会服务机构，也直接负责项目的监督考核。此种关系下，委托方、受益方之间保持协调一致，避免了跨级政府购买所带来的张力，而承接方与委托方也能互相配合及沟通。这种嵌入方式有助于社会服务机构与政府达成权责统一，克服多层级的冲突。

> 比如，仍然是重庆 RH 社会工作服务中心，他们与主城区 Y 镇政府签订政府购买服务，在辖区的 HY 社区开展社区服务。合作之初，镇政府、社区共同确定了政府购买的服务内容，准确地把握居民需要，并将相关内容发布在招标文件之中。随后，Y 镇政府通过公开招标选定了 RH 机构，双方直接签订了政府购买协议，服务经费与项目评估结果相关联。2013 年 8 月 RH 社会服务机构进入社区，一年期之后，购买方和受益方都非常满意，于是续签了新的政府购买合同。

第三种路径，协商建立合作关系、越级拨付服务费用。除了上述两种方式之外，目前多数地区采用基层提出服务诉求，由区、市统一进行招标购买，既回避了跨级购买的弊病又强化了地方统筹力度。此过程中，社会服务机构提前进入与基层政府或社区共同做好需求清单的阶段，协商确定最终的服务内容。合作关系建立之后，服务费用由上级政府支付，但是基层政府及社区与上级政府共同监督、考核服务效果。

广州家庭综合服务中心普遍采用此路径。需求购买方（街镇）领导以及服务提供方（社会机构）一起见面，政府会提出需求，社会服务做十五分钟的介绍，包括为什么能做这个项目以及对服务区域的了解程度。购买方筛选三五家社会服务机构做第二轮的选择，各自到街道有针对性的设计项目，政府在此基础之上剪接为最终的需求书。然后，在政府的公共平台进行最终的招投标。该合作关系一旦建立就签订三方协议，即委托方为区政府、受益方为街道、承接方为社会服务机构。这种路径既保证了服务内容的实用性，也协调处理了发包方、承包方及受助方的关系。

第三节 社会工作的信任来源及变迁路径

社会工作以合作的方式嵌入传统的民政系统，然而嵌入之后社会工作的运行逻辑又是怎样？主流观点认为社会工作已经掌握了一套独特的“专业化技术”，如何让专业化技术落地则至关重要。通常而言，社会工作获得的信任程度直接影响嵌入结果。

一 信任：社会工作的行动基础

风险社会中人与人、人与组织之间的信任感越来越低。并且，中国的人际交往本就呈现差序格局，对“圈子”之外的新生事物或陌生人具有先天性排斥。所以，社会工作能否获得受益群体、利益相关方的信任就尤为重要，甚至是社会工作开展服务的根本前提。信任是一种心理预期，主要包括：能够履行自然和社会道德秩序的信任；能够处理好社会关系和社会制度角色的信任；相信他人能够承担所托付责任的信任。由此，信任可以分为两种类型，即对所有人的“普遍信任”和对有关系纽带的“特殊信任”。[①] 此处讨论的信任重点关注普遍信任，这也是城市化、工业化进程中匿名社会必须应对的首要问题。

信任是社会工作与案主、利益相关方等建立“专业关系”的基础。大卫·豪认为，在开展社会工作实务的过程中存在两个阶段：第一个阶段是建立信任关系，培养案主对社工的信任；第二个阶段才是问题解决的过程，只有当案主足够信任社工，相信社工会以真诚、专业的态度对待自己，才会有后续服务提供的可能。[②] 如果案主对社工的信任匮乏时，则会出现不容易接近、拒绝诉说等一系列问题，从而难以进入提供社会服务的行动过程。

然而，社会工作作为“舶来品”或新生事物，在改造传统民政时所面对的信任挑战更加艰巨。首先，社会工作需要获得民政体系的认可、允许，两者的竞争关系应该得到某种调适，以此获得更大的活动空间。目前来看，社会工作与传统民政建立合作关系时已经建立了初步的信任。但是，跨层级的嵌入路径对信任获得存在不利影响，比如基层政府或社区更加看重社会工作对政绩改善的影响，由此判断是否信任社会工作。其次，社会工作需要获得受益群体的信赖和认可，社会服务包含供给和接受两个环节，而社会工作能否有效供给是以案主接受服务为前提的，也只有案主信任才能真正地了解社会诉求，更需要受益群体的主动参与。现有研究来看，我国社会工作存在严重的信任困境，为什么会这样？如何改善信任水平？

二　信任来源：文化理论与制度理论

主流理论认为，信任来源存在两种竞争性理论：一是社会化机

---

① Barber B.，*The Logic and Limits of Trust*. New Brunswick NJ：Rutgers University Press，1983.

② ［美］大卫·豪：《社会工作理论导论》，陈香君等译，五南图书出版公司 2011 年版，第 181 页。

制下的文化传承；二是理性选择下的制度绩效。上述理论在社会工作领域的应用相对较少，较多地运用于政治信任领域。

"文化理论"强调信任是外生性的，由人们长期浸泡环境中所提炼的文化准则和早期生活社会化塑造而成。比如，人们对政治制度的信任被假定为是根源于政治领域之外的，源自长期存在而根深蒂固的对于人的信任，这种信任根植于文化规范（cultural norm）并通过早期生活的社会化而得到传播。从文化的观点来看，对制度的信任是人际信任的延伸，这种信任是在生活的早期阶段习得的，很久之后，再投射到政治制度上，因此制约着制度运转的能力。[①]类似观点在普特南解释意大利南北公民共同体的差异时也有所表达。

与此不同，"制度理论"假设信任是内生的，对制度的信任是对制度令人满意地运转的预期效用，它是制度绩效的结果，而不是原因。该理论认为信任的来源是"理性选择"的结果，取决于人们对制度绩效的评价。因此，绩效良好的制度就会导致信任，靠不住的制度就导致怀疑和不信任。[②]

制度理论并没有否认文化理论。文化理论主要解释了代际传递过程中信任来源的根源及变迁。比如政治信任领域，就政治制度在连续的几代人之间持续存在并相对连贯地发挥作用而言，政治的社会化和制度的运转对制度的信任应该产生着非常类似的和强化性的影响。然而，在后共产主义国家的制度转型使得原有制度中断，实践表明当新制度所取得的绩效更优时则可以慢慢改变对原有制度的固化观念。因此，如果社会化的影响与制度运转的影响相冲突时，制度绩效对信任的影响更大，并且渐渐地改变流传已久的文化准则

---

① Misher W. , Rose R. , Trust, Distrust, and Skepticism: Popular Evaluations of Civil and Political Institutions in Post-Communist Societies. *Journal of Politics*, 1997, 59 (2): 418 -451.

② Mishler W. , Rose R. , What Are The Origins of Political Trust? Testing Institutional and Cultural Theories in Post-Communist Societies. *Comparative Political Studies*, 2001, 34 (1): 30 -62.

或改变社会化的信任内容。[①] 因此，信任来源的文化影响和制度影响存在交互关系。

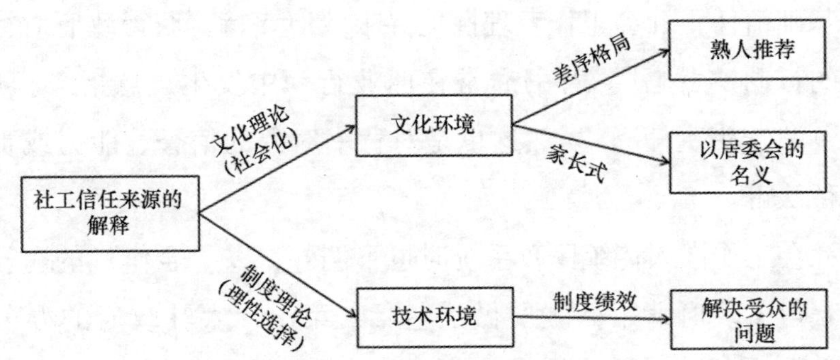

图 4-2　社会工作信任来源的基本逻辑

那么，社会工作嵌入传统民政时到底依赖社会化路径还是理性选择路径？众所周知，社会工作恰恰是以"专业化"的身份被引入，初来乍到时主要依赖着"光环效应"，但到了一线服务实践中是否能够得到信任还是未知数。根据文化理论，无论基层政府还是受益群众对社会工作的信任状态由社会化经验决定，即根据以往的经历做判断，或者听从权威的外部解读。

因此，基于中国社会的父爱主义和差序格局特征，社会工作进入陌生环境时首先按照"文化路径"取得信任，比如借助熟人或精英的推荐获得服务受众的信任，也可能借助政府的名义获得服务受众的信任。其次，社会工作在服务过程中也可能通过所取得的制度绩效获得信任，甚至制度绩效取代文化路径。

三　信任获得的实践路径

（一）文化路径：政府背书与差序格局

研究发现，社会工作者初次进入社区遭遇服务对象、利益相关

---

① Mishler W., Rose R., What Are The Origins of Political Trust? Testing Institutional and Cultural Theories in Post-Communist Societies. *Comparative Political Studies*, 2001, 34 (1): 30-62.

方的不信任问题较为普遍。主要原因在于服务对象不熟悉社会工作这项新制度、新事物，与之相比服务对象更加信任政府。为了尽快获得基础信任，社会工作者理性地寻求政府支持，获得政府对社会工作的行动“背书”。背书通常在商业行为中发生，意指“担保”或担负“连带责任”，当然这也是对背书对象的信誉、能力或责任的一种认可。

社会工作嵌入传统民政系统时也不例外，以“合作”的途径间接地获得了政府背书。主要做法包括：第一，入驻政府的办公场地。多数地区的基层政府或社区都有相对集中、专用标识的办公场地，已经成为政府的象征；当社会服务机构、社会工作者与政府一起办公时，自动获得了“可信任”的信号，至少群众认为这个机构是可信的而不是“骗子”。第二，联合政府开展项目。服务过程中，社会服务机构频繁使用“联合署名”、“共同承办”等名义对外发布公告、通知，在协助政府开展工作的同时也收获群众信任，甚至主动为政府政绩“做嫁衣”。比如，社会服务机构定期参与基层政府或社区的联席会议，与相关部门讨论工作重点和服务，协商共同开展服务的过程及分工。

另外，社会工作也通过借助社区精英的推荐获得信任。社区精英指在社区内有声望又热心公共事务的群体，比如网格员、楼栋长及其他热心居民。通常而言，这些人对社区的了解程度都比较高，也懂得如何与居民打交道，最为重要的是，普通居民非常信任他们。因此，社工可以借助他们的威望赢得服务对象的信任。在我们的调研中也有众多类似例子，RH 社会工作服务中心在招募四点半课堂学生时主要依靠网格员和楼栋长的宣传，甚至有时会聘请退休的居委会主任做兼职帮助协调外部关系，这些人员不仅受到群众信任，还懂得怎样和群众、基层政府打交道，他们的经验远超过年轻的社会工作者。

总结来看，社会工作嵌入可以依靠“政府背书”和“精英推荐”快速地获得信任。依照文化理论的逻辑，这是因为人们的信任行为受早期社会化的影响，传统文化的长期影响形成家长式主义价值观及亲疏远近的差序格局。因此，群众更加信任政府、熟人与精英，反之社会工作者可以根据上述逻辑重新规划获得信任的有效路径。文化路径的信任获得是一种先天性的，即使服务对象根本不了解社会工作也有可能对其持有足够信任。

（二）制度路径：高绩效，强信任

信任代表“认可”，其来源除了社会化机制也可以是“实际感知”，即以制度绩效为依据的评判。那么，社会工作方式的服务能否解决受益对象或利益相关者的问题是关键评价标准。当然，受益对象面对两种制度时则会倾向于信任制度绩效更高的制度。比如，RH社会工作服务中心开展四点半课堂时发现，当第一批学生参加项目之后迅速形成“口碑效应”，学生家长之间相互告知且不断推荐学生参加项目，这就是一种信任的外在表现。该机构的社会工作者表示，老百姓极其看中实惠，能否及时回应问题；一旦建立起信任之后，居民们更加信任社工而不是居委会。社工认为虽然民政工作与社会工作的出发点都是提供更好的社会服务，但是民政工作更多地要处理利益协调等棘手事务，社会工作者不带有行政身份、不参与矛盾处理而是做靠近日常生活的服务工作，所以居民更愿信任社会工作者。

如果社会工作者不能让服务对象满意，结果又会怎样？据我们观察其信任程度将会减弱。比如，MY社会工作服务中心在开展居民自治项目时的经历充分展示了制度绩效与信任的关系。最初的时候群众反映一些简单的社区生活问题，当问题解决之后大家对社会工作者有一定的接纳，随后反映一些复杂的问题，由于社会工作者掌握的资源有限或政府支持不足等原因使得居民反映的诉求没有有效解决，此后居民的参与度迅速下降，这就是“不信任”的外在表现。

因此，制度绩效路径的信任来源是一种高度的理性选择原则。人们根据制度绩效的好坏决定是否给予信任。尤其作为一种新制度、新事物，社会工作更需要以“制度绩效”为保障，以此巩固长期而稳定的信任基础。实践也证明，社会工作制度的解决问题能力至关重要，该领域初步形成了“高绩效获得强信任、低绩效形成弱信任”的格局。

(三) 信任来源的变迁过程

两种信任来源是否存在先后顺序及变迁可能？前述分析认为社会工作在初次介入时更适合选择文化路径，可以克服“不信任”带来的诸多问题；制度绩效路径更适合相对熟悉的地区开展服务，也可借助“过往经历”争取信任。那么，基于文化路径获得的信任是否持久？基于制度绩效路径获得的信任又可否转化为文化路径？

第一，文化路径向制度绩效路径的变迁。该路径是社会工作为了巩固信任基础的理性选择。实践经验表明，即使通过政府支持获得了基础信任，服务对象仍然会评估社会工作者的回应能力。正如MY社会工作服务中心在政府支持下开展居民自治项目时，就因为无法快速有效地回应居民诉求而得不到认可和信任，进而导致项目参与人数急剧下降。因此，文化路径仅提供了基础信任，而信任程度则需要制度绩效予以巩固。

第二，制度绩效路径也在形塑文化路径。制度绩效路径转化为文化路径是社会工作者的职业化、专业化得到承认的标志。对于服务对象而言，他们基于制度绩效不断增强对社会工作者的专业认可，从而形成专业“符号”。此时，社会工作者只要佩戴专有的社工标志，服务对象就能给予信任。RH社会工作服务中心在基层服务时因为工作交接出现了失误，导致原有部分资源流失。然而，曾经一个社会工作者在社区开展服务时做得非常好，与社区精英胡老师建立了很好的信任，当胡老师再次参与项目时又快速地修复了信任关系，同时协助社会服务机构动员项目活动所需的社区资源。

因此，社会工作在嵌入环境下探索了“文化路径—制度路径—文化路径”的信任变迁过程。也即，社会工作介入时依靠政府背书、精英推荐等文化路径获得基础信任，随之因其自身的制度绩效巩固了信任程度，随着社会工作职业化、专业化程度的加深由此形成独特的“符号”，由此改变了传统的文化认知并形成了新的文化路径。当然，这个转型是社会工作信任程度增高的必然结果。

第四节　嵌入结构、资源动员与服务绩效

一　资源动员与服务绩效

社会服务不是简单地提供现金、物质等救济式给予，更需通过“资源再分配”和“非经济性帮助”等专业方案促使人们达到生活的起码标准。[①] 社会服务组织身处复杂的“技术关系”和跨组织的“交换网络”等制度化环境之中，服务所需的合法性和资源来源于外部关系网络。[②] 然而，社会工作虽有“专业技术”，但并不能理所当然地改善社会服务质量，还需要组织资源的建构与支持；[③] 也就是说，如果没有足够的资源支持，专业化的服务方案也仅是空中楼阁。因此，“资源动员”是专业技术得以发挥作用的社会基础。

---

① ［英］理查德·蒂特马斯：《社会政策十讲》，江绍康译，吉林出版集团2011年版，第9—13页。

② Meyer J. W., Rowan B., Institutionalized Organizations: Formal Structure as Myth and Ceremony. *American Journal of Sociology*, 1977, 83 (2): 340-363.

③ 张燕、邱泽奇：《技术与组织关系的三个视角》，《社会学研究》2009年第2期。

资源也是社会工作有效提供社会服务的保障。

资源指能有助于行动目标实现的要素集合，包括一系列的资金、物质、技术、人力等。资源的种类及其存在形式复杂多样。首先，根据不同的用途对资源类型进行划分。罗杰斯（Rogers）将资源区分为直接作用于目标的“工具性资源”（instrumental resource）和作为基础条件的“基础性资源”（infra-resource）①；詹金斯（Jenkins）也做了类似的划分，他将资源划分为直接控制行动目标的“权力性资源”（power resource）和帮助获取权力性资源的“动员性资源”（mobilizing resource）。② 其次，经常会出现这样的情况，大多数的资源具有多方面的用途，因此部分学者为了实际的操作性根据行动的需要采取列举式的方法描绘资源列表。如：麦卡锡和萨尔德（McCarthy & Zald）列出的“金钱”、“设备”、“人员”、“合法性”（money；facilities；labor；legitimacy）③；弗里曼（Freeman）区分了有形资源（tangible resources）和无形资源（intangible resources），有形资源包括“资金”、“设备”和“通信手段”；无形资源是社会运动的核心基础，包含了如组织和法律知识等“专业化的资源”、“非专业化的人力资源”。④

一般来讲，社区资源是社会工作服务过程中主要动员、使用的资源。存在两种理解：第一，“社区”特指某个固定的区域，“社区资源”则是固定区域之内的资源，包括便利店、公用设施、志愿者、慈善组织等。第二，“社区”意为共同体，即一群拥有共同目

---

① Rogers M. F., Instrumental and Infra-resources: The Bases of Power. *American Journal of Sociology*, 1974: 1418 - 1433.

② Jenkins J. C., The Transformation of A Constituency into A Movement. *Social Movements of the Sixties and Seventies*, 1983: 52 - 70.

③ McCarthy J. D., Zald M. N., Resource Mobilization and Social Movements: A Partial Theory. *American Journal of Sociology*, 1977: 1212 - 1241.

④ Freeman J., Resource Mobilization and Strategy: A Model for Analyzing Social Movement Organization Actions. *The Dynamics of Social Movements*, 1979: 167 - 189.

标、共同规范的人，其中“自愿”、“自主”是核心特征，那么“社区资源”就是存在于社区环境中自由流动的资源，尤其指那些非强制性资源。John Kretzmann & John L. McKnigh（1996）从资产建设角度理解社区资源，将其划分为个人资源（Individuals）、社区组织资源（Associations）、社区团体及部门资源（Local Institutions）和自然资源及物质资源（Natural Resources and Physical Assets）四大类。①

鉴于社会工作嵌入传统民政的现实，资源的分类必然考虑民政体系的体制特征，它也影响了资源动员的方式。中国话语中的“体制”一词极其复杂，主要指制度外显于社会的具体表现及组织形式，体现了特定时期、特定环境下政治、经济及社会制度的影响。对于民政体系而言，体制的影响集中表现为“行政权力”的触角范围。因此，体制内资源和体制外资源的分类更有价值。前者指由行政体系掌握、支配和动员的资源，比如行政官员、行政部门及行政组织；后者指由体制外主体支配、使用的自由流动资源，比如慈善资源。

表 4－1　　资源的分类及嵌入类型

资源类型	体制内资源	体制外资源
资源性质	依附于行政体系，或者由行政体系掌控、支配及动员	独立于行政体系，以独立、自主存在于社会之中的自由流动资源
相关实例	政府部门、事业单位、国有企业等资源，以及社区关联的公共资源	私人企业、慈善组织等资源，以及社区居民、社区组织等自主资源
动员方式	关系性嵌入	结构性嵌入

① John L. McKnigh & John P. Kretzmann, Mapping Community Capacity, A Report of the Neighborhood Innovations Network, 1996，转引自文军、黄锐《论资产为本的社区发展模式及其对中国的启示》，《湖南师范大学社会科学学报》2008 年第 6 期。

二 政社关系："强连带"动员"体制内资源"

社会服务机构的独立性、自主性影响其专业能力的发挥，进而也影响社会工作项目绩效。因此，多数地区在引入社会工作时倾向于"跨层级"政府购买方式，以此降低基层政府对社会服务机构的行政干预。那么，这些组织是如何推进专业社工服务呢？我们对RH-CN的行动过程做了单案例分析。

2014年6月，RH社会服务机构成功竞标C市民政局政府购买服务项目，在CN社区开展"独居老人守护项目"。这种跨层级购买方式塑造了多重委托代理关系，委托方（出资方）是上级政府，受益方是基层社区和居民，承包方是社会服务机构。RH机构基于需求调查及自身优势拟定社会服务内容，8月入驻社区开展服务时才发现原先设计的项目不是社区最紧迫最重要的需求，居委会又迫于上级政府压力不得不接纳社会工作服务。最终，表面上社会服务机构在政府购买项目中与基层政府处于独立自主的状态，实际上则处于"互不合作"的尴尬境地。

专业社工在提供社会服务时极其需要民政体系的支持。但是，社工所在的社会服务机构的"双重属性"影响着政府策略；一方面是发起集体行动的载体对政府构成挑战，另一方面又是提供公共物品的主体对政府则是辅助力量。因此，理性政府坚持"趋利避害"、追求自身利益最大化等原则，就会根据挑战能力和服务能力构建行动策略。[①] 那么，政府在提供和引荐体制内资源支持时主要考虑专业社工及社会服务机构的影响。虽然社会服务机构通过嵌入方式获得了上级政府的信任，但并不一定能够得到基层政府的认可。总之，社会服务机构与政府的关系影响着政府支持力度。

① 康晓光、韩恒：《分类控制：当前中国大陆国家与社会关系研究》，《社会学研究》2005年第6期。

因此，为了顺利推进项目，社会服务机构重新调整与基层政府或社区居委会的关系。由于政府购买之前双方认识时间较短，缺乏深度沟通造成诸多信息不对称，从而导致进驻项目点之后调整项目设计。经过理性思考之后，社会服务机构通常会加强与基层政府的互动频率，建立制度化的沟通机制，比如联席会议制度或信息汇报机制。另外，社会服务机构还以“政绩互惠”合作策略与基层政府建立强连带关系，甚至主动地将项目成果拱手赠予基层政府，以此构建资源共享、成果互惠的亲密关系。最终，RH 机构所开展的服务从独居老人转向综合性市民服务，如针对青少年开展“放学时光”、面向老年人提供“健康人生”等社区照顾服务。可见，社会服务机构迫于项目需要将政社关系从理想化的独立转向强连带关系，双方的亲密度和互惠度都得以显著性加强。

在强连带关系下，社会工作以合作名义动员体制内资源支持。如今社会组织不如居委会那样人尽皆知、家喻户晓，即使提供免费社会服务也需动员参与，甚至社会服务机构向居民宣传服务项目时一度被视为“骗子”，比如 RH 机构开展放学时光项目面临此遭遇。为此，RH 机构特地将办公室设在社区服务中心以显示合法性地位，还与居委会合作吸引受益群体参与。首先，双方联合发布项目通知，由社区网格化管理体系层层传达至每个楼栋，家长直接向楼栋长报名。其次，居委会与学校协调，统一告知学生及家长，并以班级为单位报名。出于规范与安全考虑，社会组织、居委会与孩子家长签订三方协议。这种动员方式的效果极为显著，且还能将成本转嫁给社区居委会。

另外，社会工作还可以采用“借力”动员策略链接附属于体制的资源。比如，RH 在开展暑期夏令营服务项目上的资源动员过程。首先，为给孩子们提供课业辅导，社工以“社区居委会”名义与某个大学团委签订社会实践基地协议，学校选派学生社团定期参与服务；该学校为了避免风险通常拒绝与社会组织合作，而与“体制内”的正规单位合作。其次，为给孩子们提供书法、绘画、声乐、舞蹈等兴趣培训，社工以“社区居委会”名义邀请周边最好的培训公司提供免费服务，令人意外的是基层政府为何能够动员企业资源？培训公司负责人谈到参与社区服务有助于自身业务拓展，而这些“项目”恰好提供了利益转化的载体。因为现在的培训业务竞争很激烈，最方便的就是要么进学校、要么进社区，然而社区夏令营活动正好提供了广告宣传、接触客户的绝佳机会。当然，培训公司参与类似项目也是有条件的，比如目标客户参与该活动的数量不能太少，合作伙伴要有“威望”、“靠谱”，否则就达不到拓展业务的预期目标。RH 机构的社工也强调，依凭自身力量招募足够学生参加活动“很费劲”，并且家长们总以为社会服务机构与培训公司有不正当的利益瓜葛，而借社区居委会名义可以避免这些疑虑。

相反，弱连带关系难以动员体制内资源。正如，某高校团委书记就是否组织学生参加社会服务机构的服务项目时表示：有很多社会服务机构寻求大学合作，但是只要没有经过团委签字和认可的活动，学生都不能公开参与。同时，我们只认可团市委组织部、志愿者工作部、权益部以及其他有工作联系的部门，我们才会接待安排。从地位上讲，如果没有对等的政府部门发通知，那这个活动我们也不会接。直接来找学校的就更不行了，这是一个政治原则问题。

实践表明，理性政府在资源支持方面遵循如下逻辑：当社会服务机构对民政系统的嵌入程度越深，两者关系密度就越强，政治脱敏水平就越高，所以更容易获得体制内资源。社会服务机构以合作、借力等策略动员体制内资源，使得项目得以高效运转并成为推广复制的样本。再次强调，基层政府只有规避社会工作带来的政绩竞争压力及庇护责任风险之后才予以合作，也即双方建立“信任且互惠”的强连带政社关系才有助于体制内资源动员。

三　替代效应：“结构性嵌入”动员“体制外资源”

现实中，社会服务机构由于各种外在原因或观念不同难以与基层政府建立强连带关系。乃至同一家服务机构的同一批专业社工在不同的服务点所建立的政社关系也会存在显著性差异。此时专业社工如何达成服务目标？为了方便对比，我们选择RH-HY案例做个案分析。2014年8月，RH社会服务机构还获得了在HY社区运营市民学校的政府购买项目，以“四点半课堂”等项目为载体探索“社工+志愿者”的运行模式。虽然HY项目点与CN项目点都由RH机构执行，但两个项目点的政社关系、资源动员及项目绩效等有着较大差异。

与CN项目点类似，RH机构也以“跨层级”政府购买进入HY社区。然而，不同的情境却建构了不同的政社关系。社会组织参与社区治理已是大势所趋，HY社区干部面对自上而下推动的政府购买欣然接纳，同时也意识到社会组织带来的潜在挑战。RH机构根据过往经验与HY社区保持较高互动频率，但并没有得到足够的信任与支持，相反社区干部自始至终都在担忧形成“一社两治”的格局，即行政事务由社区居委会承担、服务项目则由社会组织提供。在此情境下，社区作为基层政权建设的前方堡垒却面临“示范性压力”与“合法性困境”。最终，RH机构与HY社区之间难以构建融合、亲密、互惠的强连带关系，而是表面亲近、实则竞争的“弱连带关系”。

如果遵循CN案例的逻辑，RH机构在HY社区的政府购买项目因难以动员体制内资源而削弱项目绩效。那么，能否弥补弱连带政社关系的资源劣势？RH机构的项目督导认为，“在得不到社区及街道的支持时资源动员确实有些困难，但我们也有自己的资源系统，完全可以从体制外获得资源支持。我们执行项目时与社区内外的很多对象发生联系，这些主体构成了项目资源的供给网络”。相比政府资源，这些资源零散而异质，资源动员的难度更大。

RH 机构深知所处资源网络的结构位置对资源动员至关重要。首先，以弱连带关系组建以自我为中心的社会服务网络，集聚众多社会组织或志愿资源。徐姓社工介绍道，RH 机构发起了有近 30 家民间公益组织参加的联席会，组建了十多个志愿服务 QQ 群或微信群，其成员分布在各行各业，还与 HY 社区的物业公司、网格员、社区领袖及周边企事业单位都建立了松散联系。其次，以“行业地位”或“志愿之名”得到同行、志愿者等主体的信任。RH 机构在成立时间、资助经费、人员规模及专业品质等方面位居市内同行前三甲，因此备受民间公益组织的认可。另外，专业性的民间志愿服务活动在公众心里有较好的口碑。最后，以项目或活动为载体使资源主体各取所需。比如，部分社会组织以 R 机构的政府购买项目为契机扎根 HY 社区，也有志愿者通过参与社会服务项目实现自我价值等。

面对弱连带关系甚至竞争性政社关系时，RH 机构试图以结构性嵌入为策略寻求社会服务网络中临散的体制外资源支持。社会资源理论认为，个体的社会网络异质性、网络成员的社会地位及个体与成员的关系决定其拥有社会资源的数量与质量。[①] 依此逻辑，社会服务机构结构性嵌入的网络中心性也有助于动员分散在网络中的异质社会资源。具体策略包括：

首先，以“专业能力”影响具有桥梁位置的资源主体，形成“差序动员”格局。以“四点半课堂”为例，初期只有三五个孩子参加，RH 机构为此设计“微型少年宫”、“讲礼堂”、“日新行动”

---

① Lin N. , Social Networks and Status Attainment. *Annual Review of Sociology*, 1999, 25 (1): 467 - 487.

等小项目并以生动的图绘在社区内展示，此后得到多位楼栋长、社区领袖或物管人员的赞许。此时，社区领袖等扮演了网络中的“桥梁”角色，社工通过她们再动员每个楼栋、每个家庭，且这种资源在其他项目中依然发挥积极作用。当然，社工们还以进校开展活动、邀请老师参与项目等方式展示专业能力争取学校支持，借此动员班主任、家长、学生等参加。评估报告显示，该项目培养青少年的学习、行为习惯及丰富课余生活，成为服务社区青少年的重要平台；共有20名社区骨干志愿者参与项目、32名孩子持续参与四点半课堂、至少参与一次活动的有250人左右。

其次，以“公益认同”吸引个体参与进而影响组织资源，构建“情感动员”路径。在缺乏政府出面协调资源时，RH机构以自身的公益慈善属性链接社会资源，包括两种动员方式：其一，根据HY社区的现实需求从社会服务网络内引入具有优势互补的慈善组织，这种合作是双赢的，也容易实现。事实上，大量慈善组织为了获得资助也必须开展活动，而RH机构为他们提供了项目落地的平台，比如SC提供志愿服务、HL为智力障碍者提供专业服务，且双方都遵循非营利逻辑使得合作过程非常顺利。其二，由于没有可以直接交换的砝码，RH机构往往难以动员组织资源。RH机构探索了以“公益之名”寻求组织中的个体支持，将组织资源的动员环节转嫁给参与者，这个过程中参与者纯粹地受到人格化的情感、利他主义等因素驱动，以此避免了组织参与时非人格化准则的约束。比如，RH机构就以“为空巢老人义诊”之名在QQ群、微信群呼吁医院志愿者给予帮助，最终LH医院的志愿者G主动联系并承接该活动。此外，RH机构以同样的方式还动员了CA汽车厂职工志愿者、XN政法大学青年志愿协会、YG舞蹈培训学校等十余家难以联系的组织资源。

从结果来看，RH机构连续多年获得HY政府购买项目意味着现有做法满足预期目标。RH 机构在 HY 案例中以完全不同于 CN 案例的嵌入方式及资源动员策略却达到了相似的项目绩效。由此，我们可以确认两种嵌入方式存在“替代关系”。也就是说，社会组织通过结构性嵌入以弱连带关系动员体制外资源，弥补体制内资源不足，确保项目得以执行。

第四节 合作性嵌入的功能

合作性嵌入是改造传统民政的初级阶段。“合作”为民政系统引入社会主体参与社会服务提供契机，“嵌入”为民政系统支持社会主体获得信任、资源等要素。综观实践案例，合作性嵌入成为当前政府购买社会工作服务的主要模式，其目标是增进社会福利供给，增强民政工作对新环境的适应能力。

一 结果：优势互补

专业社工以“合作的方式”嵌入民政系统，获得政府在信任、资源等多方面的支持，以此发挥其在社会服务中的专业禀赋。相对民政工作而言，社会工作在服务态度、服务方案及服务效果等方面更具有优势。

第一，服务态度更加人性化。社会服务关注生活化服务，而不是标准化的产品。服务提供者如何理解受众的处境、能否感知受众的生活则是服务的重要基础，这就涉及服务态度和价值观问题。社会工作强调尊重、接纳、社会公平等价值理念，给予案主真正的关心和尊重，主动察觉个体之间的差异和文化的多元性，甚至在服务过程中追求社会变革，特别是维护弱势群体的权益。随着时代的变化，居民对民政服务的官僚主义、形式主义等做法日益不满，相反对社会工作持有的尊重、接纳、平等更具亲和性。比如，有居民高度赞赏社会工作者的服务态度："年轻的社会工作者在40多度的大夏天还爬到我住的8楼家访，据说每天要访问与我类似的5户空巢老人，陪我们聊天、询问我们的需要及家庭状况。"

一个社会工作服务中心在评估受众反馈时发现了两者的差异。目前，社会工作的服务还没有接收到任何投诉，为什么会这样？也许，在受益群体的理解来看，很少有人主动地、有礼貌地为他们提供那么好的服务。以前的居委会的语气和态度不会那么温柔，所以他们对于社会工作者的表现会感到很意外，也很满意，那么在做事层面上要求也不会那么高。同时，社区居委会也慢慢知道社会工作是做什么的。例如，有街坊发现隔壁夫妻在吵架，他们就会去找社工；有的爸爸妈妈打小孩打得比较厉害，街坊也会打电话告诉社工，希望社工帮助去解决这些问题。

第二，服务方案更加专业化。社会服务的方案设计直接体现了专业化水平，其中包括专业理论、资源整合。民政工作在提供社会服务时以给予为主，复杂方案的设计主要依靠"经验"，这也是群众路线的内在要求和必然结果。然而，社会工作在设计服务方案时更加强调理论的指导，比如借鉴心理学、社会学等相关理论，类似心理动力理论、认知行为学、社会支持网络等。两者在专业化上的根本区别来自于制度目标，民政工作体现的是政权建设的实用主义，社会工作反映的是激发社会自愈能力的专业策略。

DT社会工作服务中心在服务方案设计时就充分体现了专业素养。我们在HL街道搭建了一个"爱心平台"，建立一种相互支援、邻里守护的支持网络。社区有一些特别贫困的家庭，因为重大疾病造成家庭贫困，很需要物资方面的援助，我们成立爱心平台，由义工来负责运营，"社工+义工"营造这个平台。居委会收集一些贫困家庭的信息，之后经过这些家庭的同意，我们将他们的信息公开，让社区中其他有爱心的家庭去认领他们的一些心愿。例如，有一个家庭，孩子得了脑瘫，他爸爸离家出走了，他妈妈也离婚走了，就他爷爷奶奶抚养这个孩子，但是几乎没什么经济来源，脑瘫需要很多的纸尿片，这个经济压力就很大。那么，我们义工和社工收集他的材料以后，经过他同意，通过社区的一些活动，将他的一些信息公开，会有一些家庭和企业去认领他的需求，其中一个企业长期资助这个家庭，大大地缓解了他的经济压力。

RH 社会工作服务中心也一样。在近一年的服务项目中，社工们运用了做个案、小组、社区活动等，在 CN 社区累计探访独居中老年人 21 人，个案建档约 22 个，结案的 7 个，开展中老年人自我保护意识培养小组、“放声高歌”歌唱小组、青少年益智棋类小组等 9 个小组，组织“羊羊得意”迎新春游园会活动、“和风劲吹”国际社工日宣传活动、“低碳环保亲子行”亲子趣味运动会活动、“小小的快乐，小小的我”儿童节出游活动等 17 个大型社区活动，以及放学时光、家有影院、夕阳红音乐会、手工制作、摊位宣传 5 个常态化活动，按照“少年护航，丰盛晚年”的社区发展蓝图，在社区内成立了青少年志愿服务“梦之队”。

第三，服务效果更加系统化。表面上，社会服务似乎应该通过专业化力量、个性化设计即可解决；实质上，这种应对方式存在严重的碎片化，无法形成整合效应，使得效果大打折扣，即通常意义上的头痛医头、脚痛医脚。社会工作在专业化设计基础之上充分利用社会化动员能力，问诊社会诉求的深层根源。这是民政工作处于上层政绩考核、缺乏社会动员条件下难以实现的。

DT 在服务 HL 街道时就体现出了系统化设计。HL 街道是农转非社区，很多中老年群体文化水平比较低，没什么技能，由农民到居民不适应工业化的城市的企业化管理模式，就业方式、就业技能完全被割裂。另类生计服务就是想重拾他们本来做农民的手艺，同时做园艺服务、种植服务、手工类工艺品服务，让他们形成一个组织。准确地讲，社区居委会是很难做到这种程度的，他们发现社工的工作和他们的是不一样的，居委会做了大量的文案工作，就很难到居民家里开展具体的服务。

二　形态：多元化类型

传统民政在转型时期面临严峻的能力困境，其根源来自于两个方面：第一，不受控制的流动资源的储量迅速增加，并没有被吸纳到社会服务之中；第二，没有一套可以及时高效回应社会服务诉求的专业技术。上述挑战既是合作的基础，也是合作需要回应的目标。

合作使得社会工作天然地嵌入传统民政。鉴于民政依附的政府体系，社会工作在嵌入过程中实现了与母体环境的互动，以此吸收其生存发展的必要元素。根据嵌入理论，社会工作改造传统民政存在两种嵌入类型，即关系性嵌入与结构性嵌入。关系性嵌入的强弱连接直接影响了社会工作获得信任、资源及发挥效能的水平，结构性嵌入的桥梁位置决定了社会工作链接外部服务资源的多寡。

为此，合作性嵌入及其形态的描述指标包括：指标1—关系性嵌入，认识时间的长短、互动的频率、亲密性（相互倾诉的内容）和互惠性服务的内容；指标2—结构性嵌入，桥梁位置；指标3—社工要素，信任、资源及效能；指标4—合作性嵌入的结果，包括良性合作、终止合作两类，而良性合作下又分为被俘获、景观化。综合上文的案例分析，归纳为表4-2。

分析可知，合作性嵌入的结果受到嵌入类型、支撑性要素等变量影响，主要的形态阶梯及其逻辑有：

第一，良性合作状态。社会工作通过强连接的关系性嵌入，获得信任、资源；同时根据自身所占据的桥梁位置动员体制外资源，增强社会服务的资源储备。在专业技术的支撑下，社会工作及时、有效、系统地提供社会服务，是传统民政的有力补充。此种状态，社会工作对民政系统达到了彻底嵌入，将民政的信任、资源优势与社工的专业技术、社会动员等有机地整合，共同推动社会服务传递。

第二，俘获式合作状态。与良性合作相比，社会工作在此类合作中没有充分发挥结构性嵌入特征，尤其是对社会资源或体制外资源的动员不足，从而造成过分依赖于民政系统。换句话而言，社会工作并没有改变“原材料”，只是带来了“新配方”。因此，社会工作为了获得民政系统的支持，不得不在专业使命等方面有所妥协。

表4-2　合作性嵌入结果的形态分布

变量		DT	HY	DJY	LX	RH1	RH2	MY	MZ	RH3
X1：关系性嵌入	认识时间的长短	++	++	+	+	+	+	++	+	+
	互动频率	+++	+++	+++	++	+++	+++	+++	++	+
	亲密性	+++	+++	++	+	+++	+++	+	+	--
	互惠程度	++	++	++	+	++	++	-	-	--
X2：结构性嵌入	桥梁位置	+++	+	++	++	+	+	+	+	+
	体制外资源动员	++	+	+++	+++	-	-	-	-	-
M：社工的支撑性要素	信任	+++	+++	+++	++	++	++	+	+	-
	资源	++	+	++	+	+	+	-	-	-
	效能	++	+	++	+	+	+	-	-	-
Y：合作性嵌入的结果		良性	良性	良性	良性	俘获	俘获	景观	景观	终止

第三，景观化合作状态。与俘获式合作相比，社会工作在此类合作中处于尴尬的境地，由于关系性嵌入时没有建立起强连接关系，使其很难获得民政系统给予的资源支持，再加上结构性嵌入中

没有动员足够的社会资源，致使社会服务时有理念、无行动，停留在口号、仪式之上，而无法真正地解决居民诉求。进一步分析，关系性嵌入时的亲密性和互惠程度不足是根源。

第四，终止合作状态。与景观化合作相比，社会工作在嵌入过程中不但没有实现结构性嵌入，在关系性嵌入中亲密性和互惠程度更低，致使在服务过程中连基本的“信任”都无法获得，最终只能选择终止合作。案例调研时发现，该状态与建立合作关系有关，往往是越级建立关系，且社会工作与服务落地的基层政府之间没有统一目标，仅靠上级施压维持关系。现实中依然存在这种合作关系，社会工作如何主动应变成为关键，否则无法持续合作。

三　功能：福利吸纳

福利吸纳是民政工作接受社会工作参与社会服务的初衷。也就是说，传统民政通过邀请专业社会工作为主的社会服务机构协助提供社会服务的一种制度安排。福利吸纳有两层含义：第一，民政工作推动社会工作合作性嵌入的目标在于吸纳社会工作的福利供给能力，以此增强传统民政的福利回应能力。第二，政府体系以社会福利供给为由吸纳了与之竞争的主体及工作方式，即通过合作削弱社会工作独立存在于社会服务领域的可能性。

2006 年以来，政府在发展社会工作方面给予了明确的路线图、特殊的支持政策及丰裕的财政保障。其中，深圳、广州、上海等地的政府购买社会工作服务进行得如火如荼，甚至社会工作覆盖的业务领域从社会服务到维稳上访。表面上，社会工作的春天似乎悄悄到来；事实上，这些举措的背后更多的是举步维艰。社会工作在推进社会服务时频繁变通使命、方法，调适与地方政府的紧张关系。这就表明，地方政府希望让“社会力量”更多地参与到福利供给之中，使其成为福利领域中的重要主体之一。

福利吸纳的实施环节是“合作”和“嵌入”。合作为政府吸纳社会工作提供了可能性，而嵌入使得吸纳成为必然。关键机制在于，社会工作发挥其专业优势的关键条件是信任和资源。然而，社会工作作为舶来品或新事物，其信任、资源如何获得？嵌入恰好提供了契机，即社会工作可以通过不同程度的嵌入关系从政府体系中获得自身发展的条件。为了确保持续获得来自政府体系的认可和支持，社会工作不得不在福利供给中阉割和筛选有助于维护政府关系的事项，即在“脱敏”状态下合作。比如，社会工作的社区运动、社会倡导等偏激行为就应主动避免，重点发挥其解决问题的专业优势。

某种意义上讲，传统民政与社会工作合作时处处存在“俘获”痕迹。在具体行为表现上，一方面是社会工作与社区居委会保持密切合作，建立强连带关系，且竭尽所能地动员社会资源；另一方面是社会工作刻意避免出现政府不喜欢的使命、服务或行动方式。

DT 的负责人表示，社工机构和居委会是不冲突的，是互补的。现在居委会逐渐接受社工机构，就是因为他们知道社工机构能够帮到他们。比如，家庭综合服务中心做的这些服务都是不容易被政府部门所替代的，它有自己的专业性和独特性。该负责人认为，虽然居委会可能比机构更加容易获得信任、资源，但是居委会分身乏术，没有多余的人力物力来开展具体的服务，而社工机构正好就可以弥补这个空缺，并且可以在利用各方资源与信任的基础之上，使得效率大大提高。社工服务特别强调权利、平等、参与等，对政府而言存在挑战。我们在服务时很少提到政策倡导，更多地只在家庭、社区之内有所涉及，而公开指向政府、整个社会层面上的一些就会少，尽可能不扩大到政治或其他领域。

对于改造传统民政而言，政府俘获或粗暴式吸纳社会工作并不能带来国家能力的增长。此时，政府如何做好官僚自主和社会嵌入的平衡是关键，尤其是政府在保持自主性的同时获得社会工作的内在认同。传统民政在推进双方合作时借此获得嵌入性自主性，即为社会工作提供良好的要素支持，实现自己在社会服务供给中的身份转变，争取社会工作和社区居民较高的认同和肯定。但是，当前民政工作与社会工作的合作处于“强势—弱势”的依赖格局，而政府在强势主导过程中并没有向社会力量释放自主空间，以此实现福利吸纳或俘获。可以说，这种合作性嵌入没有实现稳定的互惠关系，传统民政在基层的服务能力也没有得到建制性增长。

四　张力：福利“稻草人”现象

上文分析了合作性嵌入的结果存在“景观化”的可能，主要由关系性嵌入弱连接与结构性嵌入弱资源动员共同导致。调研中发现，社会服务机构在嵌入性合作中少量地走向景观状态，但普遍存在福利项目陷入“稻草人”状态。景观化强调合作的花瓶效应，稻草人强调“功能失灵”；因此前者更多的是静态结果，后者是动态变化的。接下来，以“稻草人”为核心概念，重点阐述其内涵及生成机制。

（一）定义

“稻草人”的原型来自中国农业生产实践。农民在播种、收获的季节，会用稻草等做成人形，置于田间地头，以防止家禽或其他鸟兽偷吃种子或果实。刚开始，家禽、鸟兽看到稻草人还真以为是人，不敢靠近，稻草人还能发挥作用，后来鸟兽识破稻草人对他们没有危险性，就开始糟蹋粮食，稻草人功能逐渐失灵，最终成为田间的一道“景观”。“稻草人”是一种摆设，并无实际的威力，但是具有象征意义。“稻草人”一词在一些学术研究领域已经被广泛引用，孙中伟运用此概念分析中国工会的独特作用机制，虽然中国工会对保护外来工劳动权益具有一定的正面效果，但只能保障劳动者的“底线型权益”，无法保障劳动者的“增长型权益”，主要扮演“安抚性”作用，中国工会影响劳动权益的机制不是劳工垄断、集体谈判和集体合同，而是一种类似田间“稻草人”的机制。[①]

本书借鉴“稻草人”概念分析社会工作与民政工作的合作过程。社会工作在提供社会福利项目时存在功能失灵现象，即福利项目在初期因其目标或功能被受益群体所预期，进而积极参与和支持项目推进，但实践过程中受到客观限制致使预期目标无法实现，受益群体也随之降低或拒绝参与，使得福利项目终究变成一道景观。我们以 MY 社会工作服务中心在 JX 社区的居民议事会项目为例，深度探讨福利项目稻草人化的过程及生产机制。

MX 机构于 2013 年 5 月获得政府购买项目，在外来人口较多的 JX 社区建立社工站，旨在推动以“居民自治”的方式解决社区治安乱、环境卫生差、公共设施无人管、社区参与冷漠等问题，最大限度地实现居民自我管理和自我服务。然而，该项目的参与人数表明了受欢迎程度，也是其服务效果的客观评价，图 4 – 3 显示呈扁平倒 U 形。参与人数迅速上升到高峰状态，但好景不长，随后又逐步回升到平稳状态。令人困惑，为什么这个项目的参与人数会如此剧烈地变化？

对参与居民的访谈发现，居民自治形式在解决日常生活需求方面很有新意，由此产生的“效能感”吸引居民参与。我们分析各次议事会的议题发现两个特征：首先，项目初期的部分议题“议而不决”，比如社区治安、设施建设及文明养宠等事项频繁出现，甚至自治物业在前十次议事会中连续出现 5 次，在第 19 次议事会又再次提上议程。因此，居民在经历了多次议事会依然没有得到解决，

① 孙中伟、贺霞旭：《工会建设与外来工劳动权益保护：兼论一种“稻草人机制”》，《管理世界》2012 年第 12 期。

后期就不愿意花时间再参与，他们认为这个议事会是“假的”。随后，议题性质从“务实性”逐渐转向“娱乐性”，前十次的议题以日常生活所需为主，而自第 11 次开始逐渐被“艺术团建设”、“社区剧场”、“节日庆典”等自娱自乐议题取代。这种转变的时间点与议事会的活跃程度高度契合，项目初期主要围绕居民生活亟须解决的议题展开，但参与人数却逐渐降低，尔后项目只能以娱乐化议题取而代之以此吸引居民参与。那么，这是 MY 机构的刻意选择吗？为什么要作出调整？

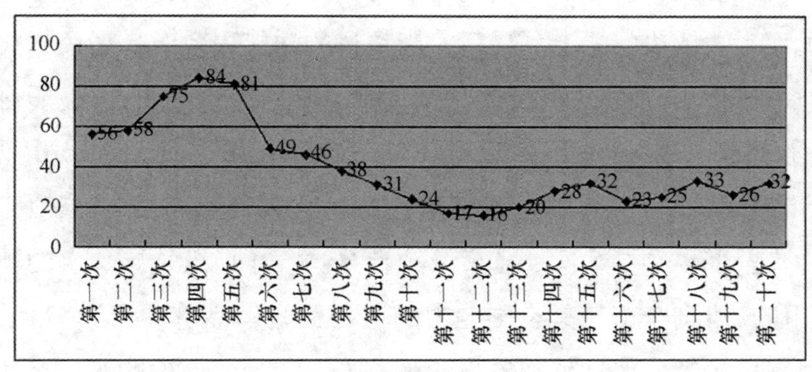

图 4－3　居民议事会参与人数的“稻草人”式变化

我们围绕“项目绩效”建立了一种猜想：当初始目标难以达成时，社会组织以无足轻重的娱乐化事项予以代替。统计记录表明居民需求共有 9 大项，只有 1 项得到成功解决，即居民共同出现修缮下水道 PVC 管道老化问题。从事后调研来看，社区治安和公共设施等这些居民认为比较“重大”或“紧迫”的问题总是被拖延，得不到实质性解决。MY 机构的项目执行人认为关键问题在于：第一，回应服务需求需要社区、街道的大力支持，但在弱连带甚至竞争性的政社关系下难以得到实质性的资源支持。第二，机构与外部资源主体互动较少，没有引入足够的外部资源回应居民需求，也难以获得基层政府的配套支持。比如，关于修建残疾人便道一事，居委会就以该事项归市政部门负责为由推诿且未提供协助，MY 机构也没有其他渠道寻找市政园林、环卫公司或社会团体等帮助，最终该事项不了了之。当诉求无法得以解决时参与人数则骤降，MY 机构于是自第 11 次议事会开始主动放弃无力应对的议题，反之引导居民关注“社区文化”、“凝聚力建设”等娱乐化活动。

回溯案例的发生逻辑：首先，MY 机构嵌入社会服务网络时双重失灵，导致所能动员的资源类型及规模相对有限。其次，资源困境使得社会服务项目的回应能力减弱，也就使该项目仅停留在搜集意见而无法解决问题上。最后，当项目的功能失效时，居民、相关利益群体参与项目的积极性急剧下降，社会组织为了利益不得不“偷梁换柱”，将社会服务项目转向“自娱自乐”的活动，并以政绩标准包装项目供外界参观。据悉，截至 2015 年 5 月，该项目得到中央及部委领导 5 次、省市级领导 6 次、厅局级领导 9 次的视察或调研，可谓全市最具有影响力的“居民自治品牌项目”。虽然该项目得以延续，但这种现象与“稻草人”无异，政府购买项目功能失灵之后仅留给委托方、受益方一种“臆想”，对外显现为具有创新性社会化服务的“景观”。所以，“稻草人”现象是社会组织面对资源不足的一种理性反应。

（二）解释一：嵌入—反嵌的逻辑

“稻草人”现象的根源在于功能失灵，或者预期目标无法实现导致的居民参与急剧下降。当前的社会工作项目为什么存在功能失灵？为什么不能解决居民之需？逻辑上讲，社会工作在设计解决方案时具有优势，而要让方案落地需要居民参与和资源投入，而“稻草人”现象的关键则在于资源或外部支持。因此，该问题就转化为两个并列问题：政府的资源支持为什么不足？社会工作的外部资源动员为什么不足？

依照合作性嵌入逻辑，社会工作的“嵌入”与民政工作的“反嵌”构成一组对应活动。社会工作的关系性嵌入有助于整合体制内资源，获得政府的支持；结构性嵌入有助于动员外部资源，使政府更加信任。民政工作的反嵌则希望将自身的行动逻辑渗入或影响社会工作。但是，无论嵌入、还是反嵌，政府都占据了主导位置，这是现实权力结构所决定的。

理性政府与社会工作合作的目标是“只帮忙、不添乱”。即，不希望社会工作对政府已有工作“指手画脚”，也不希望社会工作的解决方案对地方政府已有工作“增加负担”。具体到居民议事会项目而言，地方政府希望社会工作解决居民自身问题，而不希望将矛头指向地方政府；其次，希望社会工作通过专业技能动员外部资源或居民自治解决社区问题，而不是将“皮球”踢给地方政府。现实则是，该社会工作服务机构扮演了“挑事儿”的角色，并没有拿出一套行之有效的解决方案，致使居民诉求无法得到有效解决，最终居民参与的积极性逐渐降低。

但是，这个福利项目为什么得以持续存在？调研来看，该项目的初衷与当前地方政府倡导的“社会治理创新”完全吻合，已经成为该社区的“政绩名片”，因此项目资助方并没有取消该项目。并且，留守至今仍然参与的居民多数以社区居委会成员、社区代表等具有相当官方意识的人群为主。

总结来看，合作性嵌入过程中如何理解政府目标、如何整合资源是关键性的议题。“稻草人”现象是社会工作嵌入不足与反嵌加剧的综合性结果，最终导致居民对社会工作的信任度降低，也削弱了社会工作在政府心中的分量。

（二）解释二：项目制的委托代理逻辑

另外一个角度解释“稻草人”现象，可以从合作性嵌入的方式入手，即项目制维度。此前，社会工作项目主要以“政府购买”立项，其中必然存在委托代理问题，甚至存在多重委托代理困境。

一方面，项目制背景下社会工作在多重委托情况下存在“道德风险”。社会工作在承接福利项目之后最清楚、最专业地提出解决方案，他们会理性选择那些简单易行的解决方案，或者说更可能将有挑战的行为抛给外界。但是，委托方因为不具备相关领域的信息及专业技能，所以无法识别承接方的行动逻辑。委托方只能用“量化”或“表面化”的指标予以考核，比如活动次数、参与人数等信息，而不是解决问题的效果。最终，社会工作在政府购买的场景下与基层政府、社工、居民一道编排和设计了自娱自乐的福利项目，各个主体在此场景中“狂欢”，项目景观化逐渐形成。

另一方面，项目制背景下政府（权力地位决定的）拥有剩余控制权，也可能制造景观化现象，也可能走向俘获社工的境地。剩余控制权指在契约中没有规定的决策权，由于代理问题的存在，委托方会对代理方保留剩余控制权，以减少契约的不确定性，保证对委托项目的控制。事实上，政府及社区都通过剩余控制权干预社会工作的项目进程，使其协助解决社区居委会的棘手问题，阻止那些挑战或损害政府权威的福利诉求。该案例也显示，居民议事会关注的议题逐渐地从物业管理转向娱乐文化。

第五章

竞争性替代：传统民政的觉醒与抵抗

竞争指行动主体在遵守相同规则前提下为了争夺稀缺资源作出的合作性冲突，其中，达到所追求的目标比打败对手更加重要。传统民政与专业社工在各自适宜的制度环境中都展示了非凡的社会服务能力，却在“转型中国”的场域中构成了事实上的竞争关系。专业社工作为舶来品试图改造传统民政，其过程并没有想象中那么简单，反而在互动过程中出现了“俘化”、“景观”或“对抗”等意料之外的结果。与此同时，传统民政在经历了“合作性嵌入”之后又会如何行动呢？主动接纳专业社工还是渐进觉醒，乃至抵抗？本章研究传统民政面对社会工作嵌入时的反应、调适及其行动逻辑。

第一节　竞争的起点：传统民政的觉醒

传统民政引入社会工作的目标在于减轻负担、提升能力。专业社会工作的嵌入也的确在一定程度上缓解了民政的艰难处境。但是，社会工作嵌入除了正功能之外，是否也存在一些“副效应”？这些新现象对传统民政有哪些影响？

一 示范压力

社会工作的服务对象与民政工作的服务对象完全一致。服务对象的感知、评价及行为可以分辨出对两种制度的喜爱程度。如果说要让两种制度一较高低，那么服务对象的评价就是最好的“晴雨表”，正所谓实践是检验真理的唯一标准。服务对象关注服务过程中的哪些环节？简单罗列来看，服务态度、服务方式及服务结果是最为关键的要素。对于开展社会工作试点的基层社区而言，服务对象天生地将社会工作与民政工作予以比较。

调研来看，民政工作在引入社会工作之后，感受到了比较强烈的示范压力。即，社会工作在服务态度上更加亲民，服务方式上更加具有趣味性，令服务对象更易接受和积极参与，服务结构上更加系统化、长效化等，这些表现对民政工作的官僚作风、形式主义等造成较大冲击，也形成鲜明对比。

无论是居民评价还是上级考核，基层民政主体不可避免地感知到专业社工带来的示范压力，两者之间在客观上构成了较为激烈的竞争关系。也就是说，民政工作在引入社会工作的初期并未预计到意料之外的结果，但事实层面上展现出两种制度的“针锋相对”。如果民政工作不作出正面回应，其自身长期积攒的信任、资源、权力地位等都会受到根本性挑战。

> MY 社会工作服务中心的项目官员认为：居委会服务的对象也是社工服务的对象，居委会做形式工作，社工则做实质服务。居委会有健全的组织体系，每个月探访对应的人群。但是，他们更多地是去拍照片之后离开，而我们在探访时会实实在在地跟被访人聊天，协助解决一些小问题。甚至，我们在做社区活动时，居委会就会打电话询问“你们在搞活动啊”，然

后在活动现场立马拉上居委会的横幅，照了相就走人，这就成了居委会的活动。

社工和居委会的服务对象基本一致，由于居委会的一些“做派”，导致居民对居委会的信任降低了，而社工是真正直接服务于这些居民的，自然容易获得居民的信任，这样某些居委会干部就担心自己会被社工替代。我们现在和居委会有点尴尬就是，它可能会觉得是对它权力的削弱。他们就怕居民都买我们的账，因为我们可能要做得真诚一些，比如我们一切都不收费不做假。活动设计的可能不是那么好，但是人家觉得这几个小孩很真诚，到最后他觉得居委会老是在那搞点形式主义，他们可能会更买我们的账，跟我们的感情可能要亲一些。居委会有些忌惮社会工作者，所以社工想要通过居委会链接资源时通常就有些难度。

MY 社会工作服务中心项目所在地的社区干部也表示：我们都以为他们是来替代我们的。我们也了解到，有些社区的社会组织撤走的时候，居民还会给他们开个欢送会，很是不舍，都在哭。如果我们社区干部某个人走了，肯定达不到这个效果，老百姓不会哭，也不会舍不得。其实，社会组织有一些专业方法的确做得不错。老百姓对他们更认可，对我们则没有，我们又怎么办呢？

通过上述资料，我们可以清晰地识别：改造传统民政时，社会工作的嵌入不仅仅带来了“问题解决”，还增加了强大的“示范压力”。这种压力使得社会工作已然成为解决社会服务的竞争性选择。

二　庇护责任

殊不知，在示范压力的背后，传统民政却为社会工作提供了足够多的庇护性支持。斯科特认为庇护关系是一种工具性交换，其中具有较高社会经济地位的个人（庇护者）使用自己的影响力和资源向社会经济地位较低的被庇护者提供保护和利益，被庇护者向庇护者提供一般性的支持和帮助（包括个人服务）以作为回报。[①] 事实上，传统民政在引入专业社工时也自动地构建了庇护关系，即基层政府以其独有的权力网络与资源基础为社会服务机构提供支持，社会组织则以专业化服务巩固基层政府对居民的权威影响。基层政府以自身的“信任”、“资源”及“组织体系”为社会组织的服务活动提供了“信用背书”，也就需要承担社会组织的“连带责任”。

比如，社会工作开展服务所需的“信任”、“资源”及“组织体系”。庇护与被庇护是社会工作嵌入民政体系时生成的客观关系，也是专业技术得以展现的支撑环境。一般而言，庇护关系是特殊的社会交换网络，社会工作在提供社会服务时克制对抗性行为、动员社会资源、激活专业能力等换取民政工作的支持，包括信用背书、政府补贴、活动空间等，甚至在社会工作的日常活动中也需要政府提供帮助。

逻辑而言，庇护关系所产生的终极效应由庇护者享受。遗憾的是，社会工作的嵌入使得庇护关系以“隐身化”或“不对等”的方式存在，即某些时候社会工作者就是打着“社区”、“居委会”的旗号开展工作，根本不需要政府的“在场”，由此给居民造成一种“错觉”，社会服务由社会服务机构提供而非政府。另外，社会工作与政府建立“合作”之时，也就自然地得到了“无形的光环”。最终形成了一种奇特局面，一旦社会工作做得比较满意时，服务对象将其归功于社会工作不同于政府的工作态度和行动方式；一旦社会工作做得令人不满意时，服务对象又将责任归咎于政府。

---

① James C. Scott. Patron-Client Politics and Political Change in Southeast Asia, *American Political Science Review*, 1972, 66 (1): 91 - 113.

因此，庇护关系下的传统民政体系既要支持社会工作，又要防范各种风险。比如，RH-CN 的案例显示，项目所在地的社区书记表示：

"现在老百姓普遍将社工当成无偿的志愿者，社工提供服务后百姓都将功劳归于社工，反而认为社区无作为。事实上，社工是政府出钱引进的，政府在背后为社工开展服务提供了大力支持，但是居民却没意识到这一点。老百姓虽然不知道社工具体是做什么的，也不知道社工有啥专业方法，但他们感受到了关心和真心，所以觉得社工好社区干部不好。"

同时，国内社会工作的成熟度也会影响庇护关系的后果。专业社工作为西方舶来品，目前正在经历本土化过程，其专业能力并未如预期那样表现得与民政工作截然不同，部分社会服务机构的工作人员在专业能力上还比较欠缺。比如，调研时讨论到社会工作的什么专业素质最重要？其答案出乎意料，服务过程中侧重于"情感治理"而非"专业服务"。

> MY 在 JX 服务点负责人告诉我们：社工在社区探访一位 70 多岁的老人，他虽然不知道社工具体是做什么的，但是他就是觉得社工人好；他说：居委会都在办公室吹空调，不会出去访问居民，而社工天天都出来走访，多辛苦啊！所以，我自己觉得可能就是"以心换心"！真正站在老百姓的角度为他们着想，就目前而言是很重要的，因为他们对于社工是否彻底地为他们解决问题上面，是没有多少思考的。因为有的人可能专业素质很高，如果让他去和一般的老百姓聊家常，他可能就没有耐心，但实际上这个老百姓就希望你和他聊聊天，如果说到什么很专业的服务上，外界评估，可能这个就不需要什么专业服务。我认为服务对象可能不能直接知道社工用了何种专业方法去帮助他，服务对象能最直观感受到的就是"关心"和

"真心"，这也是为什么社工相对于其他人更加容易与居民建立关系的原因。

相反，部分社会工作者还没有掌握提供服务的基本技能。比如，YH 负责人谈道：

> 我们从学校招聘刚毕业的社工，根本不知道怎么去工作，完全不会，给他两个月或者三个月试用期，都没办法达到基本的工作素质，因为书本上的知识与现实差距太远了。而且我们的老社工也未必都会带新人，只会做不会带，这时候新人的工作效率就会非常低下。每个服务站都有任务，人数够了但结果干不出来成绩，效率不高，残次产品多，在评估时为了追求评估指标也就只能先应付了。

毫无疑问，传统民政为专业社工提供庇护时承担了巨大风险。社会工作的嵌入在结果层面并没有降低民政工作的负担，甚至在某些地区使得基层社区担负起配合义务、风险监管的责任。

三 觉醒："一社两治"与民政的反思

传统民政引入专业社工之后，社区治理或社会服务主要由"社区居委会"和"社会服务机构"等治理主体解决。因此，同一个社区内存在两个治理主体、两种治理逻辑，甚至它们的差异是显著的。我们把这种状况称为"一社两治"，该格局已经客观存在。

首先，示范压力带来的挑战反映在基层的干群关系及其政权建设上。表面上，社区及行政村推行居民自治制度，但实际运行时日趋行政化，尤其在面对诉求无法得到解决时致使居民怨声载道。然而，社会工作嵌入引发的示范压力及政绩竞争等结果却加剧了这一现象。传统民政高度重视居民对基层政权的认同、跟随及拥护至关重要，这也是民政工作的目标所在，即扩展国家建设的触角。在“一社两治”格局下，传统民政与专业社工面对共同的服务对象，服务对象倾向于那些服务态度好、服务绩效优的行动主体，实质上造成了两种主体、两种制度的“政绩竞争”。甚至，服务对象感受到新事物带来的变化时，也会以此为“参照模板”要求或评价传统民政。

调研时社区干部非常深刻地认识到：像 RH 这种社会服务机构进来了更能配合社区，减轻社区的负担，比如说个案、小组，他们能用专业方法，值得社区工作者学习。但是，社会工作者的专业方法更能“凝聚人心”，老百姓对他们要“更加认可”，对社区居委会则没有。相反，社会工作者也看到此问题：如果社工作出成绩，社区居委会会担忧居民认同社工，由此给社区工作产生一些负面的影响。

其次，不对等或隐身化的庇护关系需要传统民政承担更多的“连带责任”。对于传统民政而言，希望社会工作最为有力地补充融入现行体系，而不让其游离于政府之外；同时，要激活社会力量而不能过多干预。这就是当前面临的最大挑战。事与愿违的是，当前的庇护关系没有实现上述设想，至少在老百姓心中并不是把社会工作视为社区居委会之下的新事物。虽然主流话语提倡“三社联动”，但现实中社工是社工，社区是社区，老百姓感知到两者存在显著性差异。但是社区居委会没有办法，的确某些服务项目由社会工作者做更好，但政府则要考虑政权建设，且大量行政事务、管理事务由社区居委会实施。所以，某种程度上呈现的是“社工做好人、社区做坏人”。

因此，传统民政及其相关群体在社会工作嵌入之后已经开始觉察、醒悟，思考自身的处境及可能的出路。无论是自身利益还是基层政权建设，民政体系都不得不对社会工作带来的压力作出回应，尤其是争夺合法性方面。令人欣喜的是，社区干部在与社会工作者合作过程中，逐渐发现自身的比较优势，这些优势对于社会工作而言甚至是不可或缺的关键要素。比如：

> 需求调查是社会工作的基础，一次、两次的调研无法获得真实情况。但是，居委会比较有基础、有很多渠道来源，通过走访、座谈、居民来办事等渠道了解到相当丰富的信息，甚至都不需要刻意的需求调研即可知道居民的需要。比如老年人服务，首先就是对老年人进行分类，基于不同的需求再来分类进行评估，以此设计有针对性的服务方案。这些基础信息谁有？居委会能掌握，而社会工作者很难获得，即使要获得也需要投入成倍的成本才行。

第二节　竞争的逻辑：专业技术 VS 资源动员

一　政社关系研究

传统民政与专业社工的竞争关系，落脚于行动主体的互动关系来看也就是政社关系。主要有两个理论流派：政治社会学和公共管理学，前者主要是看社会组织对政府权威的挑战性，后者主要是看社会组织提供的服务与政府需求的一致性。但是，我们所研究的领域锁定在公共管理的社会服务，现有的政社关系研究成果综述如下。

（一）行政吸纳社会理论

该理论认为国家具有“双重职能”，一是垄断统治的职能，二是提供公共服务的职能。对于权威主义政府而言，社会组织具有“双重属性”：一是挑战政府的集体行动力量，二是提供公共服务的辅助力量。所以，一个追求自身利益最大化的政府，必然会根据各类社会组织的挑战能力和提供公共物品的种类对不同的社会组织采取不同的控制策略。这就是“分类控制”体系。①

借鉴金耀基的“行政吸纳政治”的概念，康晓光、韩恒在分类控制之上提出“行政吸纳社会”理论。“限制”和“功能替代”是行政吸纳社会的重要策略。“限制”是为了防止社会组织挑战政府权威，继续垄断政治权力。“功能替代”是通过“延续”、“发展”、“收编”、“放任”等策略，发育出可控的社会组织体系，并利用它们满足社会的需求，从功能上替代那些有挑战性的社会组织。由此，功能替代是最好的限制，是一种釜底抽薪的策略。②

康晓光等人的“分类控制体系”和“行政吸纳社会”整体上把握了中国的政社关系特征。③ 蒋金富从动态角度分析社会组织与政府从合作关系走向收编阶段，对行政吸纳社会的实践逻辑进行了考察。④

(二) 第三方治理理论

社会福利体系悄然发生变化，政府活动范围扩大，而根本性变化产生于政府行动的新工具、新手段。与以往的政府活动不同，这些新工具的一个最明显特征是与“第三方”分享提供公共服务和运用政府权威的责任，社会组织就是所谓的第三方代表。这就是福利服务中的第三方治理，它使得联邦机构越来越多地依靠第三方机构

---

① 康晓光、韩恒:《分类控制：当前中国大陆国家与社会关系研究》,《社会学研究》2005年第6期。

② 康晓光、韩恒、卢宪英:《行政吸纳社会》，新加坡世界科技出版社2010年版，第286—288页。

③ 邓正来:《“生存性智慧模式”：对中国市民社会研究既有理论模式的检视》,《吉林大学社会科学学报》2011年第2期。

④ 蒋金富:《行政吸纳社会的实践逻辑》,《天津行政学院学报》2012年第3期。

来实现其公共使命。

政府与社会服务机构互动的频率、规模都大幅增加。福利国家理论和非营利部门理论都无法解释政社关系，前者没有认识到“第三方治理”的现实，后者强调志愿部门的作用是对国家的替代。为了更好地说明政府与社会服务机构的合作，那就需要以第三方治理代替福利国家理论，用承认“志愿失灵”和志愿部门的固有局限性替代非营利部门的“市场失灵/政府失灵”理论。即第三方治理与志愿失灵如影随形，强调社会服务首先由志愿部门提供，当面临志愿失灵时国家承担起“兜底”的角色。①

（三）理论述评

政治社会学视角的政社关系主要从“控制”角度出发研究策略。即使存在“合作”关系，也是为了实现更加高明的控制。关键之处在于：政府对待社会组织的矛盾状态，既怀疑又利用。比如，在政绩压力与政策碎片化驱使下政社关系走向“偶发共生”的合作状态；② 政府通过党组织建设、政府购买等合作方式对社会组织实施“全面包围”；③ 政府主导让渡公民社会的自主活动空间实施间接社会控制的“协商式威权主义”。④ 同时，行政吸纳社会强调的“功能替代”也是基于“控制”和“统治”的视角，力图替代那些具有挑战性的社会组织。可以说，行政吸纳社会具有较强的解释

---

① Salamon L. M. , Of Market Failure, Voluntary Failure, and Third-party Government: Toward A Theory of Government-nonprofit Relations in the Modern Welfare State. *Nonprofit and Voluntary Sector Quarterly*, 1987, 16 (1-2): 29-49.

② Spires A. J. , Contingent Symbiosis and Civil Society in an Authoritarian State: Understanding the Survival of China's Grassroots NGOs. *American Journal of Sociology*, 2011, 117 (1): 1-45.

③ Thornton P. M. , The Advance of the Party: Transformation or Takeover of Urban Grassroots Society? *The China Quarterly*, 2013, 213 (1): 1-18.

④ Teets J. C. , Let Many Civil Societies Bloom: The Rise of Consultative Authoritarianism in China. *The China Quarterly*, 2013, 213 (1): 19-38.

能力。

第三方治理理论出现于新公共管理运动浪潮，他们认为社会组织具有天然的服务优势，与政府一样追求公共价值。政府、市场和非营利部门在满足个人物品的需求（包括私人物品和公共物品）方面存在相互替代性，政府和社会组织是互补关系，两者在满足公众需求的背景下共同存在。社会组织具有组织性、非政府性、非营利性、自治性和志愿性等特征，能够发挥其灵活、高效、专业的独特优势，并激活政府在公共事务领域中遗漏的“治理盲区”。以此思路，社会服务的提供者是政府，生产者则是社会组织。

然而，我们关注到传统民政在社会工作嵌入之后的反应则是“觉醒”、“抵抗”乃至“逆向替代”。逻辑上讲，伴随政府职能的转移，社会组织承接公共服务。但是实践中却出现与此相反的现象，即基层社区在合作、嵌入之后推行“逆向替代”的策略。行政吸纳社会强调对抗性领域的功能替代，第三方治理强调公共服务领域的伙伴关系。中国社会服务领域出现的新现象还未引起研究者的关注，其深层逻辑更是不得而知。

二　社会服务的关键要素

行政吸纳社会预设社会服务机构的“挑战性”和“服务性”并存，而第三方治理也预设社会服务机构具有服务性。在此，我们不得不提出反问：社会服务机构何以具有“挑战性”？又何以具备“服务性”？这些特性是与生俱来还是后天习得？答案是，概念意义上社会服务机构应该具备上述特性，但是否在现实中得以兑现则需要基础条件支撑。这是问题的症结和理论争锋的根源。

我们的研究侧重于关注社会服务机构，而非那些具有较大挑战性的维权组织、倡导组织或宗教组织。因此，我们更加关注社会服务机构的“服务能力”，且服务能力受到特定社会环境的影响。那么，完成一项社会服务需要哪些要素？如果你要撰写一份社会服务规划，就需要考虑：服务目标、服务对象、服务地点、服务流程，资源动员、资源分配、风险控制，可衡量指标、评估方案等。如果再认真分析，社会服务包括两类关键要素，即“专业技术”与“资源动员”。组织社会学认为，当工作嵌植于复杂的“技术关系”和跨组织的“交换网络”时，正式组织通常被认为是协调和控制的活动系统。因此，组织的核心任务在于理性地完成技术性活动与协调外部依赖关系，尤其需要协调、动员支撑技术发挥作用的关键性资源。

专业技术指在制度化环境下分工导致的知识、价值、技巧的整合体。通常情况下，专业技术被视为追求某些目标的理性手段，专业、程序及技术等要素被固化，大量的理性化职业出现，并受到职业许可证、职业资格认证、职业培训等社会规则的控制。因此，专业技术呈现两个特点：第一，在理性盛行的时代里，专业技术随着职业化不断地发展，随之产生特有的规范、准则、程序等仪式化的符号，“外行”可以通过这些表面特征判别专业能力。第二，专业技术不是与生俱来的，后来者可以通过实践、学习、模仿等多种形式获得，一旦后来者具备了某些专业技术的“符号”也标志着具有一定专业水平。

资源动员指行动主体对行动资源的撬动、组合及分配过程。但是，资源动员理论假定组织根植于相互联系以及由各种各样联系的网络之中，行动所需要的各种资源包括信任资源、财政资源、物质资源以及信息资源，都是从环境中得到的，因此组织不得不依赖这些资源外部提供者。那么，组织不仅是高效完成任务的工作联合体，也是政治行动者，其行动目标旨在降低外部环境对资源获取的限制和不确定性。如果组织持续不断地从环境因子提取资源，它就势必得以相应行动作为回报，从而使得组织与环境在交换过程中建立互相依赖关系。资源依赖理论还认为，虽然受到所处形势和外部环境的制约，但是组织拥有广阔的战略选择空间去管理环境，比如顺从、合并等策略。①

三　民政的抵抗逻辑：学习机制与资源距离

专业技术水平与资源动员能力共同决定了社会服务供给的最终效果。如果按照理性选择制度主义的逻辑，拥有了上述两种能力的制度将在竞争中获胜。然而，事情并不如想象中那么简单，新的问题包括：第一，谁能够掌握专业技术能力？运用什么方式？是否具有排他性或垄断性？第二，谁拥有资源动员能力？整合资源的基础环境是什么？与哪些要素相关？因此，本书还将引入制度主义的相关理论理解上述问题。比如，社会学新制度主义为如何学习专业技术提供了理论视角；历史制度主义有助于洞察资源动员能力的获得过程。

传统民政引入社会工作之后感受到了强大的示范压力和庇护压力，其根源在哪里？示范压力主要来自于社会工作的专业价值理念、专业技术方法及解决问题效果；庇护压力则是提供信任、资源及组织体系的支持。也就是说，前者对应着专业技术水平，后者对应着资源动员能力。那么，民政工作面对该困境的回应逻辑及其策略是什么？根据理性政府的假设，民政系统基于精心算计和权衡利益的条件下作出行动决策。传统民政既要规避专业社工带来的潜在风险又要激活专业社工带来的服务效能，那就需要重新思考专业社工在社会服务中的可替代性，而社会服务主体的专业技术水平和资源动员能力至为重要。

---

① ［美］杰佛里·菲佛、杰勒尔德·萨兰基克：《组织的外部控制：对组织资源依赖的分析》，闫蕊译，东方出版社2006年版，第7—15页。

专业技术可以通过“学习”获得。然而，近年来的研究表明政府或传统民政保持着较高学习能力，有助于改善政府的社会服务水平。特别是，压力型体制并没有磨灭政府或基层政权的创新能力、学习能力及适应能力，反而强化了上述能力。王绍光提出，依据学习的推动者（决策者或政策倡导者）和学习源（实践或实验）两个向度区分出四类学习模式，研究发现决策者和政策倡导者能够利用各种形式的“实践”和“试验”进行学习和获取必要的经验教训，进而调整政策目标和政策工具以回应不断变化的社会环境，这也是中国模式逐渐成形的奥秘。地方政府或基层部门在推动某项政策时，也经历过学习阶段，主要有两种方式：一方面是调研先行先试地区，总结经验、教训，并结合本地条件制定相关政策；另一方面是直接开展试点，深度参与，在总结基础之上进行改进。

然而，资源动员及其能力提升路径则要复杂得多。不同的动员主体在不同的情境下所采用的资源动员策略有所不同，资源动员的结果也可能存在显著性差异。为此，我们可以想象动员主体与资源之间存在一个客观距离，或者叫亲密程度，或者是动员的难易程度。本书将此称为“资源距离”，它不由动员主体的主观愿望决定，而是受其所处的社会结构、动员情境等结构性因素影响。

“资源距离”一词源自于“社会距离”。社会距离是社会学的重要概念，指个体与工作场所、家庭、学校、社交媒体、教堂、社会组织、官僚体系以及其他社会接触中的疏离程度，强调社会关系支持网络对个体生活的重要性。具体到资源动员领域，动员主体与不同资源的亲密程度由其所处社会网络中的结构决定。比如，带有官方性质的社区居委会比民间的社会服务机构更容易动员政府资源，此时社区居委会与政府资源的距离小于社会服务机构与政府资源的距离。这种结构关系又受到制度环境的影响，我们将此环境笼统地称为国家与社会关系。对上述例子进一步追问，为什么社区居委会与政府资源的关系更亲密？根本原因在于资源动员的情境处于威权制度，政府不仅主导了资源还会按照“亲疏远近”的法则分享资源。如果将此问题放到中国香港、美国等市民社会的情境下，社区居委会更容易动员政府资源吗？很显然，结果就不同了。动员主体完全可以按照规则使用政府资源，所有主体面对政府资源时没有先后顺序、一视同仁。

面对专业社工带来的挑战，传统民政理性地根据专业技术和资源动员的能力禀赋设计抵抗策略。综合而言，传统民政具有资源动员优势而专业技术水平有限。鉴于资源动员受资源距离影响，当下制度环境的兼容性关系影响着行动主体的资源动员能力；传统民政在体制内资源动员方面占据绝对优势，而面对体制外资源动员时则可以通过“借壳”、“合并”、“联盟”等策略实现对外部环境的掌控。对于专业技术而言，它的习得性和仪式化使得民政工作通过学习机制获得，当然学习的方法多种多样。其中，社会工作的合作性嵌入为民政工作提供了不可多得的学习机会，与此同时，民政工作人员也可以通过专业教育或职业资格考试等途径学习社会工作的专业技术。由此，我们可以得出：

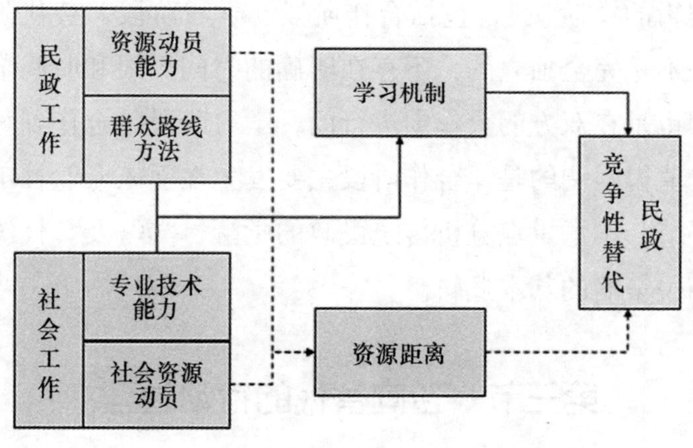

图5－1　传统民政竞争性替代的逻辑机制

命题1：如果传统民政通过学习获得专业技术能力和运用关系掌握资源动员能力，那么它将采取“逆向替代”的策略，以此降低专业社工“合作性嵌入”带来的政绩示范和庇护责任等潜在风险。

命题1.1：基于专业技术的仪式化和习得性等特征，传统民政通过专业学习获得社会工作专业资格证书或者通过参与式实践习得专业技术，终而获得“符号”与“知识”并重的专业技术水准。

命题1.2：基于资源距离的逻辑，传统民政利用或塑造合法身份、组织网络及其他要素增进与资源主体的亲密程度，从而获得超越专业社工的资源动员能力。

逻辑上讲，传统民政依据专业技术和资源动员的赋值不同可以组合出不同策略。然而，专业技术是变量，资源动员是常量。如果传统民政无法习得专业技术，那么它只能选择与专业社工合作，在第四章已经展示了合作情境下的多种结果。有很多种情况。对于觉醒之后的传统民政而言，他们已经非常清晰地认识到专业社工带来的风险及专业技术的习得特征。因此，传统民政在各方压力驱使下理性地也是创造性地选择了逆向替代策略。即，传统民政通过一系列手段收回专业社工的社会服务功能。

“逆向替代”策略是一个动态的完整过程，可以分解为一系列有内在逻辑的“阶段”，包括合作阶段、学习阶段、替代阶段。三个阶段并不是完全独立的，不存在明确的时间界限和时间节点，学习的过程也是在双方的合作中进行的，学习阶段是合作到替代的过渡时期。值得强调的是，合作阶段主要发生在引入专业社工的合作性嵌入环节，本章重点分析传统民政的觉醒、学习及替代等事实以及作出相关策略的基本逻辑。

第三节 逆向替代的行动过程

现实情境中，传统民政对专业社工的逆向替代时有发生。突出表现为：基层社区居委会不再与社会服务机构合作提供社会服务，而是由社区干部主导、招募、动员相关人员替代专业社会工作者的角色。令人惊奇的是，处于官僚体系“最末梢”的基层社区为什么从功能上替代了被主流视为“最专业”的社会服务机构？

一　专业技术的获得：仪式与实践

（一）专业认证：遵从仪式

我国正在大力推进社会服务领域的专业人才队伍建设，以“专业资质”为认定标准。长期以来，我国社会工作人才呈现二元结构，即专业社会工作者和行政性社会工作者，前者指经过学校培养的专业社会工作者，后者指没有受过专业的助人训练却在实际工作部门从事社会工作。但是，官方并未对上述分类予以承认，而是通过专业认证给予规范，也就是助理社会工作师和中级社会工作师的考试证明其“专业性”。于是，2006 年 7 月 20 日，人事部、民政部联合发布了《社会工作者职业水平评价暂行规定》和《助理社会工作师、社会工作师职业水平考试实施办法》，首次从国家制度上将社会工作者纳入专业技术人员范畴，标志着我国社会工作者职业水平评价制度正式建立。该文件在报名条件设置时为传统民政工作人员留足了空间，使其能够参与专业资格认证。以此为基础，国家还制定了《关于加强社会工作专业人才队伍建设的意见》和《社会工作专业人才队伍建设中长期规划（2011—2020 年）》等纲领性文件，社会工作专业人才队伍也成为我国第六大类人才。

政府通过专业资格认证的形式确立“专业社工”的外在标识，进而打破了原有西方式意义下的社会工作专业霸权。因此，只要你能够通过各个类型、各个标准的考核，那么你就能成为合格的“专业社工”。无论你在民政系统还是社会服务机构，专业资格及职级已经成为评估专业能力和职业水平的固化指标。与其他行业一样，专业资格、行为规范、固定形象等都成为某个专业的象征，也许在未来还有更多的社会工作仪式化特征会不断地形成，从而建立起该行业在中国的专业霸权。近年来我们观察到，民政部牵头组织的不仅包括执行专业资格的认证和后续教育，还在针对不同的社会服务类别制定相应的“专业标准”，比如《老年社会工作服务指南》《儿童社会工作服务指南》等。在此背景下，民政部门及基层社区居委会主动出击，通过学习、激励等一系列策略获得“专业资质”。

随着专业社工越来越受到重视，在社区层面也逐渐流行和普及，已经作为各种考核的重要指标。ZYL社区书记也意识到专业社会工作者在社区中的重要作用和意义，一直鼓励社区干部自学社会工作方面的专业知识和理论，考取“社会工作师”资质。

> 各地民政系统拨付专款为获取社会工作师资质的社区干部给予一定补贴，助理社工师每月增加50元津贴，中级社工师每月增加80元津贴。为了让社区干部积极备考，我们会买一些社会工作的专业书籍，下班后会集体自学，虽然学习能力没有刚毕业的社工专业的大学生、硕士生强，但是学起来也并不困难，因为我们有着更为丰富的社区工作的经验，结合这些经验学习理论知识会更加容易。现在我们社区已经有几个社区干部拿到了重庆市社会工作师的证，我也打算考中级社工师，买了很多专业书现在正在学理论准备考试。

专业认证意味着专业技术能力吗？这是当前争议的热点问题。调研时发现，众多民政工作干部对此问题有着不同的看法。第一，专业社工不等于社工专业，社工专业不等于专业社工。也就是，社工专业科班出身的并不一定都具备专业社工的技术能力，反之具备专业技术能力的人员也并非必须要有学位。另外，自称专业社工的人并不一定具备做好社会工作的专业素养，而能够做好社会工作的人也不一定拥有专业社工的认证资格。第二，专业社工只是“噱头”罢了，现在各地为了社会治理创新都强调引入“新鲜”的东西，所以不断地强化社会工作的专业地位，以此区别于“传统”。然而，专业社工考试的内容与社区干部日常遇见的问题极其相似，只是表达时采取了不同的话语，实质上却并没有什么区别。

不管怎样，当前主流话语坚持认为“社会工作”代表“专业力量”，而“民政工作”代表“传统力量”。官方及民间的表达不断地形塑这一特征。基层社区干部考取社会工作专业资格，在提供社会服务时逐渐地掌握和运用社会工作话语、理论及方法，以期获得象征“专业”的符合标签。至少目前来看，仪式化地学习专业技术方面取得了较好效果。

（二）专业方法：参与式实践

虽然社区干部对专业认证的头衔有所怀疑，但其内心认可社会工作带来的部分新理念、新方法，尤其是以专业社会工作的方式方法开展服务更加能够获得居民认可。当然，特殊的压力型体制和政治锦标赛体制决定了只有较为优秀的社区干部才能够尝试引入社会工作，他们自身的工作积极性、创新能力、学习能力也是相对优秀的，在合作性嵌入过程中更容易学习到专业社工的具体做法。

合作性嵌入时期，专业社工在开展活动时需要传统民政提供足够多的庇护性支持。为了更好地支持专业社工的相关工作，传统民政也被动地参与到社会服务实践之中，由此构成了“参与式实践”的客观事实。社工开展活动过程中，基层社区安排专人学习社会工作的专业化设计、组织方式。比如，C市在公租房社区推动“四点半课堂”项目时，由于上级政府要求每个社区必须持续开展，社区书记为了预防专业社工的政府购买资金中断，于是专门派人参加社会服务机构的项目过程。随后社区为了更好地推动相关社会服务，又招募了一个志愿者与社区网格员一起参与。在活动内容策划上，参与项目的社区干部会仔细阅读社工撰写的活动策划，并提出修改意见，完善策划方案。在参与过程中，社区干部意识到仅在社区内进行作业辅导等活动方式过于单一，需要开办一些室外活动，开拓青少年的眼界，使其接触更多新鲜事物。在社区干部的倡导下，开展了科技馆一日游、文明劝岗、春游等室外活动，得到青少年的一致好评。活动实施执行过程中，社区干部会观察社工是如何与青少年打交道的，学习他们的沟通方式及交流技巧，并亲身参与其中，用学到的方式辅导他们、带领他们，赢得了学生的喜爱和欢迎。在与青少年的近距离接触中，社区干部发现不同学生有不同的兴趣点，萌生了在社区开展"梦想课堂"活动的想法，为青少年定期开展文体类的培训，培训内容由青少年自主选择。这种参与式实践让传统民政学习到相应的专业技术，正所谓"干中学、学中干"。

当然，部分传统民政工作人员也会基于主动学习的动机参与社会服务。近年来社区干部承担大量的行政工作，故而导致缺乏"服务意识"、"态度冷淡"、"办事拖延"等，甚至有时与居民发生冲突。为了改变自身处境，社区干部也会观摩社会服务机构的执行过程，取其精华。比如，社区干部看到社工的"敬业"、"接纳"、"细心"、"热情"、"耐心"、"尊重"等专业价值和情感，得到了社区居民的一致赞赏。为了提高社区居民的认可度和满意度，社区干部逐渐树立起专业的价值观、增强服务意识，解答更耐心、办事更细心、服务更用心、交流更频繁、接待更热情，及时发现并解决社区居民的问题，以"朋友"而不是"干部"的身份融入社区居民中。社区干部总结道："社工注重接纳，对老百姓的接纳，不管他们的身份，和他们打成一片，这些专业价值我觉得很不错。但是最开始我们社区干部不会，很难融入进去，特别是年轻干部。所以我们提倡用心服务，居民咨询要耐心回答。有些老年人，同一个问题要问两三遍，我们就一遍遍回答，如果还不能明白就把注意事项写在纸条上给他。我们还要求社区干部对待社区居民就像对待自己的亲人一样。”

社区干部定期与社工交流，讨论社区服务的创新方案、发展趋势等前沿性课题。社区干部认为专业社工有很多很好的想法，是社区方面未考虑到的，通过交流学习掌握了一些有意思的新点子、新做法，并且会根据不同环境予以完善再实施，慢慢地就能够设计社区的服务方案了。比如，社区干部参加手工制作小组时发现，制作手工品，但是缺少销售平台，社区干部就想到社区组织的大型创业性街区（夜市），由社区帮助有销售意愿的居民争取到夜市摊位，居民摆摊销售手工品，收入属于个人。另外，受到该想法的启发，社区干部计划申请街道的公益项目，获得项目资金，进行手工品的展览和义卖，成立爱心跳蚤市场。这些社区治理的创新性举措都是社区干部参与社工项目时学习到的专业方法。

（三）总结：专业技术的非专属性

综合分析来看，专业技术可以通过学习获得，并不具有资产专属性，也无法形成真正的垄断或排斥。由于时代的变化，传统民政的话语式微，其所坚持的专业理念、方法、准则也随之受到质疑。但是，民政系统及基层社区并没有坐以待毙，而是通过考取资格证书、实践参与项目等方式习得先进的社会工作专业技术，甚至在专业技术的运用上超越社会工作。当然，这种现象并没有普遍发生在社区，即不是所有的社区干部都获得了无差别的专业技术，目前仅是具有创新性、开放程度较高的少数社区干部掌握了这套竞争性的专业技术。但是，值得肯定的是，传统民政获得社会工作的专业技术存在较大可能性，为两者的同台竞技乃至逆向替代社会工作奠定了技术基础。

二 资源动员能力：资源距离的比较

社会服务除了服务人员的工作经费之外，还需要获得信任资源、信息资源、场地资源、志愿者资源及其他相关资源。也就是说，社会服务机构获得政府购买支持并不意味着服务项目一定成功，还需要更多的资源支持。那么，社会服务机构的资源动员是否独立进行？传统民政在资源动员方面扮演何种作用？两者面对相同资源时有何种差异？接下来，我们以 RH3 的“放学时光”案例做深度分析。

（一）信任资源

社会服务机构需要招募适龄儿童参加项目，首先要知道孩子在哪里，其次是动员孩子主动参与。调研时发现，社会服务机构作为外来的社会组织与居民的关系相对陌生，由此缺乏足够的信任；相反，传统民政依托行政体系拥有天然的权威和公信力。另外，社会服务机构自身的组织网络也无法完全覆盖适龄儿童，传统民政则不同，他们具有非常完善的组织网络，且深入连接到每个家庭。

RH 社工到学校招募儿童时的思考：

> 我们刚进去的时候介绍自己是谁会比较重要，怎样容易取得大家的信任呢？社会服务机构存在的问题就是大家不了解，一般人对不熟悉的事务都会有自动抵御、反抗，想获得他的信任可能会很难。但是现在大家都知道社区居委会，居民就会联想到居委会这些正式的组织，和政府相关的一些机构，可信度就会很高，第一步取得他的信任会比较方便一点。
>
> 比如，我们拜访了学校做学生管理工作的老师，首先肯定

要介绍自己是谁，我就告诉他我们是某个社区的，他一听是社区的，就觉得你的来历比较清楚，可信度会比较高，就会获得他们的信任。然后再说我们在做什么，是由谁支持的，做这些对小朋友们有什么好处，他就会支持了。因为学校老师是做学生工作这一块的，他对这些也会很关注，既然你无偿为学生提供服务，他肯定会很乐意帮忙宣传。

（二）信息资源

信息对于确定服务对象、了解服务对象、联系服务对象等至关重要，是开展社区服务的基础性资源。社区居委会在居民入住时，社区主任亲自带领社区干部去接房，前往每家每户进行信息统计，收集了几乎社区所有居民的基本信息，建立了完整的社区信息数据库。而对于一个刚入驻的社会服务机构，关于社区居民的信息几乎为空白。那么如何快速地获取相关信息呢？

RH 社工认为最快捷的方式就是通过社区获取所需的信息。“放学时光”项目确定实施前需要在社区进行需求调查，涉及入户调研、面谈等。借助社区提供的居民名单和相关信息，RH 社工机构在前期入户调研的时候，首先对名单进行了一个电话筛选，电话确定后再进行面对面的深度访谈。另外，社工会针对参与项目的受益群体进行家访，了解他们及其家庭的相关情况，进行评估和开展个案。社工需要从社区获得这些青少年的资料信息，获得其家长的联系方式和具体住址，首先通过电话联系征询意愿，征得同意后就上门进行常规的探访。通过社区提供的信息资源，RH 社工机构省去了很多不必要的麻烦，节省了时间，提高了服务效率。

传统民政或社区居委会在信息资源方面的优势极为突出。社区不仅拥有基础数据库，还具有搜集动态数据的快速反应组织体系。比如，近年来全国各地都在推行网格化管理平台，即将管理对象按照一定的标准划分成若干网格单元，利用现代信息技术和网格单元间的协调机制使各个网格单元之间能有效地进行信息交流，透明地共享组织的资源以最终达到整合组织资源、提高管理效率。网格化管理对社区治理创新的关键在于层级增加，以此降低管理幅度，且重新梳理了管理构架。其中，网格是重中之重。但是，网格好比在社区与居民之间打入了一个“楔子”，它的特点是：复制与下沉，以及行政整合。不论网格的结构还是其功能，都与原有的社区管理机构是一致的，仅是管理幅度缩小而已。另外，网格内部的人员安排、资源动员都依靠“行政手段”，“志愿者”也是由社区、网格最终选任。事实上，传统民政主要依托社区网格化管理体系搜集、发布、整合信息，比如“放学时光”的信息就是通过网格员、楼栋长等组织体系层层下传，学生的报名信息又依此层层上传。所以，即使社会工作者能够获得信息，但其搜集信息的成本远远超过传统民政。

（三）政府资源

场地是“放学时光”项目不可或缺的关键资源，但属于政府资产。鉴于涉及居民、孩子的特殊性，“放学时光”项目的活动场地应该具备安全、便利、固定、舒适等条件。综合考虑后，社区居委会提供社区多功能室作为“放学时光”活动场地。社区多功能室在社区便民服务中心旁边，为社区居民熟知，也起着官方象征的意义。室内配备桌椅、投影仪、黑板等设备，能同时容纳三十多人。除了社区开会使用外，社区多功能室能为社区青少年放学后学习娱乐使用。这种场地资源原则上都需要社区批准之后才能使用。

除此之外，社区的公共空间也需要社区居委会协助审批，比如在社区公开挂横幅、标语。专业社工在开展项目需要使用广场、宣传栏等“公共空间”，如果没有分管部门的同意则无法使用，单纯地由社会组织协调会面临诸多麻烦。RH 机构的 H 社工就抱怨“我们开展免费测血压摊位活动，因为没有在城管、物管登记而被直接赶出广场，张贴的活动通知或横幅也被立即撕掉了”。总之，社会服务机构在社区开展服务时尤其需要社区居委会的支持，否则寸步难行。

（四）志愿者资源

社会服务机构常驻社区的社工人数有限，服务开展过程中难免“力量薄弱”，需要获得外部的志愿者资源支持。以“放学时光”项目的宣传为例，只有三名社工常驻社区，而社区有 3000 多名青少年，面对如此庞大的受益群体，如果单靠社工的力量难以覆盖。然而，社区已经建成“社区—网格—楼栋—居民”的全方位、全覆盖网格体系，借助这套网格系统能起到很好的宣传效果，这就需要社区居委会的帮助。社工制作了招募通知，由社区干部分发给网格员，网格员将招募通知张贴到楼栋的宣传栏里，并在入户的时候向住户宣传介绍该活动。

同时，为了丰富活动形式，这就需要更多的外部志愿主体给予支持。调研时知道，XZ 大学法律协会（学生社团）定期为社区、为青少年开展活动，包括趣味性、才艺性及知识性服务。但是，志愿者参与社区实践是社区与大学团委签订的社会实践协议，社区是该校的挂牌实践基地，社区给志愿者一定的交通补贴和餐补，另外开具社会实践的证明材料作为学分认定的参考依据。随着实践协议到期后，社工打算通过“私人关系”与学校相关负责人联系，让其以公益性质继续进入社区开展活动，特殊情况下也会给志愿者一些补贴，但是没有像以前一样固定地持续下去，实践活动很快中断。由于学校团委对民间性质的机构十分警惕，最后 H 社工又不得不请社区居委会出面与学校签订合作协议。

（五）比较：资源距离

通过典型的个案透视社会服务关键资源的动员状况，传统民政在当前环境下的资源动员能力显著性地强于专业社会工作，如表 5－1 所示。可以看出，传统民政在志愿者资源、企业资源不具备垄断力，但也拥有竞争基础。对“放学时光”的分析，传统民政所依附的政府体系支撑其资源动员能力；在动员外部的志愿者资源和企业资源时，这套体系依然能够发挥作用。比较来看，传统民政垄断了部分关键资源，即使是外部资源，传统民政的动员成本、动员渠道、动员效果也都优于社会服务机构。

表 5－1　　社会服务关键资源的资源距离

关键资源	专业社工	传统民政	资源距离	备注
信任资源	－	+	民政垄断	社工依赖民政
信息资源	－	+	民政垄断	社工依赖民政
政府资源	－	+	民政垄断	社工依赖民政
志愿者资源	+	+	竞争关系	两者各有优势
企业资源	+	+	竞争关系	两者各有优势

转型时期，传统民政依然持续掌控着关键资源。就如，社工开展活动时的宣传标语也需要社区支持，“我们之前做活动需要挂横幅宣传，当时只印了机构名字，很快就被保安拆了；之后，向社区反映这个问题，社区说最好印上社区居委会的名字，这样横幅就可以保留很久”。所以，合作性嵌入过程中基层政府不仅给予社会组织购买资金还要帮助其动员服务资源，这是未曾预料的。其关键在

于，传统民政及依附的政府体系掌控了基层政权网络、合法性、行动框架等，其动员体制内外资源都具有优势。然而，社会组织独自动员服务资源时不仅成本高昂，动员效果也较差甚至失败。

社会工作在资源动员方面真的如此困难吗？至少针对外部资源，或者不受政府直接控制的资源，社会工作具有一定的动员能力。比如，开展“夕阳红”歌唱活动时需要志愿者担任领队，以“老师”身份义务地教其他组员唱歌。专业社工在入户时发现了有特长的阿姨，就和她建立了关系，经常邀请她参加社区活动，在活动中独唱、做指挥，逐渐将其发展成志愿者，教其他居民唱歌，她在参与过程中也感觉到很开心，很有价值，很有成就感。但是，这种挖掘资源时所花费的时间成本相当高。

因此，“资源距离”很好地揭示了动员主体与资源的关系，距离的远近可以预测资源动员的可能性，以及动员时的话语、策略、成本等系列变量。虽然我们目前无法量化“资源距离”，获得准确的取值，但是该概念形象地展示了资源动员的差异，在直观层面上建立了比较的基础。

三　逆向替代的实践

（一）偶然中的必然：逆向替代

当前，政府购买社会工作服务项目没有制度化，主要以公益创投、先行试点为主。制度化指政府购买项目的稳定性和趋势性，即是否通过法律法规和政策文件明晰政府购买项目的内容、资金及程序。一般而言，进入政府预算的正式会计科目即可表明该项活动的制度化。但是，大部分地区的社会工作服务没有制度化，这也是政策试验时期的需要。我们在此时观察社会工作与民政工作的竞争关系，有助于预测未来的政策变化。

本章分析的RH社会服务机构因政府购买项目进入社区，又因没有连续获得政府购买项目而撤出。调研了解到，社工机构根据公租房社区的特点设计了“漂族老人”项目，即为那些随子女迁入城市照顾孙辈的老人服务，使其走出家门参与邻里活动、社区活动增进对社区的联系，融入社区和适应城市生活。该项目的服务周期为一年。社工进入社区时发现实际情况比设想有差异，漂族老人的规模不大，且对城市融入的需求不仅仅只有该群体，因此在社区干预之下调整为广义的社区融入项目。一年期项目结束，该机构根据社区现实需求再次申请政府购买项目时，却没有获得批准。因为类似项目过于“普通”、“平淡”，并不是评审专家想象的“创新”、“惊奇”。故政府资助的停止令社会服务机构不得不离开，以往的服务项目怎么办?

结果是，社区居委会推动成立了“社区社会工作室”，以此承接社会服务项目。社区社会工作室不仅属于社区居委会直接管理，同时还拥有了专业社工的符号话语。我们可以清晰地看到，传统民政经过反复讨论与理性思考之后最终以“参与式”学习实践替代“外来的”社会组织，全盘回购并拓展社会服务机构的现有服务项目。社区安排两名社区干部及网格员继承了现有的常态化服务项目，比如“放学时光”、文化驿站，街区夜市等。并且，社区居委会还加大和丰富了服务覆盖面，不仅保留了原有的专业化社会服务，还根据社区居委会搜集的信息增加服务项目，增强了基层政权的回应能力。

为了确认社区不是因为“无奈”而承接社会工作服务，我们调研时探讨了几种可能性。第一，如果现有社会服务项目由社区居委会出钱，而不是由上级民政局资助，你们会购买他们的项目吗?社区书记和居委会主任的回答十分坚定:“要是有这笔钱，交给社会服务机构承接，还不如社区自己做。我们有考取社会工作师的工作人员，也可以去学习他们的做法，事实上更多的是‘用心服务’

嘛；再者，我们更了解社区的情况，也知道要怎么解决问题，所以我们要做的话会更好。”第二，如果由社区专门拿出两个岗位做服务，会做成怎样？社区干部认为：“同样我们也能运转，说实话社工的工作也不是很复杂，有一点理论知识，也愿意学；如果再有一些社会经验，那就更没有问题，社区工作者的经验比专业社工更加丰富。”

从上述讨论可见，代表传统民政的基层社区替代了专业化的社会服务机构。这不是冲动所为，而是理性选择的必然结果。当然，不得不承认，逆向替代现象并没有大范围发生，我们也很少见到某个社会服务机构在某个社区持续多年开展某项活动。但是，这种现象在欧美已然普遍发生并成为学术界的热点研究议题。一方面，社会服务的公共性与市场机制的逐利性容易引起张力，纯粹的政府购买难以确保服务的回应性①；另一方面，社会服务存在明显的复杂性和持续性特征，单凭某个社会服务机构的力量难以有效回应②。因此，世界各地政府开始鼓励建设以社区为中心的社会服务网络，于是政府回购时有发生，比如美国的政府回购与政府购买基本持平③。

（二）专业设计：扩大服务范围

社区干部派人全程跟踪学习专业社会工作者的服务过程，之后社区工作者依照所学的专业技术独立开展社区服务。在此过程中，社区工作者的服务意识、价值伦理得到了增强，还有意识地

---

① Hefetz A.，Privatization and Its Reverse：Explaining the Dynamics of the Government Contracting Process. *Journal of Public Administration Research and Theory*：J-PART，2004，14（2）：171－190.

② Johnston J. M.，Romzek B. S.，Social Welfare Contracts as Networks：The Impact of Network Stability on Management and Performance. *Administration & Society*，2008，40（2）：115－146.

③ Warner M. A.，Hefetz A.，Insourcing and Outsourcing：The Dynamics of Privatization among U. S. Municipalities 2002－2007. *Journal of the American Planning Association*，2012，78（3）：313－327.

系统总结和回顾了入户走访、居民聊天时搜集到的信息，以及掌握了整理居民需求清单、解决居民急迫问题等专业社工的通用模型。

比如，社区工作者了解到中老年居民存在生病舍不得花钱看、对自己病情不了解、不知道如何预防慢性病等情况，与社区两委商量后决定开展“健康人生”主题活动。按照社会工作者设计活动的步骤，制订了详细的活动方案，包括拉赞助、招募志愿者、组织计划、流程设计、人员分工、应急处理等。整个服务活动完全由社区干部主导。第一，活动宣传上，网格长入户宣传、贴海报、发宣传单、挂横幅，宣传方式多、范围广；第二，建立居民健康档案，形成居民健康数据资料库，全面掌握居民健康信息；第三，开通社区健康热线，随时及时解决居民的健康问题，实现居民“生病有人帮”；第四，组建爱心医疗队，对残疾人、精神病人等不方便前往医院的居民提供上门医疗服务；第五，请专家定期开展健康讲座，为居民传授健康知识，普及医疗知识，预防疾病的发生。活动执行中社区人员分工明确、有条不紊，活动规模大、参与者多、受助者多、满意度高。

甚至，社区社工室利用自身的资源动员优势，还组织一些综合性活动。比如，2015 年 4 月社区联合附近的公立医院开展了困难救助、宣传义诊的大型活动，探索建立健康档案。活动在社区广场举办，各科医师走进社区，专家与居民面对面，为社区居民现场检查身体，解答居民的问题，为居民分发免费药物和医疗优惠卡，并救助社区困难家庭，现场为每个困难家庭提供了 5000 元的救助资金，由院长亲自给到每位受助居民手中。还有歌舞节目表演、问答环节、礼物发放，场面热闹，气氛活跃。参与的社区居民都很满意，对社区和医院赞不绝口，活动取得了圆满成功。

另外，社区社工室在推动社区融合时更是大胆创新，不仅丰富外来人口的娱乐活动，还解决他们的就业等实际问题。社区将此命名为“幸福人生”服务项目。社区干部践行社会工作的助人自助、建立社会支持网络。社区明白了社区社会组织是社会服务的承载体，是社区治理不可或缺的主体之一。两年来，社区挖掘、推动、组建了社区社会组织，以此推动兴趣小组的自发活动。比如，社区成立了馨南艺术团，共有十几支兴趣队伍，开展手工艺品制作，包括书法、摄影、花艺、十字绣等。来自农村的大妈通过参与活动，认识朋友，社区干部又挖掘他们的特长，尤其是传统的手工艺，如绣花、做鞋、纳鞋垫、织毛衣等。这些工艺品多数在迎接上级检查时被领导买走。之后，社区干部为了实现工艺品的商品化，以及为外来居民提供生计支持，于是打造了“创业性夜市街区”。社区社会组织可以把公益品拿去义卖，收入作为组织的补贴。一些居民也可以自己把自己做的工艺品拿来卖，卖了的资金是属于个人的。让居民觉得不仅仅只参加了社区活动，还增加了自己的收入。

（三）资源动员：动员社区资源

社区社工室借助专业社工技能培育、挖掘、整合社区内部资源。社区社工室承接了 RH 社会服务机构发起的“放学时光”项目，为了使该项目的内容更加丰富，让更多的学生受益，不得不系统挖掘社区资源扩大项目。上文提到，社区干部挖掘、培育了 18 个社区社会组织，他们希望将这些资源网络利用起来服务于孩子们。于是，社区社工室的社区干部在调研的基础之上，设计了夏令营活动，将各个社区社会组织的特长、艺人等资源有效地配置到活动之中。比如，鼓韵社、梦缘舞蹈队、太极辅导站、花艺坊、太极柔力球队等都精心挑选最优秀的成员辅导孩子，培养他们的兴趣，促进其身心健康地发展。后来，社区工作者发现公租房社区内也是卧虎藏龙、人才辈出，太极兴趣组的领头人竟然是市太极协会的理事。事实上，公租房社区的地理位置相对偏僻，即使花钱也不能确定请到相应的老师来做培训，然而现在的做法不仅节约了成本，还形成了一支稳定的“骨干志愿教师”队伍，同时增强了社区居民参与公共事务的积极性。

社区社工室依托基层政权网络和社会影响力构建资源网络，不断地渗透、动员及整合外部资源。社区成立了一个老年人的慢性病俱乐部，定期开展一些小组活动，联系医院做健康知识讲座。原则上，医院主要是以盈利为主，但是他们也需要来做一些公益活动，也是国家对他们的要求。比如，社区附近的私人医院承担了社区医院的职能（包括健康资料的建档立卡等工作），他们就非常愿意来参加活动。医院为什么参加社区活动？有利可图，当然“利”并非狭义的利润。医院可以通过做公益活动打响名声，在社区居民中做宣传打广告，提高知名度，带来后期效益，从而在和其他医院的竞争中获得相对优势。

与此同时，社会服务机构却不具备资源动员的比较优势。社区社工室替代社会服务机构之前，社工动员另一家私人医院做一个关于妇幼保健知识的讲座，却并未成功。因为该医院要求社工提供社区内孕妇的人数以及能够聆听讲座的人数，以便评估是否参与该项目，然而专业社工手里根本没有相关信息。由于社工无法提供这些数据信息，也不能保证参与讲座的孕妇人数，医院无法从中获得其想要的宣传效益以及经济效益，后来就以行程紧张、时间安排不过来为借口推脱了，取消了知识讲座的计划。相反，社区社工室就可以依托社区居委会信息系统掌握上述资料，而专业社工在询问相关数据时则被居委会以“涉及隐私”拒绝。

（四）逆向替代的效果

社区社工室的逆向替代使得专业社工极其无奈，但也是情理之中的必然。从某种意义上讲，这称得上专业社会工作改造传统民政的成功表现和有效之路，至少专业社工的介入引发了原有制度的反思、觉醒及抗拒，意味着传统民政真正地感受到了专业社工的示范作用及带来的竞争压力。那么，逆向替代的效果如何？以 RH 被替代为例：

第一，社区极大地扩展了社会服务的项目类别。在以漂族老人为服务人群社区融合项目的基础之上，社区发展了“文化驿站”、“幸福人生”、“健康人生”、“手工艺制作”、“创业性夜市街区”、“艺术团”等服务项目，不仅丰富居民的业余生活，还解决了居民的急迫需求，如就业等。

第二，社区社工室设计的专业服务覆盖面更广，受益人更多。以“放学时光”为例，社区共有 3000 人左右的适龄青少年，社工运营时参与人数多的时候每天来 28 人，常态下每天大概 15 人左右。然而，社区接管之后，通过网格化管理系统动员家长带孩子参加活动，并签署托管协议，报名人数很快达到 100 人左右。社区动员内部居民、学校老师参与辅导，还有高年级带动低年级的互助系统。当然，服务项目的效果与社区社工室的资源动员能力密切相关。

第四节　对逆向替代的评价

一　无意识的结果

“逆向替代”展示了一个不可思议的现象：在高度强调激活社会力量的时代里，国家政权中“最底端”的基层社区成功地替代了被称作“最专业”的社会服务机构。并且，之前社区居委会总给人以“适应性对付”、“共谋”的“坏印象”，甚至戏称为“居委会大妈”，这种“缺乏专业技能”的调皮话。因此，逆向替代并不是机缘巧合促成的偶然事件。

现有理论无法解释逆向替代现象。第一，行政吸纳社会从控制挑战性角度出发，提出“分类控制”和“功能替代”策略。社会服务属于“服务性”强于“挑战性”的领域，理应实施“协同”、“合作”、“顺从”等策略。第二，第三方治理认为社会服务机构具有先天性优势，尤其在效率和质量方面远胜于政府。所以，非营利组织并不是政府失灵和市场失灵的替代品，而是公共服务中首要承担主体。然而，当非营利组织遭遇“慈善不足”、“慈善的特殊主义”、“慈善的家长式作风”、“慈善的业余主义”等志愿失灵时，政府正好弥补了志愿部门的弱点，因此社会服务机构与政府是“合作关系”。由此可知，通常情况下社会服务机构“替代”政府提供公共服务，只有社会服务机构存在固有局限性时政府才会推进“逆向替代”。然而，主流理论的预测与中国现实恰恰相反。为什么？仔细分析，我们发现上述理论都有一个共同假设：社会服务机构具备强大的“服务能力”。只有在此前置条件下，才可以推出政社的合作关系。如果要解释逆向替代，那就要从服务能力角度入手剖析社会服务机构和政府在服务能力方面的差异。

根据本书分析，社会服务的关键因素包括：专业技术和资源动员。然而，基层政府或社区在这两方面并不弱于社会服务机构，通过学习机制获得专业技术，在资源动员方面还具有相对垄断性的地位。两种因素的状态决定了逆向替代的“必要条件”。当然，这种状态有较高的稳定性。专业技术由学习机制保障，民政在仪式化学习和实践学习方面都有较好的传统、机会。最为关键的资源动员，由动员主体的“资源距离”决定，其深层制约因素则是制度环境，当下的环境决定了政府动员资源的网络、成本都占有绝对优势。

此外，财政压力、社区领导能力、社会服务机构能力等构成了逆向替代的辅助要素。目前来看，逆向替代实际发生的案例相对较少。回顾来看，合作性嵌入时期部分社会工作走向了俘获、景观、对抗等状态，但传统民政觉醒之后的抗拒结果是多元化的，比如延续、漠视，而替代只是其中一种类型。延续指社区虽具备替代基础，但没有合适的人或组织予以推动，所以选择维持原样。漠视指社区发现社会工作的结果不是自身想要的，又无法改变，故选择不管不问，任其自生自灭。

总而言之，逆向替代的发生有其客观基础，也是传统民政无意识的理性选择结果。但是，这种现象并不能时刻发生，尤其需要社区领导的雄心及能力，所以存在“有竞争、无替代”的无奈局面。值得强调的是，专业技术水平与资源动员能力是传统民政抗拒专业社会工作的基础，而它们的取值状态是由制度环境决定的，具有结构性特征。

二　福利内卷化的危险

“逆向替代”是传统民政对社会工作嵌入之后的抗拒策略。如何评价这种现象？对传统民政乃至国家建设有何影响？

传统民政在社会服务传递方面的根本挑战在于“责能困境”。社会工作的嵌入增强了社会服务的传递能力，却带来了示范压力和庇护压力，这种压力影响了传统民政及基层政府的合法性，其影响已经超出社会服务领域，涉及国家建设的大问题。现代化国家转型过程中，国家对社会的渗透、动员、控制方式随之变化，开拓国家在社会中运行的“触角”显得至关重要。

（一）国家建设的触角

基层社区是社会问题最直接的感知者和回应者，也担负起执行上级政府政策指令的任务。利益分化、诉求多元、观念开放等多种因素交织，基层社区作为国家建设的末梢也尽显疲态，力不从心。比如社区干部认为，城市化进程中社区已成为维稳中心，低收入人群、外来务工人员集中居住，很容易滋生纠纷，曾经因为停电停水都要堵马路，有时候小问题也可以引发大问题，有些人喜欢看热闹，即使家庭纠纷也会聚集很多人。因此，近年来中央到地方提倡“创新社会治理”，意在激活社会力量，发挥其优势，协助政府解决问题，重建社会秩序。

“逆向替代”使得国家建设的触角并没有实质性的扩张。传统民政以合作的方式吸引外部的专业社会工作力量，使其在国家政权体系的末梢进一步延伸，在某种程度上增强了国家能力。国家能力可以分为专制性权力和建制性权力。前者指国家依靠其基础设施为载体不必与社会讨价还价的自主行动范围，后者指通过渗透市民社会在其统治的领域内有效贯彻政治决策的能力。触角延伸主要是建制性权力的增长，而专业社会工作依托的社会服务机构是国家建设延伸的有效触角之一。在逆向替代策略下，基层政权组织（基层社区）削弱了新触角的地位。换句话理解，逆向选择是对国家建设触角无效化的回应，其目标在于强化国家地位。

“逆向替代”没有扩充国家建设的触角，其根源在于传统民政没有为社会工作提供包容性制度环境。包容性强调自由进入和竞争，任何人都没有通过垄断、专卖或者控制手段获得超额收益的机会。实质上，专业社会工作嵌入民政系统时处处受制，难以独立自主地获得社会服务的资源支持。在合作性嵌入过程中，传统民政为了确保自身掌控性而制造了专业社会工作的俘获、景观等状态。因此，缺乏包容性制度环境不仅导致了逆向替代，还扼杀了国家建设的触角延伸。

当然，传统民政在社会工作刺激下的觉醒、抵抗及回应，实质性增强了社会服务传递效果。但是，逆向替代策略的绩效深受基层社区领导个人能力的影响，目前采取此策略的实践经验还相对缺乏，存在较大的不确定性。

（二）福利内卷化的倾向

国家建制性权力没有得到实质增长，则只能依靠专制性权力的增长。专制性权力的实施依托于国家自身的基础设施，或者行政体系，其结果就是不断地增加行政设置、人员，使其扩张到足以触及的地方。

事实上，逆向替代即传统民政依靠原有工作体系的复制或扩张，承担社会服务机构所开展的社会服务项目。其中，民政体系通过学习获得基本的专业技术，甚至更多地是运用以往的工作经验，增强自身的回应能力。这种策略带来福利内卷化的倾向，即主要通过复制或扩大传统民政的组织体系，仪式化学习社会工作专业技术，改善了基础性福利的供给效果，并没有提高旧有的或新增机构的效率。福利供给的成本增高，比如需要供养更多的公职人员；居民参与性及凝聚力难以保持。为什么作出如此判断？以调研资料为依据：

第一，基层社区的精力有限，无法持续保证以社会工作方式提供社会服务。比如，现在是社区文化专干和网格员一起承担了社会工作项目，任务比较重，甚至有时候社区书记亲自上阵。但是，上级部门指派到基层的服务项目与日俱增，基层社区的压力非常大，不但要承担社会事务的工作，还要承担促进社会治理的项目。这种方式不是长久之计。

第二，传统民政面对的竞争压力不足，导致去行政化、创新能力不足，无法持续按照专业社工的方式改善社会服务项目。社工的工作经历没有社区干部的丰富，为什么老百姓如此喜欢他们？社区干部反思后认为，“我们代表的是政府，行政化倾向很浓；而社工就没有行政身份，与老百姓是一样的，所设计的项目、执行方式更亲近居民”。事实上，上述观点反映了“垄断”与“竞争”、“官方”与“民间”的对立关系，逆向选择策略如果没有一套系统的监督、考核体系，极容易回到传统民政的老路，甚至专业技术的更新、项目设计的创新都无法得到保证。最终，传统民政持续回应社会诉求的能力令人担忧，国家建设的使命也陷入空中楼阁。

第六章

内生性发展:两种制度的媾和与创新

内生（Authentication）指基于特定的文化、政治及经济特征创建起真正适应于社会条件的一种制度模式。对于制度演化而言，内生是历经移植、改良之后的高级本土化状态。内生模式具有“融合”、“发展”等特质，既不一味地拒斥异己，也不幼稚地拿来主义，而是根据自身需要甄别、筛选、融合、创造、发展的结果。曾有学者指出专业社会工作在全球传播时通常经历“移植（Transmission）”、“本土化（Indigenization）”、“内生化（Authentization）”等阶段，既不是纯粹地依赖于外部输入模式，也不是简单的本土化过程，因为专业社工的“行业实践普遍性”假设逻辑完全抛离了特定国家的文化、经济、社会及政治现实。① 因此，内生化阶段是特定情境下的创造性转化。那么，内生模式也许由初始状态的制度或行动主体主导推动，但不再是“你死我活”的激烈争夺，制度竞争的元素隐藏在发展过程之中。内生性发展也是制度竞争的结果。本章重点分析内生性发展的基础、逻辑、策略及结果。

① Ronald G. Walton and Medhat M. Abo El Nasr, Indigenization and Authentization in Terms of Social Work in Egypt, *International Social Work*, 1988, 31: 135.

第一节　内生性发展的基础

自从专业社会工作被引入社会服务领域之后，传统民政就与其不断地博弈、较量，未曾中断。民政体系在“合作”、“竞争”等状态下深度理解了专业社会工作的运行规律，同时思考社会工作带来的利弊得失。在一系列的试验、观察、学习基础之上，民政体系创新地探索与专业社会工作的最优关系。当然，中国并没有某一个部门在某个固定的地方试验合作、竞争等方案，各个地方都在“社会治理创新”的大背景下互相学习、借鉴经验。因此，后进入的创新主导者往往会综合先行先试的做法，实质上继承和创新了传统民政与专业社工互动的完整链条。

一　共容利益的形成

改革转型的深刻变化不仅局限于经济改革，对社会领域的触动更是前所未有。经济增长使得利益分化、社会结构变化，从而衍生的社会福利诉求急剧增长。为了更广泛更有效地回应老百姓最紧迫最需要的诉求，政府出台一系列社会政策改善弱势群体和广大民众的生活状况，这也被学者称为“社会政策时代”。

此时，社会服务项目爆发式增长，而服务项目的落地就需要解决“最后一公里”。即，如何将国家的福利政策传递到每一位有需要的普罗大众？传统做法主要依靠民政体系及基层政权体系的支持，随着福利压力增大却引发了“责能困境”，使得基层政府与社会服务机构合作提升回应性和服务能力。然而，传统民政与社会工作的合作增强了自身能力的同时却产生了意想不到的压力，使得合作关系陷入进退维谷的境地。这就不得不重新思考两者的关系。

然而，“共容利益”关系为传统民政与专业社工提供了深层交融的可能。毕竟纯粹的合作、零和的竞争都无法刻画两者的关系，经过一段时间的磨合、交流，双方已经进入既相互依存，又利益争夺的状态，但相互依存是绝对的主旋律，而利益争夺处在“可设计”的情境之下。因此，借用奥尔森分析《国家的兴衰》和《权力与繁荣》时的共容利益能够更好地理解传统民政与专业社工的关系。共容利益强调，理性地追求自身利益的个人或某个拥有相当凝聚力和纪律的组织，如果能够稳定获得社会总产出中相当大的部分，同时会因该社会产出的减少而遭受较大损失，那么这个个人或组织在此社会中就拥有了共容利益关系，而不是微不足道的利害关系。[①] 相较传统民政而言，专业社会工作及社会服务机构在服务供给时具备“贴近基层、灵活创新、专业高效”等比较优势。[②] 社会政策时代的来临迫使国家主动甚至更加紧急地挖掘社会服务机构的“服务能力”，汲取专业社会工作在公共服务方面的能力、资源及认可等优势，继而提升行政效率和重拾合法性。可以推断，社会结构转型及国家政策推动使得传统民政对于专业社工拥有共容利益，即理性政府在追求自身利益时能够获得社会工作发展的大部分利益，甚至会因专业社工的发育不足而遭受损失。

共容利益驱使传统民政调整与专业社工的关系。至少，“竞争性替代”关系的零和博弈不利于民政系统自身的利益。共容组织在寻求自身利益和社会效益再分配时应该尽可能节制，而不应以掠夺为主基调，在必要的时候应该作出一定的牺牲来支持有利于全社会的政策与行动。依此逻辑，传统民政系统的行动主体基层社区作为共容组织，则会理性地给予合法化、资源、空间等政策倾斜支持专业社会工作的发展。再者，专业社会工作的行动主体社会服务机构

---

① ［美］曼瑟·奥尔森：《权力与繁荣》，苏长和译，上海世纪出版集团 2009 年版，第 14—15 页。

② Shils E.，The Virtue of Civil Society. *Government and Opposition*，1991，26（1）：3－20.

在发育状况、数量、规模等方面都处于初级阶段，基层社区与社会服务机构的竞争性关系相对较弱，理性的行动者则更不应采取大范围的控制策略。

共容利益构成了传统民政工作对于专业社会工作内生性发展的基础条件之一。内生性发展不仅是对之前各种策略的回应，更是传统民政获得共容利益的重要举措。当然，具体的内生性发展策略还受到其他变量的影响，比如民政工作相对社会工作的权力较量。

二 传统民政的主导地位

通常情况，共容利益中共容组织是占据主导地位的一方。民政工作在社会服务方式的制度竞争中占据着初始进入的优势地位，依靠其长期垄断社会服务的格局，能够感知、干预和主导共荣利益的获得。但是，这种主导地位的根基则来自于民政工作所依附的政府体系。

政府或基层社区在社会工作合作过程中拥有相对自主性。比如：对于上级政府，基层政府在体制弹性下可以变通（Nathan，2003）；对于社会而言，总体性社会瓦解与结社限制使得社会处于原子化状态，难以影响基层政府决策；可以说，基层政府的结构环境保证了民政工作在社会服务领域中的自主性地位。然而，改革转型下国家与社会的分离使得异质性的主体发育、资源集聚及机制衍生，政府的强制性权力难以奏效而需建制性权力。基于此，政社合作则是渗透社会、增强国家能力的中介性渠道。民政工作的目标在于扮演国家建设的触角，搭建起与社会合作的网络，渗透、动员及整合社会服务能力是当务之急，由此巩固国家建设的能力基础。

威权制度为传统民政工作长期占据主导地位提供了资源保障。简单地讲，“自上而下”的政府理念与实践使得行政体系拥有较大权力，而无须过多地外部协商与同意。不同于全能主义制度，国家通过各种手段消弭国家和社会的划分，一定程度上限制了经济、宗教、文化乃至结社的自由。从全能体制转型到威权制度，政府在管控方面显得更为精致，集中控制具有关键性作用的空间、资源及网络等，比如公共空间、公共资源及公共领域，放松对私人领域的干预。相反，社会服务领域具有较强的互动性，多数服务需要邻里、社区、社会组织的支持，这些资源并不全在政府掌控之中。就目前状况而言，社会领域的相对影响力在不断增长，但传统民政的绝对资源、话语权等依然占据垄断性优势。

虽然传统民政占据主导地位，但也面临着改善服务质量、效率的困境，所以吸纳专业社会工作也是必经之路。传统民政在转型过程中遇到国家现代化的挑战，体制外资源的急剧膨胀、新型治理技术的不断进步，使得民政工作不得不重新思考吸纳策略。按照孔飞力提出的思路，民政工作要打造参与平台吸纳新型主体、新型资源及新型技术，通过竞争的方式选取最实用的社会服务方案，从而实现终极的开放式控制。当前，社会工作的发展态势积极良好，但其力量却处于相对弱势地位。根据《中国社会工作发展报告（2015）》统计，全国民办社会工作服务机构有 4686 家，比 2014 年增长 33%。其中北京、内蒙古、上海、江苏、福建、山东、湖南、重庆、云南、陕西等地民办社会工作服务机构数量突破 100 家，广东民办社会工作服务机构数量突破 1000 家，浙江、四川民办社会工作服务机构数量突破 500 家。全国共成立 455 家社会工作行业协会，比 2014 年增长 57.4%，其中有 30 个省级行业协会、129 个地市级行业协会、296 个县级行业协会。[①] 与之对应的是联系每个群众的全面覆盖的社区居委会，全国共有社区居委会 94620 个，工作人员达到 48.4 万人，更不用提及政府管辖的资源、空间等。

---

① 资料来源：http：//www.gongyishibao.com/newd2b/htmll 2016 - 03/08/content_ 13619.htm? div = -1。

传统民政与专业社工的权力结构比较表明，民政工作及其依附的政府体系在制度变革中占据主导性地位，社会工作也发展为不可忽视的一股力量。因此，理性逻辑指导下，民政体系会根据自身优势吸纳专业社会工作制度，以此巩固自身的权力地位。这也暗示传统民政与专业社工之间的竞争关系趋于复杂化，零和博弈并非双方的理性选择。

第二节　权力、资源动员与发展策略

实践层面来讲，社会服务供给状况与资源保障密切相关，那么必要而充足的资源动员就必不可少。可以说，当前环境下资源动员的效果决定着社会服务项目的目标实现程度。社会资源动员又与外部环境息息相关。比如，社会工作虽是在转型时期下兴起的一种新式（甚至西式）的社会服务方式，但并不意味着社会工作的发展可以自行其道；传统民政工作也是一样。实际上，我国社会服务方式无时无刻不面临着本土化的考验，其中最为核心的问题是社会服务主体如何处理与体制或权力的关系。然而，传统民政能够主导社会服务方式制度竞争的砝码是什么呢？这与其背后所依附的官僚体系高度相关，简化地讲，“权力”是其所拥有的最核心特征。权力指A主体垄断性地掌握了B主体稀缺的关键资源，从而导致A对B的决策具有重要影响。当然，权力进一步被官僚体系转化、固化及储存。因此，权力是传统民政的绝对优势，而权力又显著地影响社会资源动员，也深远影响社会服务方式的发展策略。

一　权力与资源动员策略

（一）组织化动员

组织化动员是我国资源动员的一种传统形式，它根植于总体性社会结构，并受全能主义思想的主导，权力在资源动员过程中发挥了直接性、强迫性作用。孙立平将组织化动员的特征总结为：每一个被动员者都和动员者密切相关，更确切地说，动员者与被动员者之间存在着一种隶属性的组织纽带，被动员者的收入、声誉、社会地位、生活水平乃至命运，都取决于动员者的决策，于是就取决于他们自己在运动中的表现和对动员的反应。①

组织网络与庇护关系是组织化动员的行动基础。在总体性社会中整个社会被化约为两个结构因子：国家和民众。这样一种结构保证了国家对社会资源较强的动员能力。同时，单位、公社等总体性的基层组织的建立构成了国家对基层进行社会控制和资源抽取与再分配的组织依托，保证了国家层面与民众日常生活的链接。② 共产主义体制下国家动员社会资源的惯用方式是：动员者与被动员者之间存在一种隶属性的组织纽带，比如工厂、企事业等单位；单位内部形成了自上而下的纵向控制链条，同时也存在自下而上的依附链条，这是因为组织掌握了稀缺资源，使得个人不得不寻求庇护。③

许多分析者指出组织化动员作为一种集中资源和力量是实现革命目标的有效形式，在历史上得到广泛的运用。我国以群众运动为实践形式的组织化动员一度被当作党和国家管理公共事务的重要手段，对于中国的经济和社会发展产生了极其深远的影响，并在长期的实践下形成了相对稳定的运作机制。伯恩斯坦在对中国的农业集体化进行研究时表示，政府在动员农民加入合作社的过程中主要的

---

① 孙立平：《动员与参与：第三部门募捐机制个案研究》，浙江人民出版社 1999 年版，第 285 页。

② 孙立平、王汉生、王思斌等：《改革以来中国社会结构的变迁》，《中国社会科学》1994 年第 2 期。

③ 魏昂德：《共产党社会的新传统主义：中国工业中的工作环境和权力结构》，牛津大学出版社 1996 年版，第 1—20 页。

做法是派遣工作组参与建立合作社；激励农村基层领导将他们转变为组织化的支持者；将可信赖的立场坚定的贫农联合起来。而在整个运动过程中农民无法作出自由的选择，伴随着公开的批斗或私下的威胁。这些压力生成伴随着说服、收益承诺和对农民集体利益的操纵，有时也有一定的强迫。他在分析动员得以实现的关键要素时，指出一支高度忠诚的由外遣工作组、基层党员干部、农村积极分子组成的工作队伍是集体化的重要基础。这样一支处于强有力政治控制下并高度组织化的队伍会受到相关领导和动员技能的培训，他们将这些手段直接运用于农民的动员，并营造出一种势不可挡无法悖逆的风气。①

刘瑜进一步总结了组织化动员的核心要素，其根本在于建立国家对社会的强有力控制。以农业集体化为例，土地革命彻底将农村的地主精英阶层的势力摧毁，打破了农村传统的自治结构和权力秩序，在拔掉插在国家与农民之间的楔子之后，国家的执政力量才获得了直接控制社会的基础；紧接着通过阶级斗争的手段进一步对农村社会进行肢解以削弱其反抗的能力，并出台严格的控制粮食贸易和人口流动的政策将农民置于无法自主选择的境地。伴随整个过程的还有高强度的意识形态宣传工作，主要是根据实际需要对马克思主义进行阐释，广泛传播正面事例，解释工作方法和原则，以此来为农业集体化注入合法性要素。②

改革开放之后社会环境急剧变化，但组织化动员在社会服务领域中依然发挥重要作用，尤其是官办的慈善事业。孙立平对“希望工程”的动员机制研究发现，“准组织化动员”是希望工程资源动员的关键。例如，通过对项目前期青基会收到公众来信的分析，来

① Bernstein T. P., Leadership and Mass Mobilisation in the Soviet and Chinese Collectivisation Campaigns of 1929 – 30 and 1955 – 56: A Comparison. *China Quarterly*, 1967, 31 (31): 1 – 47.

② Liu, Y., Why Did It Go So High? Political Mobilization and Agricultural Collectivization in China. *The China Quarterly*, 2006, 18 (187): 732 – 742.

信主体集中在学校、机关、部队这些具有高度组织性和纪律性的单位。同时，共青团组织遍布任何一座学校和任何一支部队，在各地都会设立自己的分支机构，只需要一个命令，大部分的学生和全部的军人都会成为最积极的希望工程的参与者。这些现象表明后总体性社会中，行政性的整合力量仍然对资源的配置与流动有重大影响。①

组织化动员揭示了权力干预下资源动员的基本逻辑，突出体现了资源主体及社会资源全面处于权力的强势控制之中。

（二）社会化动员

转型社会中自由空间和自由资源逐渐扩张，相当一部分的资源和行动者从高度整合的体制系统中脱离出来进入体制外的社会和市场领域。体制外资源主体按照自主的逻辑和自我的意愿行动。社会化动员正是强调了对于自由市场和社会新的适应，主张不再依赖于体制资源和行政力量，以市场机制、情感力量、道德力量、文化力量等非组织化要素为主要策略。

社会化动员与组织化动员的差异主要体现在权力对资源对象的控制关系上。社会化动员方式是通过社会网络、社会关系、社会资本等体制外非官方渠道进行动员的方式。动员主体在动员活动中直接面对匿名的大众，动员主体缺乏对动员客体生存所必需的资源的直接或间接的控制。被社会化动员方式动员起来的参与者，之所以选择参与，是因为他们认同了动员主体提供的某种意识形态或某种利益交换。当然，动员网络是基于彼此信任而存在的，信任则是公信力、合法性、正当性等多方面共同作用的结果。整体而言，被动员者有足够的自由，也不会因为拒绝参与而遭受到强制性的连带惩罚。

---

①　孙立平：《动员与参与：第三部门募捐机制个案研究》，浙江人民出版社 1999 年版，第 283 页。

社会化动员方式并不由社会主体独有，国家或政府依然可以使用。仍然以希望工程为例，团中央以官方名义成立中国青少年发展基金会动员社会资源，弥补国家在老少边穷地区的教育资源不足。沈原利用社会学新制度主义对青基会的发展进行探讨时，指出了作为共产主义正式组织的青基会当前面临着二重制度环境，由此产生了对体制资源和对社会资源的双重依赖。并认为在当前的这种环境下，为了获取更加长足的发展，青基会需要摆脱那种“形同质异”的体制依赖，走向社会化动员。其中，社团知识的借鉴、吸纳运作规则、动员策略演化、问责制度引入等非政府运作方式至关重要。因此，共产主义正式组织在组织结构和资源动员策略两个方面都迅速地发生了“适应性的变形”。另外，我们也看到这些披着“公共领域”外衣的“官办社团”组织的确操弄着不同于以往的崭新的资源动员策略和手段，概括地说，就是在原先对资源的“权力式动员”之外添加了“经营式动员”这一策略。①

关于社会化动员研究从社会转型的背景出发探讨了社会化动员的趋势和路径。周庆智认为在转型时期因为社会异质化和社会分层的固化，社会动员主体呈现多元态势，党政组织力量进行社会动员的能力因单位制管理体制的解体和市场分配机制的出现而趋于弱化，面对异质社会个体利益与公共利益存在脱节的现实，传统社会动员机制已很难对多元化社会主体进行广泛而有效的整合。② 刘一皋在分析中国的社会动员时指出中国的社会动员经历了从运动式的动员向以利益为轴心的动员发展的过程，他认为革命到新中国成立初期的动员具有强烈的运动式色彩，特别是新中国成立初期动员行

---

① 沈原、孙五三:《“制度的形同质异”与社会团体的发育——以中国青基会及其对外交往活动为例》，载中国青少年发展基金会《处于十字路口的中国社团》，天津人民出版社 2001 年版，第 198—199 页。

② 周庆智:《传统社会动员机制面临的挑战与应对》，《国家治理》2015 年第 31 期。

动极大程度地依赖于密集的组织化网络和严格的意识形态控制，而改革开放之后由于社会重组和利益分化动员行动则逐渐转向基于个体的利益驱动。①

（三）动员策略的评述

不同的背景下社会资源的动员策略也不同，比如主流方式就呈现出组织化和社会化两种主要形式。基本的逻辑是，当社会结构高度紧凑，对于社会资源的动员主要基于权力组织化操控；而社会力量有所发展时，对社会资源的动员主要以社会化的逻辑进行。差异化的资源动员机制，实际上反映的是权力作用于资源动员的不同形式。

在分析组织化动员时很多学者对权力的运作技术进行了详细的剖析，从中不难发现权力通常以一种公开的、直接的、高压的方式发挥作用，此时动员主体与动员客体之间是一种隶属性关系，而动员的达成正是基于这种不对称的权力关系。另外在讨论社会化动员时，不少学者指出为了适应社会领域的行动逻辑，社会化动员应该以动员客体的自主自愿为基础，而强制面向的权力与社会化动员的功能机制不符。在转型背景下讨论社会资源的动员，学者们都认识到传统的组织化动员已无法发挥原有的效果，对社会资源的动员要摆脱权力的干预，向社会化动员转变。但是也有分析指出后总体性社会下，完全脱离于权力以纯社会化的方式来进行资源动员十分困难，社会资源的动员应当借助体制的特定优势，以准社会化的形式进行。

已有的研究在探讨权力与社会资源动员的关系时主要突出权力的强制面向，将组织化动员的权力基础与社会化动员的自主逻辑分割开来，以一种对立的视角来处理权力与资源动员的关系。但是在

① 刘一皋:《社会动员形式的历史反视》,《战略与管理》1999 年第 4 期。

后总体性社会中，权力的运作方式并不只是挥舞大棒，也可以是因势利导，精妙帷幄，权力与资源动员的关系也不是简单的强势干预或放任自主。本书希望在研究权力与社会资源动员的关系基础之上，构建起社会服务方式的发展策略。

二 资源动员框架

资源动员理论隶属于社会运动理论。通过文献总结，本书提炼了资源动员框架，属于一般性框架。资源动员主要关注服务外部的资源。社会服务的资源动员主要是外部资源对服务对象的帮助。该框架包括：资源网络、行动框架、合法性及生涯利益。

第一，资源网络，即资源存在的时空环境。斯诺（Snow）在分析社会运动的成员招募时发现在动员主体与动员对象之间社会网络（network）会影响动员的效果，认为招募行动在没有联系或接触的情况下不可能出现。由此可得：在社会运动发生时，提前建立了运动以外关系的成员更有可能参与到运动之中。与外部替代性网络（alternative network）的联系越少越脆弱，参与的现实性就越大（structural available for participation）；参与的现实性越大，接受参与邀请的可能性就越大。因此，影响被动员者参与的两个因素是运动以外事先存在的人际网络和对立性网络（countervailing network）的存在。第一个因素影响了谁更可能被动员到运动中来，第二个因素则影响了动员实现的实际可能性。[①]

第二，行动框架，即资源动员时使用的话语、意义等。框架（frame）表示理解事物的模式，它帮助个体去定位、感知、辨别、标记那些出现在他们生活空间或者更大范围的事物。资源动员理论在界定社会运动的意义时，借鉴了“框架化”（framing）这一现实

---

① Snow D. A.，Ekland-Olson S.，Social Networks and Social Movements：A Microstructural Approach to Differential Recruitment. *American Sociological Review*，1980，45（5）：787－801.

构建（reality construction）的过程，最终形成集体行动的框架（collective action frames）。集体行动的框架是一种行动导向的信念集合，用来激发与合法化社会运动组织的活动，动员潜在的支持者和成员，获得旁观者的支持，解散反对者。框架化包括舆论动员（consensus mobilization）、行动动员（action mobilization）两大目标和诊断型框架化（diagnostic framing）、预言型框架化（prognostic framing）、激发型框架化（motivational framing）三大任务。诊断型框架化（diagnostic framing）指对问题的界定与归因；预言型框架化（prognostic framing）指对问题解决方案的清楚描绘或者至少是行动的计划和实施的办法；激发型框架化（motivational framing）则是发出“战斗的号召”，构建一套参与运动的意义描述，包括运用一些适当的词汇来解释运动目标。将框架与目标资源对象连接起来的过程被定义为“框架整合”（frame alignment process）。框架整合程序包括：框架搭桥、框架放大、框架扩展、框架转移。框架搭桥，指就一个具体的议题将两个或以上的本质意义上相联系而实际中不相关的框架连接起来。框架放大，指对实际存在的价值或信念进行理想化、修饰、润色或加强。框架扩展，指将框架拓展至组织主要关切范围之外，去涵盖潜在追随者所关心的问题。框架转移，指对意义进行重新阐释。[①]

第三，合法性，即被动员主体认同动员主体的过程。集体行动框架效用得以发挥的一个重要基础是宣传者自身的可信度，从这个判断出发我们可以引出动员主体的合法性问题，合法性越强就越容易获取动员对象的信任进而增加动员的成功概率。这里提到的合法性涉及的是被动员对象对于动员主体合法身份的判断。韦伯曾经把社会秩序的合法性基础划分为：传统、感情的忠诚、对绝对价值的

① Benford R. D.，Snow D. A.，Framing Processes and Social Movements：An Overview and Assessment. *Annual Review of Sociology*，2000，26（1）：611－639.

信念、对秩序符合法律的性质的承认。国内学者高丙中在借鉴韦伯的基础上，指出一个行动主体的合法性可以分为：社会合法性，由于符合文化传统、社会习惯等组成的民间规范而具有合法性；法律合法性，由于满足了法律规则而获得的合法性；政治合法性，由于符合国家的思想价值体系而被承认享有的合法性；行政合法性，由于遵守行政部门（国家机关或具有一定行政功能的单位）及其代理人确立的规章、程序而拥有的合法性。[①]

第四，生涯利益，即被动员主体从特定参与情境中获得的利益或激励。资源动员理论认为解释集体行动需要考虑激励的选择，这牵涉成本的削减和利益保证。这意味着资源动员行动得以达成的一个重要条件是对被动员者的生涯利益的提供，这种生涯利益指的是有助于处于特定角色情境中的被动员者实现其所致力的目标的相关要素，例如机会、名誉、物质利益等。这些要素是被动员者希望得到的，也是动员主体开展资源动员行动的重要筹码。生涯利益的创造依赖于动员主体手中所掌握的一些关键性的资源，如公共空间、训练平台等，这些关键性的资源能够直接或通过转化的方式创造出被动员者所需的生涯利益。

这里需要特别说明的是，西方资源动员理论主要关注“社会反抗国家”，强调社会主体通过资源动员抵抗国家权威。中国情境则与之相反，关注国家治理社会，试图通过国家权力动员社会资源巩固自身地位。虽然讨论的背景不同，但是资源动员的一般框架是通用的，适合于任何动员主体，只是不同动员主体使用的机制不同罢了。

三 发展策略：民政与社工的媾和

传统民政与专业社工经历了“合作性嵌入”、“竞争性替代”

---

① 高丙中：《社会团体的合法性问题》，《中国社会科学》2000 年第 2 期。

等形态，也孜孜不倦地寻求相互共赢、和谐相处的模式。在上述形态的磨合过程中，传统民政与专业社工逐渐清晰自身的优势，也重新理解了社会服务的必须要素。基于知己知彼的前提，传统民政主导构建了与专业社工的新型关系。其中，权力是传统民政能够依托的关键元素，巩固权力也是传统民政与专业社工的策略关系所想达到的目标。

权力研究是社会科学研究的一个重大的主题，权力概念在不同的领域和语境中频繁出现，不同的分析角度对权力有不同的界定和使用方式。韦伯的定义为权力概念的讨论提供了一个出发点，他指出“权力就是在一种社会关系内部某个行动者将会处在一个能够不顾他人反对去贯彻自己意志的地位上的概率，不管这种概率的基础是什么”[①]。此时，韦伯强调权力的“支配性”。达尔从韦伯的观点出发指出“对于权力我的直觉看法是这样的：在 A 能使 B 做 B 本来不愿做的事情这个范围，A 对 B 拥有权力”[②]。达尔对权力的看法受到了来自“二维论”者的批判，他们指出达尔只关注了权力公开的可见的一面而忽视了权力隐蔽的一面，权力可以秘密地使用而难以观察到，尤其是通过操作或利用对象理所当然的意识或规则。[③]

本书目的不在于对权力本质进行辨析，而是将其作为现实事件分析的一个要素。因此要寻求一种更为现实的界定。罗德里克·马丁在对权力进行操作化界定时指出：“权力关系产生于相互依赖，

---

① ［德］马克斯·韦伯：《经济与社会》（第一卷），上海人民出版社 2010 年版，第 147 页。

② Dahl R. A., Stinebrickner B., *Modern Political Analysis*. Englewood Cliffs, NJ: Prentice-Hall, 1963.

③ McClelland D. C., The two faces of power. *Journal of International Affairs*, 1970, 24 (1): 29 – 47.

它改变资源的占有关系，自我为实现自己的目标必须要有这种资源。”[①] 并进一步指出权力有三个不同的基础：强制、权势和权威。借鉴以上的观点，权力可以界定为：权力主体依赖自身掌控的“组织体系”、“公共空间”及“可兑换资源”以各种形式来操控他人的行动的能力。

全能主义转向威权制度的核心在于自由空间与自由资源的份额增多，但是权力所掌控的要素没有实质性变化，即组织体系、公共空间及可兑换资源。但是，随着社会的分化，自由的元素还会进一步地蔓延到各个领域；而国家或政府的组织网络所囊括的主体及资源在相对减少，且依附性日趋降低。然而在社会服务领域中，传统民政却身处原有行政体系和现代社会体系的双重压力中，他们如何作出全新的行动策略？以及这些策略与权力的关系是什么？

当前，传统民政依靠其独特地位及权力占据社会服务方式选择的主导地位。理性原则的驱使下，传统民政放弃一味地抵抗社会工作，而是选择为我所有的媾和，即结束排斥性的竞争关系，走向和平共处的融合关系。由此，传统民政既可以吸纳社会工作的专业技术及社会资源动员，又要发挥自身在组织化动员方面的优势，更为重要的则是上述活动尽可能掌控在已有体系之中。与此同时，传统民政的行动必然会顾及社会工作的功能，也会重塑社会工作的未来地位。因此，传统民政只能巧妙地行使“权力”实现上述目标，那么到底是以权力为支撑走向强势的组织化动员还是自主的社会化动员？至少，我们认为全新的转型环境使得传统民政对权力的运用需要调整方式，不能再以粗暴、强制的方式行使，而应采取适应于现实环境的社会化方式，可以称之为“隐形化方式”。我们可以推断：

命题1：传统民政为了保存自身的资源动员优势与汲取专业社

---

① ［英］罗德里克·马丁：《权力社会学》，丰子义、张宁译，生活·读书·新知三联书店1992年版，第97页。

工的技术优势，创新地推行“亦官亦民”的社会服务主体身份，实现传统民政与专业社工的媾和状态。

命题2：面对富足而自由流动的社会资源，内生性发展的社会服务主体在表面上日趋倾向于社会化动员策略，但其深层次的支撑动力则来自于社会中运行的“隐身化权力”。

第三节　内生：亦官亦民的主体身份

内生的根基是传统民政体系，发展的目标则是推动传统民政与专业社工的媾和、创新。内生性发展主要表现为在原有民政体系中吸纳、招募、转型一批“专业社工”，使其兼顾官民二重性身份，自动获得外界信任、专业技术及资源，从而提升社会服务的效率及回应性，也强化了传统民政对国家政权建设的功能。

一　传统民政的期望：强政府、大社会

新公共管理思潮下，小政府、大社会被误以为是理想蓝图。转型时期，从管理型政府走向服务型政府是方法上的转变，从无限政府转向有限政府是职能上的转变，似乎改革的终点在于“小政府、大社会”。这种观念也成为社会服务方式的参照模式。实际上，西方的小政府、大社会主要从政治的角度理解，即社会决定国家，国家扮演“守夜人”角色，时刻受到社会的制约和监督。然而，社会服务领域里，福利国家承担一切责任，只是具体的事务性工作有些是政府做、有些是社会实施而已。但是，政府对公民的社会福利责任却是非常大的，也就是所谓的“从摇篮到墓地”。从这个意义上讲，西方福利国家所构建的则是“大政府、大社会”。

现实中，强政府、大社会才是传统民政的预期目标。威权制度环境下，“小政府”并不意味着政府是一个弱者，相反政府更是一

个强者；“大社会”是在政府的主导下能够自我运行、自我管理的一种有社会意识的社会。因此，强政府、大社会才符合我国现实，此轮的社会建设或社会治理创新正是实现大政府转向强政府的过程，也可视为国家治理能力现代化的过程。为了实现大政府转向强政府，大社会的建设则是相生相伴。所谓“强政府”就是指在承担社会管理主体时高效、有回应地履行自己的职责；“大社会”是在整个大的社会中政府以及其他社会主体共同管理、共同履行职责、共同承担相应义务的社会。政府是社会的产物，但是政府也在主导或形塑社会。

大社会建设的关键点在于需要引入一种适应新时期的组织手段。专业社会工作的目标之一或附属物恰好是重组社会。市场经济帮助政府承担了一些社会事务，却又给政府催生了一些不得不负责的新鲜事务。此时，社会结构的变化使得政府的传统手段愈来愈难以回应社会诉求，而社会工作却成为专业服务的力量。转型过程中，有些专业性的服务政府是做不好的，也有些事情是政策滞后导致的，还有政策执行过程中的精准度出现了问题，这些都需要强大的社会来弥补政府功能。因此，社会工作在特定情境下就具有较强的政治性，它是社会建设的方式之一，也可称之为一种新的社会组织方式。

准确地讲，专业社会工作是一种强有力的社会建设治理技术，有助于强政府、大社会的目标实现。社会工作产生于城市化、工业化，直击现代化、分化时期的社会团结问题，即离散个体的集体性纽带的重建，这也是社会自主解决问题的奥秘，社会能够自成体系的密码。但是，社会工作也不是真空中运行，而是在一定的制度环境和经济基础支撑中运行，在某些时候它也是一种“工具”，作为社会建设的手段。与之不谋而合的是，转型时期的政府不再强调大一统，而要尊重社会分化的现实，政府又无力承担快速增长的社会服务责任。因此，专业社会工作所提供的治理术不仅改善社会服务的供给，还能够借机增强政府治理能力，与之伴随的大社会也将自动出现。

二　内生的结构类型

内生即在传统民政结构之上引入专业社会工作。目前有两种做法：一是在现有体系内招聘“专业社工”；二是在现有体系内建立“社工知识体系”。实践中，两者相辅相成，后者为基础。也就是说，传统民政以所依托的基层社区、福利单位等为基础广泛地普及专业社工知识，逐渐转型设立社会工作站、社会工作室、社会工作部等机构，构建起基层单位“块状为主”的全科社工体系。同时，为了保持社会工作的专业性和创新性，传统民政加大了政府购买，主要针对专项服务建设，形成“条状为辅”的专科社会工作体系。两种力量都在传统民政的主导下进行，相互合作、相互支持，全面覆盖社会服务领域。

为此，基层社区在结构上做了重要创新和调整。社区的结构改革可以归纳为“三驾马车”格局，即社区党委、社区居委会和社区服务站。由于原有居委会存在行政化过重、碎片化倾向，普通居民的公共事务参与度非常低，没有发挥群众自治性组织的优势，此轮改革则是使其回归群众自治性组织的轨道。因此，行政事务及服务功能集中在社区服务站，其主要的工作方法则遵循社会工作专业技术。基于此，国内出现了两种主要做法。

第一，专业社工支撑的社区服务站类型。社区服务站承担居民事务的全程代办服务，以政务服务和公共服务为主。例如，代理失业和求职、新生儿、出租房屋登记；代理最低生活保障金、困难人员临时救助、重残生活困难补助、特困人员医疗救助（服务站代办、居委会审批）；代理流动人口婚育证明验证登记；代办生育服务证、独生子女证、独生子女父母各类奖励与帮助、老年优待证（服务站代办、居委会审批）；协助社区居委会为居民开具申请城市最低生活保障金、抚恤金、子女助学金、减免学杂费等手续的证明；便利服务（协助街道社区服务中心开展服务项目）等。但是，为了增强社区服务的人性化、差异化、回应性等，社区服务站引入社会工作知识体系做支撑，具体措施包括考取社工专业资格证书、学习专业社工知识、引入专业社工人员等。

表 6 - 1　　专业社工支撑的社区服务站结构

岗位	主要职责及关系		
服务站领导	A. 站长由社区书记或居委会主任兼任；方便服务站与其他部门的协调。 B. 副站长由具有社工证的工作人员担任，协助管理服务窗口的日常工作，重点承担服务管理岗的事务；确保政务服务与社工服务的统一。		
服务窗口	政务服务	民政岗	社会救助、老龄、保障性住房
		残联岗	办理残疾证、生活补助、残疾康复服务等
		流管岗	开具流动人口居住证明、登记出租房、来京人员信息表等
		社保岗	负责办理各种保险，退休人员认证等
		计生岗	负责《生育服务证》、《独生子女证》、疫苗等
		………	………………………………………
服务管理岗	社会服务	2 名专职社工；主要负责落实政务服务，帮助有需要的人群解决问题；培育社区服务的专项品牌，构建社区支持网络，链接社区资源。	

第二，传统民政牵头的社会工作室类型。首先，培养本土专职社工，激励社区工作者社工化。由于全国都缺乏社会工作专业人才，而引入社会工作专业人才花费巨大，所以采取内部培养人才的方式，即鼓励社区工作者参加全国社会工作者职业水平考试，街道建立激励机制对于考试通过者给予一定的奖励。其次，建立以社区社会工作室为平台，以“本土社工”为抓手，通过岗位设置、教育

培训、督导评估、项目购买的方式发展内生社会工作制度。鉴于社工人员缺少的现实，重庆采取“转化+调剂+公招”相结合配置专职社工岗位，即直接转化已经获得社工专业资格证书的社区干部从事专职社工工作；对专业社工不足的社区，则采取调剂和公开招聘的方式进行人员补充。社会工作室的人员经费、项目经费由民政局统筹，纳入区财政预算或专项经费。社会工作室原则上配备专职工作人员，不受行政事务干预。

三　内生性发展的直接因素

各个地区在推行一种措施或政策时，都经历过学习、考察、反思的阶段，并不是拍脑袋、想当然地胡乱决策。重庆及北京的内生性发展也是如此，从调研来看，决策者表示曾经专门到上海、深圳及境外学习，政府购买社会工作模式之后，经过深思熟虑、慎重选择发展本土社会工作模式。主要考虑有：

第一，社会工作服务机构的专业社工缺乏对传统民政的理解。鉴于当前社会工作的发展阶段，专业社工多数是刚毕业的应届大学生，缺乏对社区的了解。优秀的社工不仅仅是专业能力强，更需要处理与社区居委会、社区居民的沟通关系，获得社区的支持是非常重要的。然而，本土社工这方面非常有优势，即原有的社区工作人员对社区比较熟悉，对居民的情况也比较熟悉，社会服务过程中不会出现配合问题，能够更好地开展工作。实践发现，本土社工的成长很快，其与传统社区工作者的服务对象是一致的，只是后者承接更多的行政性事务，前者则在专职训练下逐渐掌握了专业的工作方法。

第二，传统社区工作者有资源动员优势。首先，本土社工熟悉居民，掌握关于社区居民资源，开展活动时达到的效果也会事半功倍。其次，本土社工对政策资源是非常熟悉的，服务对象需要的政策方面的资源他自己直接就可以去链接，比专业机构的社工去链接更加方便和有效。再次，本土社工保留与居委会的合作阵地，可以把社区需要开展的活动结合起来，借助政府的力量。最后，当前部分社会服务机构的项目经费及活动场所等对政府依赖较大，一旦政府购买合同到期又面临专业社工的更换，会对社区以及社区居民造成较大的磨合成本。

第三，传统社区工作者获得了天然的人际信任。因为社区工作人员本来就对居民很了解、很熟悉，居民也很熟悉社区的居委会人员，既然熟悉就肯定会产生天然的信任，因此，社区工作人员转化为本土社工后能基于原有的信任动员居民。甚至，转型之后，居民仍然把他们当作普通社区工作人员，一旦有事情都去找他们诉说。

第四节　隐身的权力：内生性发展的资源动员逻辑

内生性发展构造了新型的社会服务主体，它的运行逻辑有哪些特殊性？按照服务能力所需的专业技术和资源整合来看，新型社会服务主体直接学习或吸纳了专业社会工作技术，而服务过程中“资源动员”的结果却影响着服务绩效。那么，内生性发展是如何实现效率、权力及合法性的有机统一？在此条件下，又是如何做到有效的资源动员？“权力”在资源动员的一般性框架上如何发挥作用？

为了科学比较内生性发展的资源动员策略，我们以“实验设计”为准绳选取相关案例做深度分析。基本逻辑如下，对照案例为合作性嵌入的社会服务机构，而实验案例则是亦官亦民的新型社会服务主体，以此探讨和透视内生性发展在社会资源动员方面的机制和优势（第四章和第五章对资源的分析集中在体制内资源，本章重点分析体制外资源）。同时，为了克服干预变量的影响，我们尽可能控制住动员策略、动员能力、资源储量、项目类型等因素带来的差异。

一　志愿资源：以“四点半课堂”为例

“四点半课堂”是近年来兴起的针对学龄儿童的社区照顾服务。正如其名，该项目的服务对象是小学生，针对城市化进程中双职工家庭越来越多、隔代教育越来越普遍时，社区在小学放学之后的四点半提供课业辅导、行为矫正、兴趣培训等综合性服务。四点半课堂项目的重要环节就是动员外部志愿者的参与，尤其是大学生、教师志愿者等。因此，志愿资源动员的成败直接影响社会服务项目的效果。幸运的是，重庆团市委在推动该项目时采用了两种典型做法，一种是团委发起的“亦官亦民”的市民学校直接提供服务，另一种则是团委政府购买社会服务机构提供服务，恰好构成了一种社会实验，有利于后文的比较分析。

（一）动员网络：志愿者从哪里来

“动员”的前提是知晓资源网络特征，以及可能的动员网络或媒介。“四点半课堂”的志愿动员需要完成的一个基本任务就是与作为潜在志愿者资源的大学生建立联系。这种“联系”的建立是通过一系列的社会网络来实现，整个社会却布满了各式各样的网络将单个的行动者以不同的方式串联起来，每个行动主体所嵌入的网络不尽相同，因而建立联系的方式也存在差异。团委主办的市民学校和社会服务机构（专业社工）承办的市民学校根据各自所处的网络位置不同，各自动用了差异化的社会网络来进行志愿者动员。

JZ 市民学校与大学生建立联系的过程中，主要利用了团区委与高校团委之间的合作网络。当初在考虑如何动员大学生志愿者时，JZ 市民学校的负责人首先就想到由团区委组织网络，他认为这个网络在与大学生建立联系方面既方便又可靠，在评价他们与高校团委的合作时他指出:“这算是我们的一个优势,因为我们协调得很紧密,比较有感情,所以这么多高校志愿者能够穿插进来,到我们的城市社区和乡村去进行志愿者的工作。”他还进一步说明:“区团委和高校团委得以紧密联系是因为他们同属于共青团的组织系统,这其中有共同的规范,也有长期工作而萌生的对团系统的共同认知和对团共同的感情,一种共同的身份意识。”

团委之间的紧密合作为JZ市民学校“四点半课堂”联系大学生志愿者创造了良好的条件。校团委在学校中有一套完备的工作网络,包括各部门和层级的团组织分支以及由校团委管辖的学生社团,这些网络将触角直接延伸至几乎每一个大学生。有了这样一套组织网络,支撑动员工作的展开也就相当便利。在对高校的调研中我们了解到,与JZ市民学校合作的S学院,联络行动是由“辅导员直接下去做宣传,学生的信息我们都有统一的管理,登记在册制作统一的表格,当市民学校需要学生志愿者时,我们可以帮助他们进行统一的联络和动员”。在另外一个与JZ市民学校合作的P学院则通过团委直接管理下的青年志愿者联合会来联络大学生,“我们院青联有一个会长,两个副会长,然后有一个总分队,然后有六个院系的小分队,这套网络就可以涵盖到很大一部分的学生,而当需要动员志愿者时,我们就让青联的学生干部下去搞宣传动员”。在对JZ市民学校实地调研的过程中,一位来自P学院的志愿者向我们讲述了他是如何通过校团委主管的青年志愿者协会了解到市民学校“四点半课堂”项目信息的。“我是今年刚刚入学的新生,开始来到学校的时候就想参加社团,当时觉得青协比较出名我就申请加入了,到十月份(2015年)的时候,我们青协的部长就给我们宣传了市民学校的四点半课堂项目,说是希望我们到社区里面去做志愿者,辅导小学生的功课,然后我就了解到了这个项目。”

同样由团委主办的NH市民学校也主要是通过团组织的网络体

系来联络动员大学生志愿者。这主要得益于团市委出台的“结对共建”措施，结对共建是团市委为了进一步推动市民学校建设，动员号召广大志愿者进入社区进行志愿服务而统一搭建的合作网络。主要是推动各级五四红旗团委、青年文明号单位、规模企业、高校、社会组织等与共青团市民学校结对共建，为市民学校提供工作支持。NH 市民学校就在团委的推动下与两所高校结成了对子，并通过校团委统一协调，安排大学生志愿者到市民学校进行志愿者服务。NH 市民学校负责人在访谈中这样给我们描述了结对共建的作用:“我们的四点半课堂先通过摸底了解小朋友喜欢什么课程，然后有针对性的联系与我们结对的高校，他们就会统一协调志愿者过来。”

HY 市民学校四点半课堂由专业社工机构承办，他们在大学生志愿者动员初期是借用了之前由当地团委建立起来的与 Z 高校的合作网络，这是因为当地团委曾与 Z 高校签订结对共建志愿服务协议，由高校定期派出大学生志愿者参加到市民学校的活动中来。(HY 市民学校现在是由重庆市 RH 社工机构主办，RH 机构是在 2013 年进驻 HY 市民学校的，此前则是由当地团委来主办。) 而随着团委在实际工作中的退出，HY 市民学校与高校的合作协议就没有再持续下去，但是 HY 市民学校的负责人告诉我们:“虽然正式的合同没有了，但是在之前的活动中我们与很多大学生志愿者认识了，并且也都留下了联系方式，当我们需要志愿者时就会与他们联系，看看他们方不方便过来，这条线还是没有断掉。其实这也是我们做工作的一个主要方法，在以往的活动中我们都会尽量把参与者的信息记录下来，建立我们的一个资源网络。我们还建了一些 QQ 群、微信群里面都是我们潜在志愿者。”上述这种在工作中搭建起来的人际联系是社会组织主办的市民学校动员大学生志愿的重要网络。

此外专业社工组织主办的市民学校还会通过一些私人搭建起来的合作网络动员大学生志愿者。主办 JX 市民学校的 MY 社工机构在重庆市的影响力较大，其负责人经常参与社会服务领域的交流会议，在这些会议中同一些高校人员建立起私人的联系，并在这个基础之上推动高校与机构的合作，与高校签订了一些大学生实践基地协议。这样一来 JX 市民学校的四点半课堂项目就可以利用学校的工作网络来进行大学生志愿的动员了。参与过 MY 机构市民学校四点半课堂的大学生在回忆当初是如何参与到项目中时告诉我们："有一次我们老师在上课的时候给我们介绍说，有一个市民学校的四点半课堂需要大学生志愿者，同学们感兴趣的话可以报名去参加，我是从那时候知道市民学校四点半课堂的。后来我了解到那个市民学校是我们学校的一个大学生实习基地。"

（二）行动框架：如何理解项目

资源动员需要有行动框架支持，而这套行动框架要得到动员对象的理解和认可。被动员主体对行动的理解直接影响其是否参与项目的决策。四点半课堂要动员大学生志愿者的参与就需要向对方介绍项目是做什么的，有何意义和价值。只有当大学生对这些信息进行接受和认可时，动员行动才有可能顺利实现。一般情况下，一项行动采用何种说法是行动者身份、行动目标和现实语境调和的产物。从志愿者动员来看，团委主办的市民学校和社会组织主办的市民学校在构建行动框架方面差异不大，基本都强调该项目的"公益性"和"服务性"。

首先是建立一套诊断型框架，通过对现实中问题（需求）进行"细描"来证明四点半课堂的"必要性"，凸显该项目的不可或缺。JZ 市民学校的负责人为我们回忆了当初动员大学生志愿者时所作的一段叙述，"大家都知道，现在的小学生下午 3、4 点就放学了，而这时候有些小学生的父母又还没下班，小孩回家没人管，到处乱玩存在危险；即使有的小孩有人管，那大多也是爷爷奶奶辈的，又无法给小朋友辅导作业。我们所在的社区就有很多这种情况的小孩，而我们的四点半课堂正是为了解决这些问题而开展的，居民们都喜欢我们这个项目，曾经一位老奶奶就对我说，‘孙子放学之后我就让他到你们这里来，你们带他玩，教他写作业，它就不会在外面野，也不用担心他的安全问题，我只管自己去买菜做饭就行了’”。JZ 市民学校这套诊断框架是相当细致直白的，它无关乎宏观背景，而是从具体生活入手，引入自己身边的案例以一种个人化的视角来分析“四点半儿童现象”，并把关注点聚焦于小朋友得不到有效照看和作业辅导。这种生动入微的诊断型框架为动员大学生志愿参与设置了一个明确可行的切入点。

其次，在向大学生们展示四点半课堂的必要性之后，市民学校的动员者建立了一套激发型框架，即对四点半课堂的价值进行宣扬，构建参与的意义。JZ 市民学校在向大学生描绘参与四点半课堂的价值时通常会强调“知识的价值”和“自我实现”，强调“知识”的重要性和它在大学生和小学生之间的供求关系，可以凸显志愿者的对于服务对象而言的重要价值，有助于提升志愿者效能感；而强调自我实现则是通过宣扬参与志愿服务过程中得到的陶冶和深化来激发大学生的奉献精神。这套激发型框架为大学生志愿描绘一幅四点半课堂的功能蓝图，在这份蓝图中得到发展的不仅仅是参与四点半课堂的小朋友，也包括大学生志愿者自身。这套预测性框架的作用可以在亲身参与志愿服务的大学生口中得到反映，例如我们在 S 学院的网站上看到的参与项目的大学生志愿者的感悟：“爱，是一种无声的诺言，只要轻点一串火花，就能让世界充满温暖；爱，是一种无偿的交换，只要默送一缕奉献，就能让彼此真诚相待。作为大学生，作为志愿者，我们愿意把爱心化作行动，在课余时间前往东津沱社区帮助那些渴望学习的莘莘学子。我们追求的并不多，只希望，能够尽我们的微薄之力，让天下爱我们的人和我们爱的人永远快乐着，只因为，我们是平凡而伟大的中国青年志愿者。”

在行动框架上专业社工组织承办的市民学校与团委办的市民学校没有太大差异。例如我们收集到的 HY 市民学校关于四点半课堂简介：针对辖区 6 至 14 岁少年儿童下午放学后到家长下班前这段无人看管的“真空时间”，以农转非子女为重点，招募志愿者进行课业辅导、兴趣培养、图书导读、亲情陪护等，帮助解决辖区家庭孩子放学后无人照顾的难题。（HY 市民学校项目宣传册内容）可以看出这是关于“四点半儿童现象”的一套诊断框架，同样略去复杂的背景，关注的焦点同样是小朋友得不到有效的照看。在激发型框架方面同样没有明显差异，我们在参与者们的感悟和分享中频频看到“温暖”、“关爱”、“帮助”、“参与”、“收获”、“成长”（HY 市民学校志愿者网上分享内容）等描述服务对象的收益和志愿者自我实现的词汇。因此，基于行动框架的比较分析，我们可以清晰地发现，被动员主体对社会服务的理解具有相似性，而动员主体的身份特征对此并无显著性影响。

（三）合法性：为什么认可动员主体

资源动员的达成需要在动员者与被动员者之间建立一种信任关系。这种信任关系的建立主要来源于被动员者对动员者的合法性的判断。当动员者的合法性高时，他也就更容易取得信任。

团委主办的市民学校合法性主要来自于团组织的特殊身份，从革命战争时期所组织的斗争运动，到新中国的建设和发展过程中所开展的生产动员运动，再到改革开放后的青年服务行动等历史实践，共青团赢得了在中国特殊的政治地位。借助于共青团在历史发展过程中积累的政治身份，团委主办的市民学校能够较容易获取相关的合法性。在谈到向 JZ 市民学校输送志愿者时，S 学院的团委书记谈道："对于我们的大学生去参加 JZ 市民学校的四点半课堂志愿服务，我们是比较放心的，因为那是区团委推动的项目，我相信作为团组织的工作，它一般都不会违反什么规定或者出什么危险。"这段论述中我们可以看出 S 学院的团委书记将 JZ 市民学校的合法性归结为其由团委主办这一背景上。

同样的作为志愿服务的行动者的大学生也会对动员主体作出合法性判断，只有当大学生志愿者对动员主体作出合法性认定之后，他们才会采取进一步的行动。对于 S 学员的大学生来说，这时他们面对的是已经与学校对接好的 JZ 市民学校，对于这些大学生来说，JZ 市民学校的合法性是毋庸置疑的。参与四点半课堂志愿服务的大学生志愿者将 JZ 市民学校描述为"正规的"组织，认为共青团和学校都是正规的组织，是比较可信的，而 JZ 市民学校首先有共青团的背景，其次得到了学校的承认，所以它也是一个正规的组织。

社工组织办的市民学校在动员大学生志愿者时，取得合法性还是需要借助团组织的身份。HY 市民学校的负责人在讲述其动员大学生志愿者的经历时说："无论是与一个组织还是志愿者个人联系，我们会给对方说明市民学校是由团市委发起的，我们做的工作其实是归团委管，这样的话他们接受起来比较容易，如果不跟他们提团委而是提我们的机构，那他们可能不太熟悉，动员起来就麻烦些。"HY 市民学校负责人的这种担忧在 P 学院团委老师的口中得到了验证："和外部的社会组织合作这种情况还是很少的，一般我们还是和政府、团委进行合作。如果说这些组织找到我们进行这样的合作的话，我们可能还是会选政府的、团委的这种，因为考虑到安全的问题，后者会签订安全责任承诺书，而且也比外面的社工组织可靠。而且这个上级部门也是有要求的，不能随便和外面社工机构进行合作，因为还是考虑志愿服务学生的安全问题。"上述担忧同样也在参与过 JX 市民学校四点半课堂的大学生志愿者的话中体现出来:“我平时参加什么活动都是通过学校或者团委这样比较熟悉的平台，对于社会上的一些社会组织我比较不熟悉，很少参加这些社会组织的活动，当初介绍 JX 市民学校的时候，说是和团委有关，我也在网上查了一下，确实是的，这样一来我就比较放心了。”可见由社工组织办的市民学校通常需要套着团委的外壳才能够有效地证明自身的合法性，赢得动员对象的信任。

（四）生涯利益的转换途径

大学生志愿者虽然讲求奉献精神但同时他们也是理性行动者，因此创造丰富的生涯利益对于激发志愿者的参与具有关键性的意义。

团委主办的市民学校主要为大学生志愿者提供了两个方面的生涯利益：一是打造了一个锻炼的平台，提供锻炼机会。例如 NH 市民学校，根据团委的协调其所在的社区专门划了一块办公区域供市民学校开展工作，社区中其他的工作场所如会议室等也可以提供给市民学校使用，这意味着 NH 市民学校拥有了一块固定的工作阵地，并且这块阵地是直接设置在社区内部的，让 NH 市民学校与其服务对象紧密地联系起来。这样的工作阵地为参与四点半课堂志愿服务的大学生志愿者开展实践锻炼提供了较为便利的条件。首先是因为这里有固定的活动空间，这可以保障活动持续稳定地进行；其次这个阵地深深嵌入服务对象的生活空间保证了大学生志愿者运用和提升自身能力的机会。

二是由主办团委出面联合高校出台了关于大学生参加志愿服务的一系列管理激励措施。这些措施大大地激发了学生参与志愿活动的积极性。如我们在调研中了解到，为了配合团委的市民学校工作，P 学院的团委老师说我们会认证志愿者进行服务的时长，然后对此会有一些相对应的奖励，比如涉及学院的奖助学金、入党、评优等都是优先考虑这些志愿者。包括每届的学生干部选拔也是以此来作为最主要的参考标准的。我们专门建立了认证中心来主要负责这一块的事务。在学生做完志愿服务之后，会有一个证书，一般是团支委和认证中心盖章的证书。

然而，社工组织承办的市民学校为大学生志愿者提供的生涯利益主要体现在提供锻炼机会上。根据团市委的统一筹划，每一所市民学校（无论是团委主办还是社会组织主办）都应当在社区中有配套的工作区域。这意味着专业社工组织主办的市民学校同样可以为参与四点半课堂的大学生志愿者打造一个高效的锻炼平台。但是社会组织很难出面与高校协商出台激励志愿参与的措施，作为社工组织来说与高校直接对话相对较难。

二　企业资源：以社区照顾服务项目为例

社区照顾服务是多数社区着力打造的社会服务项目，充分体现自主、创新等特征，主要是动员各类企业，利用他们的资源和技能为广大社区居民提供便民服务。比较典型的如医院义诊、职业技能培训、活动赞助等。同样，我们选取两种行动主体的项目做比较分析。

（一）动员网络：企业资源在哪里

团委主办的市民学校主要依托结对共建和工作者的人际网络来对企业进行动员。结对共建前面已经介绍过，主要是通过团市委的统一安排，利用团系统的组织网络将散布的资源串联起来，为市民学校与外部资源搭建联系。例如，NH 市民学校就与其所在地的区妇幼保健院结成了对子建立了联系，必要时 NH 市民学校就可以通过这层关系与对方沟通。此外，市民学校工作者的人际网络是团委办的市民学校动员企业资源的主要渠道，如 JZ 市民学校的负责人本身就是学校所在社区的住户，在开展工作的过程中他主动与社区物业经理联系，介绍市民学校的情况，并建立合作关系。NH 市民学校的负责人本身是社区的一名干部，长期扎根社区工作的他掌握着一套丰富的人际网络，利用自己宽广的人脉，他联系上了社区内一个开办私人培训机构的老师，让她的机构给小学生做义务培训。

专业社工组织办的市民学校也主要通过结对共建和人际网络来动员企业资源。结对共建属于团市委统一筹划。人际网络则是需要市民学校的工作者开发，JZ 市民学校的工作人员曾经通过拜访周边商户的方式来建立与企业的联系，而 HY 市民学校与企业建立联系的主要方式也是通过个人的拜访和联络。像 LH 医院一样，先找到他的负责人，负责人如果同意或者是支持这个的话，他就会去动员他所在的组织和机构。当然，这个过程还需要一些朋友帮忙介绍。

（二）行动框架：如何包装项目使其获得理解

调研中发现在动员企业资源时团委主办的市民学校基本上都将诊断型框架放置一旁，而去突出志愿行动的工具性价值。团委办的市民学校在构建动员企业资源的行动框架时，主要采用市场话语，强调企业形象和潜在利益。JZ 市民学校负责人为了获得物业的赞助就曾对其指出居民选择购房的时候，会考虑这是哪个物业公司在管理，如果是做了市民学校的话，那么大家就会认为这个物业公司很好，还给居民提供了很多好的服务，这样一来他在购房的时候都会倾向于选择做了市民学校项目的这种名声比较好的物业所管理的楼盘，所以这对物业公司是一个很大的好处。NH 市民学校采取的框架也是同样的，比如强调企业来“作展示”“搞宣传”。而社会组织办的市民学校在这一环节基本上是采取同样的策略，从企业的角度出发强调企业形象和广告效应。

社工组织主办的市民学校基本采取相同的策略。如 HY 市民学校负责人解释道：我们需要的就是去链接这些资源，给居民提供一些免费的服务。而他们也正好有这样的机会去推广自己、去宣传自己，所以很容易就结合在一起了。

（三）合法性：为什么认可动员主体

在合法性方面团委主办的市民学校都依赖于共青团的历史地位。团委办的市民学校在动员企业资源时，合法性仍旧来自共青团的特殊身份。共青团是一块规范的招牌，有极强的合法性，即使在企业眼里也一样。NH 市民学校的负责人介绍他在与企业对话时“通常都会指出市民学校的体制背景，将市民学校和共青团的关系说清楚，让他们了解这是一个官方的组织”。

社会组织办的市民学校同样是借助共青团合法性的壳子来与企业互动。就像 HY 市民学校的负责人指出的那样：“一说我们和团委有关，企业就会觉得我们来历比较清楚，也比较容易建立信任，目前情况下大家都还是比较认共青团这块牌子。”

（四）生涯利益的转换途径

团委主办的市民学校主要通过生产广告效应来为参与志愿服务的企业创造生涯利益。NH 市民学校通过举办大型的汇演来为参与志愿服务的声乐培训机构提供一个绝佳的宣传机会。前面提到了 NH 市民学校动员了一家社区内的声乐培训机构参与到志愿服务中来，但不是让别人来做无私奉献，NH 市民学校的负责人说：“每期培训完后我们会组织一个大型的汇演，我们在社区的广场搭建了一个很好的舞台，包括很大型的电子屏幕，表演之前会请社区的秧歌队过来表演，让大家都知道这里有活动，然后把很多居民吸引过来。他（培训机构声乐老师）那里的小朋友也可以来参加我们的比赛，这个资源被整合起来了，他来做评委，他的小朋友也有展示的机会，去年就是他的学生获得的一二等奖。我们还用电子屏幕打出来，某某小朋友获得几等奖，是由谁培训的，并颁发奖状。这样他在社区里就有名声了，开始的时候我们邀请南岸新闻、南岸电视台、南岸报来宣传一下，对他也是一个宣传。”

JZ 市民学校说服了社区物业为市民学校提供免费的场地和水

电，而他们的负责人在解释物业的这一行为时指出，我们整合了很好的资源，像大学生志愿者，为小区居民提供服务，大家都很喜欢，那么我们去动员物业就比较好办。因为物业公司他们也强调一点，就是要服务居民，而我们的四点半课堂帮助他们把居民组织起来进行服务，那么物业是很欢迎的，我们的四点半课堂也成为物业服务质量的体现了。有的居民甚至说，有这么好的服务多收点物业费都可以嘛。所以，物业都很配合我们的工作，有时候我们有一些活动的宣传海报，都是物业帮我们拿到电梯里面的广告窗口去张贴。

专业社工组织承办的市民学校由于手中掌握的资源和信息较为有限，在为企业生产广告效应方面能力显得相对较弱。HY 市民学校给我们讲述了他们动员 LH 医院失败的一个例子，“当时我们联系龙湖医院来做一个知识的讲座，他们主要是面向孕妇，需要我们对一群体进行统计，他们的意思是让我们把这些孕妇的信息收集起来，并且让她们来参加讲座。但是实际情况是我们很难拿到这个数据，不能实现他们的要求，后来他们就以时间冲突为由取消了志愿提供知识讲座的计划”，而 JX 市民学校对周边商户的拜访成效也不大，他们的工作人员认为这是由于“我们的交换资本不足”。

比较分析来看，亦官亦民的组织比纯粹的民间组织更容易实现利益转换。传统印象中，官方背景的服务方式往往依靠强制、权威促使被动员主体的参与，然而以上则阐述了其“社会方式”的一面，即提供利益转化、价值认同等刺激参与者。与之相对，我们认为民间组织在非强制性方面的动员更有优势，现实则并未完全支持固有结论。那么，亦官亦民的组织方式为什么在动员方面更有优势？其运行逻辑有何特征？

三 比较：资源动员的差异

前面的案例分析已经对两组不同方式运行的市民学校的资源动

员行动分别进行了详细的描述，在小结部分将对不同类型市民学校的资源动员中存在的差异进行归纳总结。

（一）志愿资源动员比较

社会网络的功能表现方面，团委主办的市民学校要强于社会组织主办的市民学校。团委主办的市民学校主要依托的是共青团的组织网络，社会组织主办的市民学校主要依托的是建立在个体交往基础上的私人网络，从涵盖性来讲，共青团的组织网络无疑比个体的人际网络涵盖更多的主体，涵盖性更高；从前在性来讲，团系统的组织网络存在的历史长久，其中所积累的经验非常丰富，但行动者之间不一定经常直接联系。而私人网络是在不断的交往过程中建立的，行动者之间具有较为紧密和频繁的联系，但是交往的经验相对较少。所以在前在性方面两类市民学校的社会网络差异并不大。从专属性来讲，共青团的组织网络受到严格的准入限制，行动者之间要保持较高程度的忠诚和内聚，外部竞争者较难介入，网络专属性较强。而私人网络受到的准入限制较少，行动者内聚程度较低，外部竞争者可以较容易地介入，网络专属性较弱。

行动框架的功能表现方面，两组市民学校几乎不存在差异，都比较强。一是聚焦性都比较高，在问题界定的时候两组市民学校所采用的诊断型框架反映的都是明确具体的问题，且问题描述方式基本相同。二是共识性都比较高，两组市民学校都是从被动员者的角度出发来阐释行动的意义，强调志愿者的主观体验。三是经验性都比较高，框架中的事件描述紧贴现实生活经验。

合法性的功能表现方面，两组市民学校的差异较小，都比较强。共青团的辨识度和自主性都比社会组织要高，所以严格状况下团委主办的市民学校合法性的功能强度要大于社会组织主办的市民学校。但实际情况中，面临合法性困境的社会组织办的市民学校经常借着共青团的合法性外壳来进行志愿者动员。因此在现实情况中两组市民学校合法性的功能强度差异较小。

生涯利益的功能表现方面，团委主办的市民学校要强于社会组织主办的市民学校。现实性方面，两组市民学校所承诺提供的生涯利益都能够在现实中达成。在收益性方面，团委主办的市民学校所能提供的生涯利益要多于社会组织主办的市民学校，二者都提供了锻炼平台（注：社会组织主办的市民学校工作的阵地是由团委统一协调提供的），而除了提供锻炼的平台之外，团委主办的市民学校还能够协调高校为志愿者配套相应的管理和激励措施。

（二）企业资源动员比较

社会网络的功能表现方面，团委主办的市民学校稍强于社会组织主办的市民学校。从涵盖性来说，两组市民学校都主要是通过私人关系来链接企业资源，而团委主办的市民学校的工作人员长期也在社区居委会工作，与社区周边的企业联系相对较多。从前在性来说，团委主办的市民学校的工作人员长期在社区工作，与周边企业的前期交往较多。从专属性来说，两组市民学校与企业的关系网络排他性较低，竞争者较容易进入。

行动框架的功能表现方面，两组市民学校差异不大，都比较弱。一是聚焦性较低，不注重问题诊断，对现实问题的分析不是重点。二是共识性较低，很少涉及价值和意义方面的话语。三是经验性高，对事件的陈述基本是现实中可以明确感受到的，贴近生活。

合法性的功能表现方面，两组市民学校的差异较小，都相对较强。社会组织主办的市民学校仍旧是借用了共青团合法性的壳子。

生涯利益的功能表现方面。团委主办的市民学校要强于社会组织主办的市民学校。现实性方面，团委主办的市民学校手中掌握的居民信息、公共空间等资源，为企业创造利益的可能性更高，而社会组织主办的市民学校由于无法掌握这些资源有时无法保证企业的利益。收益性方面，通过手中资源的整合，团委主办的市民学校能为企业创造出更多的利益。

（三）动员结果的比较

根据实地调研的观察我们发现，在志愿者和企业动员两方面，团委主办的市民学校总体上优于社会组织办的市民学校。在四点半课堂项目的志愿者方面，团委主办的JZ市民学校每次有约30名志愿者参加，而社会组织主办的HY市民学校则没有志愿者参加。在动员企业资源方面，团委主办的NH市民学校负责人告诉我们，“我们这边的企业只要我们想动员，都能够动员来”。而社会组织主办的JX市民学校负责人则抱怨“那些企业都不理睬我们”。

分析表6-2来看，内生性发展的亦官亦民组织掌控的资源动员要素强于社工组织。另外，资源动员框架的取值还存在程度差异，比如团委在诉说四点半项目时的公益性就强于社工组织的阐述。我们认为根本性差异在于内生性发展的组织依托了强大的政府体系，其掌控的组织体系、公共空间及可兑换资源是社工组织难以比拟的。

表6-2 资源动员对比分析结果

资源动员框架	志愿资源		市场资源	
	主体1：团委	主体2：社工	主体1：团委	主体2：社工
动员网络	团委系统	私人网络	社会网络	社会网络
行动框架	公益	公益	利益	利益
合法性	官方身份	公信力	亦官亦民	有效性
生涯利益	锻炼+实践证明	锻炼	大平台+强参与	大平台+强参与
动员结果	强	弱	强	弱

四 资源动员差异的来源：隐身的权力

传统民政与专业社工在社会服务中资源动员存在显著性差异。按照最直接的求同求异法，我们要寻找两种社会服务方式的共同与差异，尤其是可控的差异变量。分析时，本书选择的市民学校都是位于城市社区，资源禀赋、人口特征变量等差异较小，所使用的服务方案大同小异。那么是什么因素引发了资源动员的差异？关键性差异在于社会服务主体的身份，一方是政府支持的亦官亦民组织，另一方则是民间发起的社工组织。唯一差异是政府所意味着的“权力”。

权力怎样发挥作用？表面上看，国家对社会资源动员时完全看不到强暴的权力身影，甚至俨然一副社会化方式。然而，权力的身影又无处不在，比如它所掌控的组织体系、公共空间及可兑换资源在资源动员时扮演着极为关键的作用。经过精细比较，人们会发现没有行政权力的专业社工组织在资源动员时多么举步维艰，并未体现出已有学者所称的靠近基层、动员能力强等特征。因此，我们推测权力在资源动员时的作用路径发生了本质变化，以一种间接地、隐蔽地方式实质性地影响着资源动员的社会化路径。故而，隐身的权力支撑的资源动员，既不同于组织化动员、也不同于社会化动员，而是表面是社会化动员，深层则有权力支撑。这种行动方式是基层的社会工作服务实践中无意创造出来的新型社会资源动员机制。

隐身的权力是威权制度的相容性产物。改革转型之后，社会得到一定的独立发展，携带着丰富资源的社会行动者不再高度依附于权力，开始按照自主的逻辑行动。但是，行政权力仍然掌控关键性的行动工具和资源，并可以通过各种形式渗透到社会生活中影响人们的行动。然而，隐身的权力是一种“高明”的理性策略，真正地实现了国家权力在社会中运行，且运行地悄无声息。隐身的权力构成了国家能力建设的中坚条件，以此改善了国家的汲取能力、调控能力、合法化能力和强制能力，乃至当前受到高度关注的服务能力。

资源动员的差异分析在一定程度上揭示了“权力”那只“看不见的手”如何作用于社会工作实践，为探讨社会工作的进一步发展提供了相关的参考思路。

第五节　内生性发展:效率、合法性及权力

一　效率的来源：合法性及权力

合作性嵌入、竞争性替代等改造传统民政的模式，在实践过程中遇到了各种各样的挑战。比如，合作性嵌入存在被俘获的可能，仅仅关注政府关心的议题，人为拉大干部与群众之间的距离；也存在景观化的倾向，服务项目走向“娱乐化”、“稻草人化”，受益群体难以实质性享受社会福利，而变成“逢场作戏”。竞争性替代在竭力消除合作性嵌入的风险时，也感受到极大的外部“政绩示范压力”、“庇护关系责任”，使其不得不尝试回到传统民政的原有框架，结果导致了传统民政对专业社工的“逆向替代”，随着愈演愈烈的趋势进一步推向了“福利内卷化”境地，阻碍了国家建设触角的延伸。究其根源，“专业技术”与“资源动员”才是社会服务的关键，如何权衡、嫁接才是解决之道。

比较而言，专业技术的习得性、后天性远胜于资源动员。专业技术可以通过学习、实践等方式获得，而资源动员深受环境、结构限制。因此，内生性发展的策略以传统民政的资源动员能力为基础，引入社会工作的专业技术，这种方式较好地解决了专业技术和资源动员的融合问题。

内生性发展改善了社会服务的效率。以前文论证的四点半课堂为例，JZ 市民学校由团委牵头主办，该社区的潜在服务对象 1000 人左右，实际参加该项目的人数平均为 114 人；HY 市民学校由社工组织承办，该社区的潜在服务对象在 2500 人左右，实际参加该项目的人数平均为 25 人。同样，HY 市民学校在 2015 年逐渐被社区接管，四点半课堂项目得以延续，目前参加该项目的人数平均在 60 人左右。为什么会有如此大的差异？他们意味着什么？这也表明内生性发展优于竞争性替代和合作性嵌入。

跟踪调查发现，内生性发展在招募学生、志愿者动员、场地提供等方面优于其他模式。首先，学生招募是通过社区的网格化管理系统，且由社区背书信任，可以任意粘贴具有权威的通告。其次，志愿者动员是团委依托组织体系向高校团系统公开招募，而团委提供了学生所必需的社会实践证明。最后，场地提供是由物业管理公司主动给予的，该项目“变相”地成为物业管理公司的一项增值服务，由此改善了物业管理公司与业主的关系。这些现象背后深深地刻画着“权力”、“合法性”的痕迹，当然一套“精明”的专业设计方案也是必不可少的。

内生性发展对于传统民政的价值在于增强了国家建设。基层政权组织极大地改善了联系居民的工作能力，以服务为纽带，动员和整合游离于体制外的资源，使得国家权力渗透到社会之中。此外，内生性发展了亦官亦民的组织，延伸了国家建设的触角，改善了权力的运行机制，主要通过组织体系、公共空间、可兑换资源等关键要素隐身化地发挥作用，令居民、社会工作者和社会服务机构更易接受。

二　重新认识社会工作

自合作性嵌入伊始，到内生性发展为止，专业社会工作似乎陷入了尴尬之境，即社会工作独一无二的元素到底是什么？社会服务过程中到底应该扮演什么角色？这种角色的理论依据在哪里？

从社会工作的历史脉络来看：早期与慈善结缘，在理性逻辑下不断地走向科学慈善、效率慈善；中期却是社会矛盾繁衍至深的时期，社会工作走向“解放、变革使命”；福利国家时期，社会工作似乎逐渐沦为提供服务的载体，即一种工具。只不过，社会工作是“专业的”，因为它有一套完整的伦理价值、理论视角、实践方案及评估督导体系。由此，社会工作者所扮演的角色众多，包括：增强能力者、经纪人、调解者、整合者、协调者、发起者、谈判者、动员者、倡导者等，令人头晕目眩。

近年来，社会工作在中国给人的印象就是“专业”。比如，调研时发现：一些专业机构在给本土社工培训的时候，很多时候都是在强调一种理论的支撑；督导也会给他们讲理论支撑、理论知识、服务模式等一系列的东西。导致本土社工在与人打交道的时候会产生一些疑惑：“到底要怎样做才算是专业？”因为社区工作者更多地是与居民接触，他们在解决一些社区矛盾时处理得也很好，只是他们没有用一套系统化的理论进行深层次的剖析。

中国社会工作本土化过程中应该突出其自身特质，这已成为紧迫的问题。甚至，在社会服务实践中，“专业”已经成为束缚社会工作发展的桎梏。比如，MY 社会工作服务中心在开展四点半课堂时，拒绝动员大学生志愿者参与，因为他们不够“专业”，无法开展儿童的成长小组，因此“专业人员”只能事必躬亲；又如 RH3 服务过程中，社区居委会希望出资把活动做得更大更有影响力，但被“专业社工”拒绝，因为他们忌惮社区的行政干预，固执地认为但凡与行政权力有关就是不好的结果。

因此，我们必须重新认识社会工作及其专业性。假定专业社工有着西方式的专业伦理、理论及系列要素，但要使其落地就必须与现实环境相结合，否则就会“东施效颦”或陷入“专业霸权主义”。专业技术的落地最需要的就是资源支持，社会服务的特点也表明资源动员的重要性。故此，专业社会工作的核心使命在于以社会工作理论知识构建起独特的资源系统，它也是专业技术的升华或内生化的最高境界。

第七章

社会服务方式的制度竞争：效率、观念与权力

第一节　制度及环境

一　制度及其特性

制度是为社会生活提供稳定性和意义的规制性、规范性和文化—认知性要素，以及相关的活动与资源。[①] 也可以理解为，制度是个人或群体参与社会生活时，所要遵循的正式或非正式的具有规制性和规范性的要素，它是稳定而长期的秩序（利益）安排。

首先，制度具有“稳定性”和“主体性”等特征。稳定性说明制度是持久的秩序，必须协调统一规制性和规范性，同时具备新葛兰西主义的霸权特征。考克斯认为霸权/秩序包括物质权力的分配格局、世界秩序的主导性集体概念（包括一定的规范），及一组以具有某种普遍意义的方式治理世界的制度（即是说，它不仅仅是个别国家实现主导地位的赤裸裸的工具），因此霸权是权力、观念和制度的三维一体。[②] 主体性指制度不是凭空运行，而是附着于具

---

① ［美］W. 理查德·斯科特：《制度与组织：思想观念与物质利益》（第三版），姚伟等译，中国人民大学出版社2010年版，第56页。

② ［美］罗伯特·基欧汉：《新现实主义及其批判》，郭树勇译，北京大学出版社2007年版，第206—208页。

体的个人或群体，也会带来实实在在的影响。与之相关的是公共政策领域中最为重要的“制度非中性”特征，即相同制度环境下不同的人或群体所获得的收益是不同的，而那些已经从既定制度，或未来制度中获取利益的个人或群体肯定会竭力去维护或争取他们所预期的制度条件。①

其次，制度的定义表明了“要素性”和“结构性”等特征。要素性指制度的构成由一系列有关联的元素组成，而不是一种混沌体，如社会服务方式就由“价值目标”、“知识规范”、“组织体系”、“资源动员”等元素构成。结构性指制度的构成元素之间由特定的规则组合为组织化系统，各个组成要素对制度整体发挥着内在的必要功能，所形成整体的功能强于部分之和的效果。一般而言，制度要素的组合逻辑存在内部自洽。

最后，制度具有“拆分性”和“组合性”的可能。既然制度是各个要素特定组合形成的稳定规则，那么这些要素就存在拆分的可行性。如果用函数关系表达，那么制度可以表示为：$y = af(x_1, x_2, \cdots, x_n)$。其中，y 为具体的制度类型，x 为制度要素。也就是说，对于某个领域的制度而言，根据各个制度要素的取值不同及组合方式不同，则会生成具有竞争性的不同制度。具体到社会服务方式也是如此，当制度要素的取值和组合不同时，最终产生了“传统民政”和“专业社工”等两种经典的竞争性制度，还可能组合出两种经典制度的复合体。进一步推断，制度要素存在多种组合方式，当然不同的组合方式是否能够自洽、稳定、持续则不确定，这也是导致制度变迁的内在动力。

此外，制度要素的取值、组合方式及其所产生的制度功能等不仅与制度自身特性有关，也与制度所存在的外在环境（a）密切相

① 张宇燕:《利益集团与制度非中性》,《改革》1994 年第 2 期。

关，即使相同的制度在不同的制度环境中所起的作用也有所不同。制度的拆分性与组合性丰富了制度竞争类型，同时其内在张力、外部调适等多重力量共同推动了制度发展。

二　制度发展的脉络

长期以来，社会变迁和制度发展一直是各种学术流派共同关注的重要议题。总结而言，现有两大主流学派解释制度发展，一是强调社会制度对社会集体利益的整体作用，其将随着整个社会的集体利益变化而变化，带有“进化论”色彩；二是强调社会制度对不同群体的差别性影响，制度框架即是解决利益冲突的规则，带有“冲突论”色彩。

（一）进化论制度发展

集体利益协调观念中有三种机制解释制度演化，即自发形成、市场协调交易以及社会选择。根据休谟的自发形成理论，社会成员是在长期以来他们与其他人反复互动的过程中来解决这个问题。在这些反复的互动中，人们逐渐意识到制度或规则将会对财产方面无秩序的侵犯带来很大的改善作用。在不断试验的过程中，参与者认识到某种行为方式成为财产分配问题的标准答案。最后，一个惯例稳定下来了，社会成员即把这些规则作为合适的和公正的行为方式。由此，休谟总结出，公正和财产准则是人为自然产生的，而不是有意设计的产物。更深层次的含义在于，这些准则的建立是任意的，并且可能容易地发展成一种极不相同的形式。休谟理论的关键不在于准则的确切本质，而在于某些准则对于整个社会的集体利益来说是必需的。①

亚当·斯密提出了制度可以通过市场协调交易（看不见的手）

---

① ［美］杰克·奈特：《制度与社会冲突》，周伟林译，上海人民出版社2009年版，第5页。

加以发展的逻辑。社会制度通过社会的子集之间不间断的网络互动而发展，而制度的形成可以控制整个社会的自私行为。各种各样的经济和政治制度从市场个体参与者的交易中产生，最终达到规范性秩序。市场通过两种方式调整这些个人契约来满足社会整体的利益，第一，市场压力防止个体参与者利用其谈判能力给其他个人或整个社会带来不利的制度安排；斯密着重说明了不被市场所约束的经济力量所带来的负面效应。第二，市场的竞争压力激发了更大的效率。随着时间的推移，效率较低的制度被那些契约交易更有效率的制度安排挤出市场。通过以上方式，市场趋向于产生对集体有利的经济制度。

社会达尔文主义进一步发展为社会选择理论。该理论强调使用"适应性"作为标准来解释社会制度变迁。社会制度的产生和发展是因为它们足以在竞争性的社会环境中生存下来。人们以社会制度是否能够满足社会功能性需求这一点来对其加以衡量。按照达尔文生物进化论，社会制度演化过程中的关键影响因素有变异、选择和遗传。社会选择机制在制度竞争中不停地重复，最终留下来的必然符合社会环境制度。

以上三种进化论色彩的制度变迁理论有着共同特征。社会制度代表集体利益，社会制度是无数个体平等参与的理性选择结果，社会制度也直接体现了适应性。但是，进化论制度发展脉络将利益、理性等逐步内化为文化，当制度跨区域扩散时也是文化变迁的过程。

倘若文化可以理解为生活上的各种规则，那么社会就是指遵循这些规则的人们有组织的聚合体，而社会制度就是指发生的社会互相作用的模式。文化变迁中的涵化理论强调两个先前独立存在的文化传统进入持续的接触，并且其接触程度已强烈到足以引起一个或两个文化产生广泛变迁。涵化可能在相对较短的时间内完整，它受到接触的持续时间与强度、两个民族的共同性，以及相对的文化整合等因素的影响。[①] 一般而言，两种接触的文化很少能在同等程度上相互融合。确切地说，政治上处于从属地位或技术上的弱势群体会接受来自主导群体的文化。在附属与主导的关系中，涵化在某种程度上是一个借鉴过程。[②] 现实中，世界通行的规则或制度有些被顺利接受、而有些却不被接受，为什么？研究发现，接受规范的本土机构重构规范的能力以及本土规范能被重构的潜能等因素至关重要。制度本土化的最根本动因是基于行为体维护自身合法性，本土化对新制度而言是文化适应过程，是选择、融合与接受的过程，也可称为适应性变迁。[③]

（二）冲突论制度变迁

部分学者并不认为制度变迁为整个社会带来集体利益，也不认同制度变迁是一种适应性改变。相反，制度变迁的实质是社会各类主体根据自己的实力重新分配社会资源的过程，也是重新调整、重新分配利益的过程。社会制度可以按照它们对社会特殊群体的利益影响来加以解释，他强调在分配问题中固有的利益冲突。因此，这些重视制度带来利益的“差异效应”形成了制度发展和变迁中的冲突理论。强调制度体现利益冲突的经典学派是马克思和韦伯，近代理论发展中有科塞、达伦多夫等人，现阶段的奈特、阿塞莫格鲁等学者还在延续着冲突论传统。

历史唯物主义强调生产力和生产关系之间的协调或张力推动着社会形态的变化。当生产关系（现存制度）不再满足持续

---

① ［美］克莱德·伍兹：《文化变迁》，何瑞福译，河北人民出版社1989年版，第46页。

② ［美］史蒂文·瓦戈：《社会变迁》（第5版），王晓黎等译，北京大学出版社2007年版，第75页。

③ Amitav Acharya, How Ideas Spread: Whose Norms Matter? Norm Localization and Institutional Change in Asian Regionalism, *International Organization*, Vol. 58, No. 2 (Spring, 2004), pp. 239－275.

增长的生产力需要时就会发生制度变革，产生新的制度关系来更好地适应持续的生产力改进。阶级冲突详尽阐述了不同经济阶层之间，关于劳动和资本的不可调和的矛盾，并指出这个矛盾将会导致一场根本性的社会革命。韦伯则将研究重点放在秩序的“合法性”上，该理论对制度变迁也产生了深远影响，指明财富、权力、声望的重要作用。韦伯试图说明，为什么偏好某些社会群体的社会制度存活了，而偏好社会其他群体的制度则消亡了。韦伯的新教伦理中对文化、观念非常重视，[①] 以及经济社会中如何获得合法性等成为制度变迁中应该关注的因素之一。这里不仅强调阶级、利益之争，还比较突出变迁过程中观念、意识等要素的推动作用。[②]

基于马克思和韦伯的讨论，奈特重新界定了制度的定义，即制度是确定社会中利益分配的规则。他试图通过分配效应来解释社会制度的合理性。奈特认为制度的形成与变迁、稳定与冲突、信息与制裁、行动与结构以及最重要的分配与力量的观点基本上是正确的。这一理论（制度变迁中分配与力量的影响）植根于理性行为和体制结构的关系之中，但是它以分配冲突为中心，显示出关于这些制度的多层次特征。该理论强调制度变迁过程中新规则就必须体现在他们的制定者期望所产生的实质性结果之中，具备理性选择特征；同时，制度形成中必定会影响利益分配的冲突，那么社会行为人在寻求分配优势的过程中创造了社会制度。分配利益的方式转变可能改变当前制度；行为人相对力量的改变也可以促成制度的变

---

① ［德］马克斯·韦伯：《新教伦理与资本主义精神》，康乐等译，广西师范大学出版社2009年版，第5—12页。

② ［德］马克斯·韦伯：《经济与社会》（第一卷），阎克文译，上海人民出版社2010年版，第149页。

化。这种变化的产生是由于具体的社会制度之外控制资源力量的变化。①

制度发展的经典流派凸显理性选择、权力结构及合法性的重要影响。进化论的制度发展观坚持集体利益的“天真”，假定社会制度生产有效率的或者社会最优的结果；而冲突论更加“世故”，认为非最优化的制度也可能存在并持续。但是，制度变迁受制于特殊的学科背景，其在解释制度变迁的因果机制时往往比较模糊或者片面。再者，制度发展与外部环境的关系并未得到高度重视。

三　制度与环境的关系

如前文所述，制度环境影响了制度要素组合的有效性，为何如此？借助格拉诺维特的嵌入含义：“行为和制度如何受到社会关系的影响，是社会理论的古典问题之一。因为此种关系总是在场的，所以当其不在场时所出现的情境，唯有借助于托玛斯·霍布斯的‘自然状态’或约翰·罗尔斯‘原初位置’之类的思想实验才能加以想象。在另一个极端中，则有我称之为‘嵌入性’的论断：正在加以分析的行为和制度是如此受限于运行中的社会关系，以至于将它们认定为独立的就是一种难以忍受的误解。”② 这就说明，制度要素的取值或运行状况受到社会环境的影响，而不是孤立地自主决定。

社会环境提供了制度及制度选择的“在场”，其中的“情境”影响着制度竞争或要素组合。首先，社会环境指能够影响、作用于制度要素取值的因子总和；比如政治制度、文化传统、社会结构等。其次，社会环境的影响表现为制度非中性，即相同制度带给不

---

① ［美］杰克·奈特：《制度与社会冲突》，周伟林译，上海人民出版社 2009 年版，第 41—48 页。

② Mark Granovetter, Economic Action and Social Structure: The Problem of Embeddedness. *American Journal of Sociology*, 1985, 91 (3): 481 - 510.

同群体的收益与成本是不同的，致使制度主体在特定情境下运用特定规则展开利益争夺。

结合到社会服务领域，外部环境对制度的塑造更为彻底。众所周知，社会服务领域与政治、行政、文化、经济等高度关联。政治制度影响着社会服务领域的服务人群、服务目标、服务内容等决策，且现代国家的政治目标往往通过社会福利领域得以实现。行政体系日益承担了落实社会服务的具体责任，由此深刻地影响着社会服务的组织体系、传输方式等关键因素。文化观念影响了社会服务的目标、价值伦理、供给方式等方方面面，乃至为制度提供合法性支持。经济基础是社会服务的坚实保障。

制度环境为制度竞争、制度选择确立了基本规则。首先，我们要明白各种环境因子构成制度环境时的地位并不是平等的，比如威权制度对政治稳定的考量是第一位的，高于其他的任何变量。其次，环境因子之间也存在相互影响，如马克思所讲，经济基础决定上层建筑，政治、行政、文化、经济之间本身就有天然的联系。那么，我们在分析制度环境时则需要选择最具代表性的考量维度。在社会服务方式领域，我们认为“国家与社会关系”最能直观表达环境的影响，该指标提供了政治、文化与社会领域的互动关系，也是极具综合性的指标。

改革开放以来我国的国家与社会关系被精准地概括为“行政吸纳社会”。邓正来指出：“正如康晓光等论者所指出的那样，以上述几种理论模式为代表的中国市民社会研究，目前仍处于‘局部观察阶段’……整体的研究较少且较为浮浅。也正是这个原因，康晓光等论者又先后提出了‘分类控制体系’模式和‘行政吸纳社会’模式。从目前的情况来看，康晓光等论者所提出的上述理论模式，大体上代表着中国市民社会整体性研究的一个新视角。……对我们整体把握中国市民社会的发展现状而言，‘分类控制体系’和‘行政吸纳社会’这两种理论模式在某种意义上讲有着较大的解释力。”①

行政吸纳社会强调的不是国家与社会的分离，更不是国家与社会的对立，而是国家与社会的融和。在其中，国家采取“社会的方式”进入社会，但是进入社会的国家已经不同于“纯粹的国家”，而“社会的方式”又打上了“国家的”烙印，国家对社会组织的干预和影响无所不在。政府主要采取如下策略追求自身利益最大化：一是限制，即限制社会服务组织运用“非政府的方式”挑战政府权威；二是功能替代，即通过拓展行政机制满足群众的利益要求；三是优先满足强者利益。在这里，政府是“限制”、“功能替代”和“优先顺序”的决定者和实施者；而“功能替代”是通过实施“延续”、“发展”、“收编”、“放任”策略，发育出“可控的”社会服务组织体系，并利用它们满足社会的需求，进而避免社会领域中出现独立于政府的社会力量，最终达到消除挑战势力和满足社会需求的双重目的。②

制度环境——行政吸纳社会确立了社会领域制度竞争的基本规则。原则上讲，政府主导多种制度竞争时不能违背制度环境提供的基础性规则。

第二节　制度竞争：影响因子及作用规则

转型背景下，社会服务领域出现了两种竞争性制度，即传统民政与专业社工。前者生存及发展于中国传统社会，与特定的社会主义制度相辅相成；后者发源于自由资本主义，与福利国家、公民社会等环境相伴而生。两者虽是竞争关系，但传统民政占据先入优

---

① 邓正来：《“生存性智慧模式”——对中国市民社会研究既有理论模式的检视》，《吉林大学社会科学学报》2011 年第 2 期。

② 康晓光、韩恒：《行政吸纳社会》，《中国社会科学》（英文版）2007 年第 2 期。

势，西方的专业社工是传统民政面对环境改变而新引入的制度方案，可以说传统民政占据主导地位。换个理解就是，改革开放条件下政府主导地引入专业社会工作改造传统民政，但是本书选择了从“制度竞争”角度予以分析。那么，影响制度竞争的因子有哪些？各个因子在制度竞争过程中的作用规则又是怎样的？

一　因子一：效率及其作用规则

制度是人为精心设计的，以降低行为者之间互动的不确定性和成本。如果制度偏好一致，那么理性的个体或群体则以追求效率最大化为准则。因此，既有制度的存续是因为其能够提供给行为者更大的价值；制度变迁意味着效率更高的新制度替代效率略低的旧制度的过程，以适应不断变化的需求。由此而推，制度竞争的实质就是制度效率的竞争，即制度安排使得某项活动或互动的“收益—成本”最大化；当然也包括制度效果的比较，即某项制度是否能够解决某些问题，是否能够回应社会的需要。

“效率”对于社会服务而言固然极其重要。随着改革转型的逐步深入，社会服务的种类、规模及质量等要求都发生了日新月异的变化，社会服务的效果及效率更是备受各方关注，包括政府、社会组织及居民。然而，传统民政在面对复杂而差异化的服务诉求时，越来越力不从心；即便是已有的服务项目，随着环境改变其运行效率也有所降低或不适应。比如，扶贫济困是传统民政重中之重的工作，传统方式以普惠式物资救济为主，然而当前贫困家庭对发展权、发展机会的渴望更甚于物资，传统民政的工作方式很难真正地有效回应穷人的需要，甚至不具备相关的服务意识和工作方式。相反，西式的社会工作恰好能够适应当前市场化、个性化的社会环境，其生存环境正处于个体化时代。因此，追求效率是社会服务方式的核心目标，即以最少的成本向尽可能多的居民提供高质量的社会服务，以及提升社会服务的回应能力。

怎样比较传统民政与专业社工的效率？可观测的指标是什么？依照分工协作的逻辑，最简单直接的指标是衡量“专业化水平”。逻辑上讲，社会分工导致专业化、职业化发展，由此发展出完整的专业价值、专业知识、专业组织等一系列专业化要素。现代社会的标志就是“专业化”、“理性化”，甚至专业化水平是衡量理性的唯一标准，好比一个囚笼不断地笼罩着各种制度。然而，曾经混沌不分的整体性要素逐渐沦为落后的传统，被视为非理性的、非现代的。比较来看，传统民政与专业社工都有一套逻辑自洽的专业术语。那么谁更适应当前制度环境，谁就有可能胜出。结果是，传统民政因其难以适应改革推动的现代社会要求，制度效率及效果都在不断地降低，这也是引入或嫁接“现代的”、“先进的”社会工作制度的基本前提。

此外，专业技术的发挥需要资源整合的支持，否则华丽的专业设计仅是空中楼阁而已。资源整合指行动资源的动员、组合及分配过程。资源动员能力由行动主体的“动员网络”、“行动框架”、“合法性”及“生涯利益转化路径”等要素共同决定。总之，行动主体可以根据自身属性“建构”适合于自己的资源动员能力。

专业技术和资源动员都受到制度环境的影响，继而也影响了传统民政与专业社工的制度效率。这是一个权变性问题，即相同制度在不同环境下的效率不同，不同制度在相同环境下的效率也不同。基于专业社会工作发源于市场经济、公民社会、民主政治等现代环境，与当前中国在市场化改革条件下社会领域等制度环境发生深刻变化，鉴于专业社会工作发源于市场经济、公民社会、民主政治等制度环境，转型中国的社会环境为其创造了充足的生存空间，服务对象也更加向往社会工作提供的个性化服务。

规则 1：如果社会服务的供给者、生产者及受益者在制度选择中偏好一致，那么“专业化水平”越高的制度设置越符合效率最大化原则，也就越容易被选中。

推论1：鉴于转型中国的制度环境，当前是追求社会服务效率或效果的社会政策时代，专业社会工作因其专业技术优势获得制度竞争的胜利。

二 因子二：观念及其作用规则

但是，个体或群体的制度偏好真能做到无差异吗？所有主体都以追求工具理性为最高原则吗？

社会学新制度主义并不这么认为。他们认为，制度是一种意义体系，个体行为受文化、习俗、传统等社会合法性因素影响，所追求的不仅是工具理性还包括价值理性。这就预示着：行为主体之所以选择某种制度，并不是因为它提高了效率和绩效，而是增强了自身的社会合法性。也就是说，制度竞争就是选择那些符合现有社会“观念”的制度，才能获得社会认可和承认。

“观念”来自社会化系统。社会主体的行为、态度、价值观不是基因遗传而得，而是由我们生活于其中的社会所塑造的。对于个人或群体来说，社会化就是学习的过程，即学习社会长期积累的知识、技能和价值，并内化于行为过程之中。社会化对个体也是规训的过程，最终实现“社会控制”的目标，即促使个体有效地按照社会规范约束自身的行为，从而维护社会秩序的稳定和社会生活的正常运行。因此，“观念”的来源包括两个途径，其一是“学习”或“习得”，其二是“经验”或“总结”；前者是以往做法的传承，后者是对新知识的总结。总之，观念既受到传承的影响，又受到实践经验的启示，也就是说观念存在变迁的可能性。

社会服务方式的两种制度在竞争时也会受到“观念”的影响。观念影响着制度信任、社会认可度，进而影响了专业技术的承认、资源动员的能力等。鉴于观念受社会化影响，那么它的来源受到

“历史经验”和“现实体验”的双重影响。值得强调的是，当某种制度符合社会主流观念时，就可获得各个行为主体的认可和接受，有助于制度绩效的施展。另外，制度环境对“观念”的塑造力也是巨大的，但不是一成不变的，这也是社会化的灵魂或魅力所在。由此，我们可以归纳制度竞争相对深层的规则和推论：

规则2：制度偏好受到社会观念的影响，所以制度竞争过程中遵从社会观念的制度更容易被选择。

推论2：鉴于观念来源的不同机制，制度竞争的初期，传统民政依靠历史路径获得了立足之地；制度竞争的中后期，那些能够解决问题（效率较高）的制度会胜出。

三　因子三：权力及其作用规则

具备效率优势的制度就能在竞争中胜出吗？制度设置应该符合“谁”的观念才能胜出？

这些问题使我们进一步思考制度竞争的本质，审视行为主体的制度偏好一致性等假设。现实社会中，行为主体身处的社会结构、位置是有差别的，对制度选择的影响力、话语权也不尽相同。这些在制度竞争之初所具备的优势、力量、影响等与制度本身往往没有关系，而是历史沿承下来的权力结构使然。因此，制度是社会中利益集团权力斗争的结果，从这个意义上讲，制度也是镶嵌在政治社会经济结构之中引导行为者的正式或非正式程序、惯例、规范及协定。制度变迁是回应社会结构变化的必然过程，权力主导者在情境中界定自身利益，进而影响着制度竞争结果。

“权力”对社会服务方式的影响至深，亟需仔细分析和寻找影响路径。在此，我们需要回答两类重要问题：第一，谁主导了制度竞争？他代表了谁的利益？他凭什么主导？第二，权力对社会服务方式的潜在影响是什么？作用载体是什么？发挥作用的路径是什么？

回顾历史，无论是封建王朝，还是新中国成立以来，国家（政府）的目标、行动、策略持续地影响着社会服务供给。走入改革开放时期，社会服务依然是国家主导供给，尤其是以传统民政体系为主的供给制度。通过对民政的政策文件解读可知，传统民政是国家政权建设的重要组成部分，也是国家触角延伸至社会、个人的有力载体。正是如此，传统民政体系与国家政权体系密切相关，国家掌控的意识形态、组织体系、财政资金等要素确保了民政工作在社会服务领域中的主导地位。然而，新时期国家面对的挑战日趋增多，比如利益分化、公平意识、民主意识、权利意识等觉醒对政权建设的影响越来越大，而社会服务成为“寓管理于服务”原则的最佳落脚点，迫使国家认真思考民政工作的适应性问题。因此，国家思考传统民政的适应性问题的初衷不是前述的“效率原则”，而是基于“政权建设”或“巩固权力”角度的理性策略。

这就存在两种可能：一是传统民政能够有效地回应社会服务诉求（效率原则），遗憾的是这种可能性较小。二是传统民政不能有效回应社会诉求，而社会工作则能有效回应，此时政府则会新增加考量条件，即是否会影响到权力结构？如果构成挑战，则会扼制相关制度要素的作用。因此，对于一个理性的威权政府而言，政府作为权力持有方在制度竞争时存在如下规则和推论：

规则3：制度偏好在不同权力主体面前存在显著差异，制度竞争过程中符合权力主导者利益的制度更容易被选择。

推论3—1：转型时期，传统民政所依托的官僚体系根据自身需要选择社会工作中那些改善社会服务的“专业要素”；同时，政府将排斥那些能够挑战自身权力的制度要素，或者使其边缘化、被俘获、被替代等。

社会服务横跨政治与社会领域，也是联系国家与居民的重要纽带，双方都在该领域建构或灌输自身的逻辑。因此，“权力”施加影响的路径远比想象中的粗暴。根据我们的研究，除了专业技术之外，社会服务供给还需要社会信任、组织体系、资源动员等一系列要素的支撑，我们将其称为“关键要素”。特殊的制度环境下，权力掌控着这些关键要素，并由此深刻地影响着社会服务方式的制度竞争。事实上，不管是传统民政还是专业社工在提供社会服务时，都需要得到权力所控制的要素的支持。

所以，制度与权力的亲和性、融洽性影响着制度竞争结果。比如，以资源动员为例，不同制度主体在威权制度环境下的资源动员效果有着显著性差异，一般而言，政府或官方背景的主体更容易获得资源，因其可以非常便捷地借助政府权力；相反，民间社会服务组织在资源动员方面要困难得多。正因为权力对关键要素的影响，权力在转型时期的运行机制不再是强制、赤裸裸、咄咄逼人，更多的是以“隐身化”的形式藏匿于活跃的社会服务过程之中。由此，我们可以进一步提出权力在社会服务领域制度竞争中的推论：

推论3—2：鉴于权力对社会服务关键要素的控制力度，传统民政依托的政府以“隐身化”方式消解着专业社会工作的挑战因素，并在理性作用下无意识地以传统民政为基础发展出能够统合社会工作“专业要素”的社会服务制度。

四　多个因子的交叉影响及规则

制度竞争的影响因子并不是独立发挥作用，还存在相互关联。为此，我们进一步地以层层递进、拼接整合的逻辑勾勒影响因子的作用路径。外部环境、社会服务特殊性两个因素能够更切实际地解释影响因子之间的交叉作用。这也表明效率、观念及权力的影响规则受到制度特性、制度环境的多重作用。

归纳来看，多个因子对制度竞争的影响存在逐步加深的非线性关系。即只有满足如下三个原则才能获得最终的胜利。

第一，基础层：社会服务的效率或质量受到“专业技术”与“资源动员”的双重影响。专业技术具有较强的“习得性”，而资源动员具有较强的“嵌入性”。

第二，表面层：制度竞争的选择遵循“效率原则”。效率高的制度战胜效率低的制度。

第三，中观层：制度竞争的选择符合“社会观念”，即契合于主流观念的制度获胜。当某种制度符合主流观念时，有助于行为主体接受制度或主动参与，也有助于其实现专业技术和资源整合，进而增强了制度的绩效。

第四，深度层：制度竞争的选择维护强势行动主体的“权力格局”。具有强势力量的主导者依照自身利益筛选制度要素，甚至权力主导范围内的观念、资源、组织等关键要素使得权力的控制逐渐隐身化，也直接影响着制度绩效。

上述规则的“源代码”来自于制度环境，即国家与社会关系。全能主义转向威权制度时客观塑造了“行政吸纳社会”的格局，尤其是社会新兴力量持续恪守着“只帮忙、不捣乱”的原则。所以，政府作为主导方，充分地权衡了制度竞争带来的“挑战”和“服务”。最终结果就是：表面上，制度竞争遵循效率最大化原则，社会服务效率实则深受“观念”及“权力”的影响，甚至观念也受到权力格局的历史性影响。

第三节　制度竞争结果:类型谱系图

本书在第四章、第五章、第六章分别从制度发展的实践逻辑中“剪辑”、“提炼”及“解读”了各种制度类型。那么，“合作性嵌入”、“竞争性替代”及“内生性发展”等形态之间是否存在内在关联？上文“竞争规则”又是怎样影响了实践形态？

一　制度竞争的实践形态

传统民政面对“责能困境”的挑战时，舶来的社会工作借机与之建立了合作性嵌入关系。该形态的初衷是传统民政为了追求社会服务供给的效率及回应性的理性策略，以此引入或嫁接社会工作的“专业能力”。具体实施过程的步骤包括：首先，传统民政让渡空间、搭建平台与社会工作建立合作关系；其次，社会工作运用关系性嵌入和结构性嵌入获得民政体系及社会力量的支持，以此展现专业魅力。专业能力的“兑现”通过“嵌入结构”获得支持，包括社会认可、资源动员等。提升专业能力是社会工作改造传统民政的核心目标。因此，合作性嵌入的结果深受“嵌入结构”的影响。基于嵌入的不同状态，合作性嵌入最终可能走向“良性合作”、“被俘获”、“景观化”乃至“终止合作”等结果。

竞争性替代是传统民政与专业社工合作之后的觉醒和抵抗策略。社会工作引入之后，传统民政意识到陷入了新的困境，即政绩示范压力和庇护压力。实际表现来看，民政工作与社会工作构成了激烈的竞争关系。作为理性而受路径依赖影响的行为主体，传统民政无意识地对社会工作实施替代策略，比如令人意想不到的基层社区替代了自称专业的社会服务机构。这个过程中，传统民政主要包括两个关键行为：首先，通过“专业认证”和“实践参与”获得社会工作专业技能或头衔，改善传统民政缺乏专业能力的困境。其次，挖掘和开发自身“潜在”的社会影响力和资源动员能力，这也是传统民政与专业社会工作竞争的资本、底气所在。竞争性替代并不会处处发生，只是有此可能，还需要偶然性因素辅助。另外，竞争性替代也不符合“政社分离”、“激活社会力量”等主流政策话语，也存在陷入“福利内卷化”的风险。

内生性发展是传统民政与专业社工交融之后的创造性转化。两种制度发源于各自的制度环境，都有专属于自身的制度要素。但是，中国的转型环境既为传统民政提供了延续的基础，也为社会工作释放了发展的空间。结束对抗式两败俱伤的状态，这是传统民政的理性选择。根据两种制度的力量对比格局，民政体系主导着内生性发展模式，引入社会工作的专业价值、专业方法，挖掘民政的组织体系及资源动员能力，合力打造了适应未来的社会服务制度。令人欣喜地是，内生性发展路径中的“权力”并不是以传统的强暴方式对外呈现，而是创新性地以“隐身化”的形式在社会中运行。

二 递进式的类型谱系图

目前来看，合作性嵌入、竞争性替代及内生性发展三种策略在时空逻辑上存在递进演化关系。必须说明的是，三种策略并不是同一个地方线性式推进的政策试验，事实上每种策略的试验发生在不同的地方。为何还可以称之为递进演化关系呢？这是因为每个地方在政策试验之前都经历了长时间的考察学习、经验总结等流程，然后结合事物发展的客观趋势及本地实际情况作出策略创新，也就是说任何理性的地方政府在政策创新时都充分考虑了其他地区的经验。因此，我们根据调研的材料能够清晰地看到三种策略的线性递进步骤。“蒙太奇”研究方法有助于准确地回溯和描述策略演进过程。

现实世界的制度竞争是“试错”与“改进”螺旋上升的过程。这有两个假定：一是制度选择主导者并不是“先知”，无法一目了然、先见之明地做到顶层设计，尤其是面对西方的新鲜社会制度，所以“摸着石头过河”是常态。二是制度选择主导者并不是“笨蛋”，相反他们具有强大的学习能力和集体智慧，帮助其在政策试验中不断地修正、改进及完善，这种能力来自于党和政府在保证核心利益面前所一贯坚持的“实用主义”，最形象的描述则是邓小平的“白猫黑猫论”。

因此，我们可以清晰地勾勒出制度演化链条：改革转型时期，传统民政回应社会服务诉求存在不足，以“合作性嵌入”策略引荐专业社会工作；随之，传统民政感知到专业社会工作嵌入带来的新问题，于是部分地区出现“竞争性替代”策略；此时传统民政又陷入了福利内卷化的困境，经过深思熟虑之后终而探索出“内生性发展”策略，在不断地试验中寻求平衡或最优化路径，传统民政也创新地发挥了权力在社会服务过程中的作用。

实践形态演化路径的深层逻辑由制度竞争中效率、观念及权力所决定。在此，我们站在制度竞争的主导者角度推演制度竞争发生的过程。

首先，政府在引入新的制度时优先考虑权力结构及自身利益。政府的利益由制度环境塑造，即“遏制潜在挑战、吸纳服务能力”。如果专业社会工作的引入危及或损害传统民政的利益时，这种新制度就难以立足。此时，专业社工的行动主体有两种解决方案，要么“脱敏”，要么“退出”。脱敏指有意识地割舍掉那些具有挑战性的要素，比如国内社会工作较少运用带有集体行动性质的“社区发展”方法、避免发起“社会倡导”等。只要脱敏成功，专业社会工作就可以继续参与制度竞争。

其次，专业社会工作虽然顺利通过权力视角的检验，却时刻受其影响。权力结构塑造着观念的形成，比如受益群体因为长期处于家长式政府环境之中故而更加信任政府或传统民政，相反对专业社工存在一定的排斥。当然，观念也可能随之改变，主要的触发因素包括制度绩效，即制度绩效越好越容易得到社会认可。可是，当社会工作无法获得服务对象认可时，它难以展示其绩效优良的一面。所以，社会工作的发展初期要么披上亦官亦民的“身份”，要么是借助传统民政的“名义”。如果专业社会工作得不到社会的认可，那么它在专业技术、资源整合等方面也将遭遇挑战，这种制度即便能够存续下来，那也仅是一种“景观”罢了。

最后，但凡专业社工通过权力、观念的检验之后，制度竞争的结局就逐渐明晰，即由效率决定。遗憾的是，“效率”并不如想象中那么容易获得，社会服务的效率由专业技术和资源动员共同决定。而资源的嵌入性及其动员的社会网络属性，又与权力、观念及制度环境息息相关，目前来看，传统民政在资源动员方面存在比较优势。如果专业社会工作的介入无法获取足够的资源支持，效率也就无从说起，继而容易陷入“被替代”的尴尬境地。因此，以传统民政为基础、吸收社工专业方法的内生性发展成为最优安排，实现了两种制度的融合与创新。

我们将社会服务方式制度竞争的过程、逻辑及结果归纳为图7-1。总之，竞争结果所呈现的“合作性嵌入”、“竞争性替代”及“内生性发展”等形态有着时空演绎、逻辑推理的递进关系，演进路径受权力、观念及效率等因素的结构性制约，不因人为意志的变化而转移。

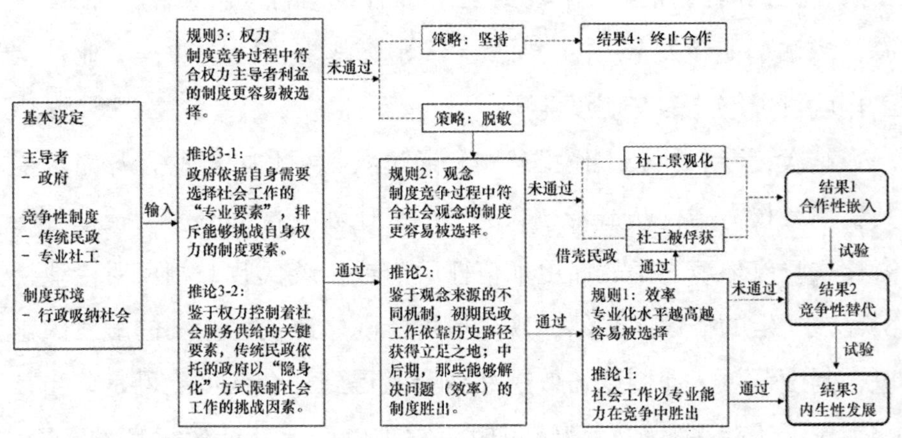

图7-1 社会服务方式制度竞争的逻辑及类型谱系

第八章

结语:改造传统民政

第一节　传统民政的特征和改造路径

本书研究的初衷是探索转型时期中国社会服务方式的模式选择及其理论逻辑。作为一种策略性考虑，我们选择从“制度竞争”视角出发，探究“社会服务方式”的制度演变过程及其动力机制。参与竞争的两种制度是传统民政和专业社工，前者发源于本土，后者起源于西方。由于民政工作及其依托的官僚政府主导了制度竞争过程，也可以将此过程视为民政体系主动适应新环境、回应新挑战的改革举措。所以，本书将社会服务方式的制度竞争过程统称为“改造传统民政”。

一　传统民政的特征

“改造传统民政”这一命名的灵感来自于舒尔茨的《改造传统农业》。该书研究第三世界国家的农业时发现：“一个像其祖辈那样耕作的人，无论土地多么肥沃或他如何辛勤劳动，也无法生产出大量食物。一个得到并精通运用有关土壤、植物、动物和机械的科学知识的农民，即使在贫瘠的土地上也能生产出丰富的食物。……完全以农民世代使用的各种生产要素为基础的农业可以称之为传统农业。一个依靠传统农业的国家必然是贫穷的……从根本上说，这种改造取决于对农业的投资。”① 类似现象也存在于中国社会服务领域，主流话语中把传统的民政方式戏说为“居委会大妈”就是一种典型表现。事实上，一个不具备科学知识的“居委会大妈”无论多么努力，也难以回应当前变幻莫测的社会诉求，的确处于低效率的均衡状态，亟需改造。以此类推，我们将以“居委会大妈”世代积攒的实践经验为基础的民政工作称之为“传统民政”。

那么，首要问题是何为传统民政？它的基本特征是什么？传统民政在转型时期遭遇了哪些挑战及其引发的后果是什么？

传统民政应该被作为一种特殊类型的社会服务供给方式。我们认为“传统”不是“落后”，而是与特定时期的文化特征、制度结构或技术特征相适应的“均衡状态”；但是，随着制度环境的变化，无论怎么扩大原有的投入都难以改善效率。因此，“传统”的核心特征是“低效率的增长”。民政工作历经封建帝国时期、民国时期及至今日，逐步形成了以国家建设为关键目标的制度体系。改革转型以来，国家感知到来自社会的压力、服务的诉求都呈爆发式增长，寄希望于现有基层政权体系或民政体系却难以有所作为，反之则不断地陷入愈想回应愈无力，甚至投入越多、效率越低的窘境。

传统民政低效率的根源在于缺乏“科学知识”，尤其是适应现代社会服务的专业技术。社会服务领域的科学知识包括：价值观念、方法技术及组织方式。传统民政塑造了施舍与受助的价值观念，服务供给方高高在上，面对追求平等、自主的现代主流价值观时难以让服务对象接受；方法技术上依靠工作经历的积淀，具体做法上以给予为主，忽视了现代社会中人们对发展、机会的渴求；组织方式上依托于官僚体系，缺乏灵活、创新、弹性等特征。所以，传统民政在提供现代社会服务时即使不断地增加投入，也难以真正

① ［美］西奥多·舒尔茨：《改造传统农业》，梁小民译，商务印书馆2006年版，第4页。

提升其回应效率和回应能力，因为知识层面并未得到实质性的改善，它是决定效率的关键因素之一。

传统民政在转型时期社会服务供给中的低回应性又严重损害了政权建设的有效性。这也是驱使中央到地方各级政府高度关注社会服务方式的源动力。从历史角度看，民政事务一直都是国家政权建设的有效措施之一，在对于政权的认同、社会的稳定等方面扮演着极其重要的作用。

目前来看，传统民政进入了低效率陷阱而难以摆脱。那么，它还具备改造的可能性吗？答案是肯定的。

首先，民政与国家政权建设密切联系，且民政是国家的组成部分。即使传统民政体系自身无法打破低效率均衡，缺乏自我革新的能力，但是国家政权对此却不会漠视不管。因为，改造传统民政的最大受益者是国家，有助于加强基层政权建设，对提升国家的基础性权力至关重要。所以，改造传统民政的动力来自于国家层面或政治维度的顶层推动。

其次，改造传统民政具有可行性，也就是让传统民政体系烙上“科学知识”的特征。通常而言，“科学”意味着可以学习、可以检验，那么“科学知识”就不是专属于某个制度、某个主体，而是可以通过习得、嫁接、重组等策略获得。

二　传统民政的改造路径

改造传统民政的核心任务在于习得“科学知识”。反思来看，如果传统民政的技术状况、组织方式及核心价值观没有发生变化，就将长期保持在低效率、低回应的均衡状态。如果政府在传统民政基础之上引入一种新式的社会服务方式，意味着不仅要打破过去的常规，还要解决一个问题，即新要素带来的未知风险和不确定性。换言之，西方舶来的社会工作被视为改造传统民政的可行方案，但必须面对两个问题：一是怎样与现有制度之间做到融合的问题？二是新制度怎样适应新环境的问题？这也是改造路径必须考虑的议题。

当前主流理论认为有三种路径改造传统民政：

第一，现代化理论。他们认为随着工业化、城市化的快速推进，为了建设更有回应性、更有效率的社会服务，“传统”必然走向“现代”，此时自由、批判式思考、变革、对话、参与和团结等成为现代化社会服务的核心原则。该理论属于“环境决定论”，忽视了现有制度的反抗、新制度的环境适应性等问题。

第二，嵌入性理论。不同于现代化理论，该理论认为必须处理新制度与现有制度、现有体系的关系，将其视为“嵌入”的过程，母体的环境要素对新制度既有哺育的功能，也会引发不适的可能。但是，现有研究假定社会工作就是单纯的“工具”，可以简单地“嫁接”到传统民政，殊不知社会工作拥有特定的生长环境。该理论属于“工具假定论”，忽视了制度本身的组成要素、制度与环境的权变关系，致使无法为改造传统民政提供理论依据。

第三，后现代理论。该理论所提供的路径相对悲观，认为新制度介入时会激发现有制度的抗拒、抵触及侵蚀，可谓属于夹缝中求生存的窘境。面对强大的现有制度及其依附的体系，新制度只能碎片化地寻找生存空间，甚至只能选择那些边缘化空间为切入点，步步为营，且未来的不确定性极其巨大。因此，该理论的“悲观性色彩”决定了新制度的弱势地位，边缘化、碎片化是拓展自身空间的最优策略。

总结来看，已有理论并未提供改造传统民政的可行路径，但给予了足够的启示。比如，改造路径的设计要重视新制度发挥作用的要素组合、现有制度的抵抗等因素。为何没有可行的路径呢？基于分析，我们认为现有研究将社会工作视为纯粹的专业技术，殊不知社会领域的技术移植还受到资源、观念、权力等外部环境的深刻影响。

因此，本书从“制度竞争”的角度考察了改造传统民政的路径，主要结论包括：

首先，改造传统民政需要考虑社会工作对“效率”、“观念”及“权力”的影响。效率是科学知识的结果，也是改造传统民政时的核心考量指标；但是，专业社会工作的效率不是与生俱来的，而是专业技术和资源动员共同支撑的结果。观念、权力对支撑效率的关键因素又有着直接影响。专业技术是否适用本土环境受制于观念；资源整合能力与权力结构、社会观念等密切相关，这些因素与特定的政治制度又高度相关。

其次，改造传统民政的路径有两类：合作性嵌入与内生性发展。

合作性嵌入是最直接引入社会工作的方式。“合作”搭建改造空间，“嵌入”为改造提供了足够的外部支持。合作性嵌入能否真正引入“科学知识”成功改造传统民政？取决于两个因素，一方面是社会工作服务机构所掌握的专业技术，即是否能够设计高效率提供社会服务的方案；另一方面在于社会工作服务机构的嵌入关系，与传统民政的关系性嵌入可使社会工作服务时收获信任、体制内资源，与社会组织领域的结构性嵌入可使社会工作服务时获得体制外资源。当然，合作性嵌入时社会工作不得不去除带有“政治敏感性”的成分，削减对现有权力结构的挑战，客观上造成社会工作“被俘获”的结果。

内生性发展是传统民政辨别社会工作发挥作用之后的理性选择。“内生”为延续传统民政的身份优势、资源动员能力、强大的组织体系等提供基础，“发展”为吸纳社会工作的专业价值观、专业技术等提供平台。内生性发展既可以避免纯粹社会工作带来的权力冲击，也为社会工作嵌入民政体系获得信任和资源提供支撑。传统民政在内生性发展路径下不仅是建立了“亦官亦民”的社会服务体系，在原有基层社区治理结构中构筑了条块结合的社会服务主体；还改善了权力在社会中的运行逻辑，不再以粗鲁、强暴的手段示人，而是隐身化地控制着社会服务领域的关键因素，尤其是资源动员。这种发展路径既改善了传统民政的效率及回应能力，又直接巩固了政权对社会的控制力度。

进一步分析，当前改造传统民政路径的稳定性状况，我们可以发现：

合作性嵌入存在不确定性，根源在于现实政治环境强迫其“脱敏”，无形中造成“被俘获”，甚至可能走向“行政化”的趋向。但是，社会工作与生俱来的追求“自决”、“平等”、“自治”等基因在现行制度下不可避免地产生摩擦，只是当下社会工作处于发展初期，有意迎合政府获得发展空间，那么社会工作服务组织的力量一旦壮大，其行为走向就存在不确定性。

内生性发展具有稳定持续的基本条件。目前来看，内生性发展是对合作性嵌入潜在挑战的回应，充分考虑了社会工作带来的政绩示范压力、庇护责任压力等。同时，该路径实现了社会服务的效率、观念及权力的有机统一，这是制度稳定的关键。当然，该路径还在探索之中，存在如何持续学习专业能力、如何权衡管理与服务的关系等相关问题，有待未来的实践予以解决。

另外，补充说明一点，本书提到的“竞争性替代”为什么不构成改造路径？事实上，竞争性替代处于尴尬的境地，它的出现不是偶然，但也不是必然选择。竞争性替代是合作性嵌入的刺激下传统民政的理性反应，遗憾的是这种路径需要基层社区干部拥有极强的创新能力，“个人色彩”相对较重；同时，该路径有落入传统民政的风险，陷入更深的无效率增长的内卷化状态。因此，我们将竞争性替代视为过渡性状态，不构成可选择的改造路径。

第二节　本书的贡献

一　方法论的创新

这是一项经验性研究。我们抛弃了一切理论预设（“现代化理论”、“嵌入性理论”、“后现代理论”等），完全从近年来的社会实践的现实出发，描述和分析社会服务方式的策略演进及理论解释。其中，我们在方法论上创新地运用到理想类型和蒙太奇等手法。

第一，运用理想类型的分析思路，有助于清晰地确定社会服务方式的制度原型，尤其是区分“竞争性制度”的本质差异。本书将改造传统民政视为社会服务方式的制度竞争结果，那么首要问题就是搞清楚参与竞争的制度原型。理想类型可以用经济、有限的词语描述复杂事物，对其作出极简化的处理而不丢失关键内容，其中“特征群”是简化处理的结果，即一系列具有内在关联且同时出现的特征分布。理想类型的简化处理是有依据的，是对纷繁复杂、细枝末节的提炼，好比“主成分”分析一样，抓住关键指标。这种处理方式既有利于外界看清楚制度本质，还可观察制度竞争结果。

第二，运用电影艺术中蒙太奇手法串联经验资料。通常而言，经验研究时常面临完整搜集案例的跨时空实践逻辑的挑战，部分学科通过“民族志”方法给予回应。但是，在精力、经费限制下，尤其是本书关注的创新性做法在多地同时发生，我们如何处理？社会服务方式创新的实践在多个地区同时上演，有的地区模仿，有的地区创新，怎样勾勒出创新的演化路径？蒙太奇手法主张的以“逻辑链条”剪辑“现实场景”的思维可以回应上述问题。表面上，我们调研观察到的都是制度竞争的结果，但每个地区的做法不是“凭空想象”，而是以对其他地区的学习、考察等为基础的创新结果，所以这些多地区的做法在本质上是“连续的”。因此，我们运用蒙太奇手法，依照社会服务方式创新的特定逻辑“拼接”、“解读”、“还原”各个地区的政策实践，以此看到“全貌”。

二 主要的理论贡献

本书从制度竞争视角看待社会服务方式的创新。重点研究“传统民政”与“专业社工”两种社会服务制度的角力、较量，由此探索改造传统民政的策略及路径。研究结论的主要贡献在于：

第一，提出了社会服务方式的描述框架，以此总结出两种竞争性的制度原型。已有研究零碎地提到“价值观”、“专业技术”等指标对于社会服务的重要性，却没有系统地完善指标及阐释指标之间的关联。因此，这些片面性的描述致使民政工作和社会工作之间互相攻击，比如社会工作认为民政工作不具备“专业能力”，甚至不承认它对社会服务供给的贡献，事实是这样吗？显然不是，民政工作在特定时期、特定环境高效地提供了社会服务。本书则系统地构建了“价值观念”、“专业技术”、“组织方式”为整体的描述框架，并揭示了三者的内在关系。

以此为基础，我们运用理想类型与特征群等方法梳理了两种竞争性制度，即民政工作与社会工作。前者追求延伸国家政权建设的触角，后者旨在重建分化条件下的社会团结。本书根据历史考察、特征群赋值等旗帜鲜明地指出，民政工作与社会工作是社会服务方式的两种理想类型，各自独立成体系，都能有效提供社会服务。因此，民政工作不是现在学者认为的“半专业社会工作”、“行政性社会工作”或“中国特色社会主义社会工作”，而是具有自身特征的独立主体。

第二，建构社会服务方式的制度竞争逻辑。新制度主义的三个主要流派分别提出“效率”、“观念”、“权力”是制度变迁的关键因素，但制度变迁过程中三者是否同时存在？是否交叉影响？这些理论问题并没有得到有效回应。本书无意建构起普适性的制度变迁或制度竞争框架，而是放在威权制度环境（行政吸纳社会）下的特定领域（社会服务）探讨制度竞争逻辑。

基本假定：行政吸纳社会的背景下政府占据制度选择的主导地位；民政工作所依托的体系是政府；社会工作是舶来品、竞争者。

制度竞争的规则：首先，竞争者不能挑战主导者的权力格局；其次，竞争的制度与主流观念的契合程度影响行为主体的接受度；最后，遵循“效率原则”，效率高的制度战胜效率低的制度。权力通过社会化系统塑造观念，权力与观念支撑着社会服务的方法技术、资源整合等关键要素，直接影响终极效率。三个规则逐项检验，走到终点的制度获胜。现实中，单一的“制度原型”难以直接通过，而需要“调适”、“阉割”、“吸纳”等组合策略才能获得持续稳定的地位。

第三，勾勒了改造传统民政的路径。社会服务方式创新由政府主导，主要回应传统民政难以摆脱的低效率陷阱或回应能力匮乏的问题，引入社会工作这种“科学知识”是可行的补救措施。不同于已有研究指出的“阶段论”、“嵌入论”及“碎片论”，本书基于制度竞争逻辑概述了可能的改造路径，即“合作性嵌入”、“竞争性替代”及“内生性发展”，分析表明：合作性嵌入存在不确定性，竞争性替代处于过渡阶段，而内生性发展是客观、稳定的可选之路。

第三节　不足与展望

本书在案例选择及分析、制度竞争的深层逻辑方面还存在一些研究不足。

第一，案例选择及案例比较时无法控制干预变量，层层递进求同求异。原则上，我们应该以“解释变量”为控制变量，逐项放松，以此设计案例调查地图。研究过程中，我们以“社区服务项目”为调查单位，选择北京、广州、重庆、成都为典型城市，以承接服务的主体识别“民政工作”或“社会工作”予以调查。案例选择的结果则不够理想，比如在广州，我们并没有分别调查“民政工作”和“社会工作”所承接的家庭综合服务中心，只能在调研时比较传统民政怎样提供社会服务，当前社会工作又是如何提供社会服务。因此，案例分析时出现了某个案例自身的纵向比较，也有多个案例的横向比较。尽管做了必要的弥补措施，但案例选择的困境依然影响了结论的严谨性。

第二，制度竞争的逻辑极其复杂，本书结论竭力揭示“最关键”的准则，相反则会遗漏大量交叉影响的规则。如果笼统地讲，制度竞争的结果由选择主体根据“制度的效率优势”、“外部的权力结构”以及“社会的认同程度”等因素共同决定，这个结论是正确的却无意义。为了更加精准地展示社会服务方式的制度竞争，本书提出了三组规则及相应的推论，即权力结构的利益检验是至高无上的，社会观念塑造了制度的合法性及制度绩效，表面上是制度绩效决定竞争结果。

但是，制度绩效由“专业技术”和“资源动员”共同决定。一般认为专业技术不受情境影响，资源整合则与社会环境密切相关。那么权力、观念如何影响社会服务的资源动员？社会工作服务机构如何整合资源？本书尝试地提出了“资源距离”、“隐身的权力”等概念，但内在联系还值得更深入的分析和研究。因此，我们将在未来的研究中解决上述问题，比如社会资源动员的权力逻辑及策略选择等议题。

参考文献

[1] 郑杭生、杨敏等:《“大民政”的理论和实践与“中国经验”的成长》，中国社会出版社 2011 年版。

[2] [英] 理查德·蒂特马斯:《社会政策十讲》，江绍康译，吉林出版集团 2011 年版。

[3] 王思斌:《社会政策时代与政府社会政策能力建设》，《中国社会科学》2004 年第 6 期。

[4] 王思斌:《社会服务的结构与社会工作的责任》，《东岳论丛》2014 年第 1 期。

[5] 周良才:《民政工作》，天津大学出版社 2010 年版。

[6] 朱巍巍:《民政三十年：理念的跨越》，《中国民政》2008 年第 5 期。

[7] 王思斌:《我国诸社会工作之内涵及其比较分析》，《中国社会工作》1998 年第 1 期。

[8] 李迎生:《社会工作概论》，中国人民大学出版社 2004 年版。

[9] 甘炳光等:《社区工作：理论与实践》，香港中文大学出版社 1994 年版。

[10] 甘炳光:《社会工作的“社会”涵义：重拾社会工作中的社会本质》，*Hong Kong Journal of Social Work*，2010 年第 44 期。

[11] Ronald G. Walton and Medhat M. Abo El Nasr, Indigenization and Authentization in Terms of Social Work in Egypt. *International Social Work*, 1988, 31 (2): 135 - 144.

[12] Ibraim A. Ragab, How Social Work Can Take Root in Developing Countries. *Social Development Issues*, 1990, 12 (3): 38 - 51.

[13] Kristin M. Ferguson, Beyond Indigenization and Reconceptualization Towards A Global, Multidirectional Model of Technology Transfer. *International Social Work*, 2005, 48 (5): 1 - 17.

[14] Mayadas, N. and D. Elliott, *Lessons from International Social Work: Policies and Practices, in M. Reisch and E. Gambrill (eds) Social Work in the 21st Century*. Thousand Oaks, CA: Pine Forge Press, 1997.

[15] 卫小将:《全球社会工作发展路径与走向》,《甘肃社会科学》2015 年第 1 期。

[16] 王思斌:《试论我国社会工作的本土化》,《浙江学刊》2001 年第 2 期。

[17] 王思斌:《中国社会工作的嵌入性发展》,《社会科学战线》2011 年第 2 期。

[18] 王思斌:《社会工作专业化及本土化实践——中国社会工作教育协会 2003—2004 论文集》,社会科学文献出版社 2006 年版。

[19] 王思斌:《我国社会工作发展的结构性张力与适应性发展》,《社会福利》2007 年增刊。

[20] 王思斌:《中国社会的求—助关系》,《社会学研究》2001 年第 4 期。

[21] 古学斌、阮增媛琪:《本土中国社会工作的研究、实践与反思》,社会科学文献出版社 2004 年版。

[22] 田毅鹏：《中西社会结构之“异”与社会工作的本土化》，《社会科学》2008 年第 5 期。

[23] Miu Chung Yan，Kwok Wah Cheung，The Politics of Indigenization：A Case Study of Development of Social Work in China. *Journal of Sociology & Social Welfare*，2006，33（2）：63–83.

[24] 朱健刚、陈安娜：《嵌入中的专业社会工作与街区权力关系——对一个政府购买服务项目的个案分析》，《社会学研究》2013 年第 1 期。

[25] 郭伟和：《体制内演进与体制外发育的冲突》，《北京科技大学学报》（社会科学版）2007 年第 4 期。

[26] Chen Tao，Social Workers as Conflict Mediator：Lessons from the Wenchuan Earthquake. *China Journal of Social Work*，2009，2（3）.

[27] [美] W. 理查德·斯科特：《制度与组织：思想观念与物质利益》（第三版），姚伟等译，中国人民大学出版社 2010 年版。

[28] [美] 盖伊·彼得斯：《政治科学中的制度理论：新制度主义》（第二版），向民等译，上海世纪出版集团 2011 年版。

[29] [美] 道格拉斯·诺斯：《经济史中的结构与变迁》，陈郁等译，上海三联书店 1994 年版。

[30] 何俊志等：《新制度主义政治学译文精选》，天津人民出版社 2007 年版。

[31] [美] 杰克·奈特：《制度与社会冲突》，周伟林译，上海人民出版社 2009 年版。

[32] Tsebelis，*Nested Games*：*Rational Choice in Comparative Politics*，

University of California Press, 1990.

[33] Paul Pierson, Increasing Returns, Path Dependence, and the Study of Politics. *American Political Science Review*, 2000, 94 (2): 251 –267.

[34] [美] 瓦戈：《社会变迁》（第5版），王晓黎译，北京大学出版社2007年版。

[35] [美] 西达·斯考切波：《国家与社会革命：对法国、俄国和中国的比较分析》，何俊志等译，上海世纪出版集团2007年版。

[36] [美] 凯瑟琳·西伦：《制度是如何演化的》，王星译，上海人民出版社2010年版。

[37] Daron Acemoğlu, James A. Robinson, *Economic origins of dictatorship and democracy*, Cambridge University Press, 2006.

[38] [美] 德隆·阿塞莫格鲁、詹姆斯·罗宾逊：《国家为什么会失败》，李增刚译，湖南科技出版社2015年版。

[39] [美] 白苏珊：《乡村中国的权力与财富：制度变迁的政治经济学》，郎友兴等译，浙江人民出版社2009年版。

[40] Hall and Soskice, *Varieties of Capitalism: The Institutional Foundations of Comparative Advantage*, Oxford University Press, 2001.

[41] 黄宗昊：《历史制度论的方法立场与理论建构》，《问题与研究》2010年第3期。

[42] 何俊志：《新制度主义政治学的流派划分与分析走向》，《国外社会科学》2004年第2期。

[43] [美] 鲍威尔、迪马吉奥：《组织分析的新制度主义》，姚伟译，上海人民出版社2008年版。

[44] [德] 马克斯·韦伯：《新教伦理与资本主义精神》，康乐等

译，广西师范大学出版社 2009 年版。

[45] Meyer J. W., Rowan B. Institutionalized Organizations: Formal Structure as Myth and Ceremony. *American Journal of Sociology*, 1977, 83 (2): 340 – 363.

[46] Paul J. DiMaggio, Walter W. Powell, The Iron Cage Re – visited: Institutional Isomorphism and Collective Rationality in Organizational Fields. *American Sociological Review*, 1983, 48 (2): 147 – 160.

[47] March and Olsen, The New Institutionalism: Organizational Factors in Political Life. *American Political Science Review*, 1984, 78 (3): 738 – 749.

[48] B. Guy Peters, *Institutional Theory in Political Science: The New Institutionalism*, London and New York, Willington House, 1999.

[49] 张宇燕：《利益集团与制度非中性》，《改革》1994 年第 2 期。

[50] 韩博天：《通过试验制定政策：中国独具特色的经验》，《当代中国史研究》2010 年第 3 期。

[51] [美] 罗伯特·殷：《案例研究：设计与方法》，周海涛等译，重庆大学出版社 2004 年版。

[52] 周晓虹：《理想类型与经典社会学的分析范式》，《江海学刊》2002 年第 2 期。

[53] 王乐理：《政治文化导论》，五南图书出版股份有限公司 2002 年版。

[54] 夏学銮：《社会工作的三维性质》，《北京大学学报》（哲学社会科学版）2000 年第 1 期。

[55] 徐静春、李光华：《民政工作》，机械工业出版社 2012 年版。

[56] 梁其姿：《施善与教化：明清时期的慈善组织》，北京师范大

学出版社 2013 年版。

[57]《历次全国民政会议回眸》,《中国民政》2012 年第 3 期。

[58] [美] 安德鲁·海伍德:《政治学》(第二版),张立鹏译,中国人民大学出版社 2009 年版。

[59] [美] 欧文·休斯:《公共管理导论》(第三版),张成福等译,中国人民大学出版社 2011 年版。

[60]《毛泽东选集》第三卷,人民出版社 1991 年版。

[61] 王绍光:《毛泽东的逆向参与模式:群众路线》,《学习月刊》2009 年第 23 期。

[62]《毛泽东选集》第一卷,人民出版社 1991 年版。

[63] Shue V., *The Reach of the State*: *Sketches of the Chinese Body Politics*. Stanford: Stanford University Press, 1988.

[64] Leung, Terry Tse Fong, and Tam Cherry Hau Lin, The "Person-Centred" Rhetoric in Socialist China. *The British Journal of Social Work*, 2015, 45 (5): 1489 - 1507.

[65] John Pierson, *Understanding Social Work*: *History and Context*, Open University Press, 2011.

[66] 冯丽婕:《试析 Jane Addams 的社会工作理论及其对中国实践的借鉴》,《社会工作》2013 年第 2 期。

[67] [美] 斐迪南·滕尼斯:《共同体与社会》,林荣远译,商务印书馆 1999 年版。

[68] [法] 埃米尔·涂尔干:《社会分工论》,渠东译,上海三联书店 2000 年版。

[69] [美] 里瓦斯、赫尔:《社会工作实务案例分析》(第三版),李江英译,中国人民大学出版社 2006 年版。

[70] 陈涛:《社会工作专业使命的探讨》,《社会学研究》2011 年第 6 期。

[71] [英] 马歇尔、安东尼·吉登斯:《公民身份与社会阶级》,郭忠华等译,江苏人民出版社 2008 年版。

[72] 陈涛:《公民社会:专业社会工作的社会基础》,《中国社会工作》1998 年第 6 期。

[73] 杨敏:《公民参与、群众参与与社区参与》,《社会》2005 年第 5 期。

[74] 王思斌:《中国社会工作的经验与发展》,《中国社会科学》1995 年第 2 期。

[75] Flexner, A., Is Social Work a Profession? *Research on Social Work Practice*, 2001, 11 (2), 152 - 165.

[76] Cooper, S., Social Work: A Dissenting Profession. *Social Work*, 1977, 22 (5), 360 - 367.

[77] [英] 亚当·斯密:《国富论》,谢宗林等译,中央编译出版社 2011 年版。

[78] Specht, H. and Courtney, M. E. *Unfaithful Angels: How Social Work Has Abandoned its Mission*, New York: The Free Press, 1994.

[79] 陈立周:《"找回社会":中国社会工作转型的关键议题》,《思想战线》2017 年第 43 期。

[80] 何海兵:《我国城市基层社会管理体制的变迁:从单位制、街居制到社区制》,《管理世界》2003 年第 6 期。

[81] [哥伦比亚] 吉尔·伊亚尔、伊万·塞勒尼、艾莉诺·汤斯利:《无须资本家打造资本主义:后共产主义中欧的阶级形成和精英斗争》,吕鹏等译,社会科学文献出版社 2008 年版。

[82] 中国社会工作协会/组编:《中国社会工作发展报告(1988—2008)》,社会科学文献出版社 2009 年版。

[83] 孙立平:《自由流动资源与自由活动空间:论改革过程中中

国社会结构的变迁》,《探索》1993 年第 1 期。

[84] 涂肇庆、林益民主编:《改革开放与中国社会——西方社会学文献述评》,牛津大学出版社 1999 年版。

[85] White G. , Prospects for Civil Society: A Case Study of Xiaoshan City. *Australian Journal of Chinese Affairs*, 1993, 29 (29): 63 - 87.

[86] 邓正来:《国家与市民社会:一种社会理论的研究路径》,上海世纪出版集团 2006 年版。

[87] 王颖:《中国的社会中间层:社会发展与组织体系重构》,《中国社会科学季刊》1994 年第 6 期。

[88] Unger J. , Chan A. China, Corporatism, and the East Asian Model. *Australian Journal of Chinese Affairs*, 1995, 33 (33): 29 - 53.

[89] 康晓光、韩恒、卢宪英:《行政吸纳社会》,世界科技出版社 2010 年版。

[90] 黄黎若莲:《中国社会主义的社会福利:民政福利工作研究》,中国社会科学出版社 1995 年版。

[91] [英] 卡尔·波兰尼:《大转型:我们时代的政治与经济起源》,冯钢等译,浙江人民出版社 2007 年版。

[92] 何增科:《中国社会管理体制改革路线图》,国家行政学院出版社 2009 年版。

[93] [美] E. S. 萨瓦斯:《民营化与公私部门的伙伴关系》,周志忍译,中国人民大学出版社 2002 年版。

[94] 荣敬本、崔之元等:《从压力型体制向民主合作体制的转变》,中央编译出版社 1998 年版。

[95] [美] 孔飞力:《中国现代国家的起源》,陈兼等译,上海三联书店 2013 年版。

[96] Granovetter, Economic Action and Social Structure: The Problem of Embeddedness. *American Journal of Sociology*, 1985, 91 (3): 481 -510.

[97] Granovetter, The Strength of weak tie. *American Journal of Sociology*, 1973, 78 (6): 1360 -1380.

[98] Provan K. G. , Huang K. , Milward H. B. , The Evolution of Structural Embeddedness and Organizational Social Outcomes in a Centrally Governed Health and Human Services Network. *Journal of Public Administration Research Theory*, 2009, 19 (4): 873 - 893.

[99] 杨宝:《政府购买公共服务模式的比较及解释》,《中国行政管理》2011 年第 3 期。

[100] 周飞舟: 《财政资金的专项化及其问题: 兼论 "项目治国"》,《社会》2012 年第 1 期。

[101] 折晓叶、陈婴婴:《项目制的分级运作机制和治理逻辑——对"项目进村" 案例的社会学分析》, 《中国社会科学》2011 年第 4 期。

[102] Barber B. , *The Logic and Limits of Trust*, New Brunswick NJ: Rutgers University Press, 1983.

[103] [美] 大卫·豪:《社会工作理论导论》, 陈香君等译, 五南图书出版社 2011 年版。

[104] Mishler W. , Rose R. , Trust, Distrust, and Skepticism: Popular Evaluations of Civil and Political Institutions in Post - Communist Societies. *Journal of Politics*, 1997, 59 (2): 418 - 451.

[105] Mishler W. , Rose R. , What Are The Origins of Political Trust? Testing Institutional and Cultural Theories in Post - Communist

Societies. *Comparative Political Studies*, 2001, 34 (1): 30 - 62.

[106] 张燕、邱泽奇:《技术与组织关系的三个视角》,《社会学研究》2009 年第 2 期。

[107] Rogers M. F., Instrumental and Infra - resources: The Bases of Power. *American Journal of Sociology*, 1974: 1418 - 1433.

[108] Jenkins J. C., The Transformation of A Constituency into A Movement. *Social Movements of the Sixties and Seventies*, 1983: 52 - 70.

[109] McCarthy J. D., Zald M. N., Resource mobilization and Social Movements: A Partial Theory. *American Journal of Sociology*, 1977: 1212 - 1241.

[110] Freeman J., Resource Mobilization and Strategy: A Model for Analyzing Social Movement Organization Actions. *The Dynamics of Social Movements*, 1979: 167 - 189.

[111] 文军、黄锐:《论资产为本的社区发展模式及其对中国的启示》,《湖南师范大学社会科学学报》2008 年第 6 期。

[112] 康晓光、韩恒:《分类控制:当前中国大陆国家与社会关系研究》,《社会学研究》2005 年第 6 期。

[113] Lin N., Social Networks and Status Attainment. *Annual Review of Sociology*, 1999, 25 (1): 467 - 487.

[114] 孙中伟、贺霞旭:《工会建设与外来工劳动权益保护:兼论一种"稻草人机制"》,《管理世界》2012 年第 12 期。

[115] James C. Scott, Patron - Client Politics and Political Change in Southeast Asia. *American Political Science Review*, 1972, 66 (1): 91 - 113.

[116] 邓正来:《"生存性智慧模式":对中国市民社会研究既有

理论模式的检视》，《吉林大学社会科学学报》2011 年第 2 期。

[117] 蒋金富：《行政吸纳社会的实践逻辑》，《天津行政学院学报》2012 年第 3 期。

[118] Salamon L. M. , Of Market Failure, Voluntary Failure, and Third-party Government: Toward A Theory of Government-nonprofit Relations in the Modern Welfare State. *Nonprofit and Voluntary Sector Quarterly*, 1987, 16 (1 –2): 29 –49.

[119] Spires A. J. , Contingent Symbiosis and Civil Society in an Authoritarian State: Understanding the Survival of China's Grassroots NGOs. *American Journal of Sociology*, 2011, 117 (1): 1 –45.

[120] Thornton P. M. , The Advance of the Party: Transformation or Takeover of Urban Grassroots Society? *The China Quarterly*, 2013, 213 (1): 1 –18.

[121] Teets J. C. , Let Many Civil Societies Bloom: The Rise of Consultative Authoritarianism in China. *The China Quarterly*, 2013, 213 (1): 19 –38.

[122] [美] 杰佛里·菲佛、杰勒尔德·萨兰基克：《组织的外部控制：对组织资源依赖的分析》，闫蕊译，东方出版社 2006 年版。

[123] Hefetz A. , Privatization and Its Reverse: Explaining the Dynamics of the Government Contracting Process. *Journal of Public Administration Research and Theory: J – PART*, 2004, 14 (2): 171 –190.

[124] Johnston J. M. , Romzek B. S. , Social Welfare Contracts as Networks The Impact of Network Stability on Management and Per-

formance. *Administration & Society*, 2008, 40 (2): 115 - 146.

[125] Warner M. A., Hefetz A., Insourcing and Outsourcing: The Dynamics of Privatization among U.S. Municipalities 2002 - 2007. *Journal of the American Planning Association*, 2012, 78 (3): 313 - 327.

[126] [美] 曼瑟·奥尔森:《权力与繁荣》,苏长和译,上海世纪出版集团 2009 年版。

[127] Shils E., The Virtue of Civil Society. *Government and Opposition*, 1991, 26 (1): 3 - 20.

[128] 孙立平:《动员与参与:第三部门募捐机制个案研究》,浙江人民出版社 1999 年版。

[129] 孙立平、王汉生、王思斌等:《改革以来中国社会结构的变迁》,《中国社会科学》1994 年第 2 期。

[130] [美] 华尔德:《共产党社会的新传统主义:中国工业中的工作环境和权力结构》,龚小夏译,牛津大学出版社 1996 年版。

[131] Bernstein T. P., Leadership and Mass Mobilisation in the Soviet and Chinese Collectivisation Campaigns of 1929 - 30 and 1955 - 56: A Comparison. *China Quarterly*, 1967, 31 (31): 1 - 47.

[132] Liu, Y., Why Did It Go So High? Political Mobilization and Agricultural Collectivization in China. *The China Quarterly*, 2006, 18 (187): 732 - 742.

[133] 中国青少年发展基金会:《处于十字路口的中国社团》,天津人民出版社 2001 年版。

[134] 周庆智:《传统社会动员机制面临的挑战与应对》,《国家治

理》2015 年第 31 期。

[135] 刘一枭:《社会动员形式的历史反视》,《战略与管理》1999 年第 4 期。

[136] Snow D. A., Ekland - Olson S., Social Networks and Social Movements: A Microstructural Approach to Differential Recruitment. *American Sociological Review*, 1980, 45 (5): 787 - 801.

[137] Benford R. D., Snow D. A., Framing Processes and Social Movements: An Overview and Assessment. *Annual Review of Sociology*, 2000, 26 (1): 611 - 639.

[138] 高丙中:《社会团体的合法性问题》,《中国社会科学》2000 年第 2 期。

[139] [德] 马克斯·韦伯:《经济与社会》(第一卷),阎克文译,上海人民出版社 2010 年版。

[140] Dahl R. A., Stinebrickner B., Modern Political Analysis, Englewood Cliffs, NJ: Prentice - Hall, 1963.

[141] McClelland D. C., The Two Faces of Power. *Journal of international Affairs*, 1970, 24 (1): 29 - 47.

[142] [英] 罗德里克·马丁:《权力社会学》,丰子义等译,生活·读书·新知三联书店 1992 年版。

[143] [美] 罗伯特·基欧汉:《新现实主义及其批判》,郭树勇译,北京大学出版社 2007 年版。

[144] [美] 克莱德·伍兹:《文化变迁》,何瑞福译,河北人民出版社 1989 年版。

[145] Amitav Acharya, How Ideas Spread: Whose Norms Matter? Norm Localization and Institutional Change in Asian Regionalism. *International Organization*, 2004, 58 (2): 239 - 275.

[146] 康晓光、韩恒：《行政吸纳社会》，《中国社会科学》（英文版）2007 年第 2 期。

[147] [美] 西奥多·舒尔茨：《改造传统农业》，梁小民译，商务印书馆 2006 年版。

后 记

这本书研究转型时期中国社会服务方式的竞争与选择，即社会服务递送（social service delivery）的模式问题。如果非要为其归属一个研究领域的话，我认为比较贴近的是社会工作本土化研究。

遗憾的是，我从未接受过社会工作专业的学术训练。自读研究生以来，我的研究聚焦在“非营利组织”方面，或者更准确地讲应该是“政社关系”，却因一系列机缘巧合“迷上”社会工作本土化研究。我现在还能记得，2008 年 7 月在深圳调研政府购买服务时首次近距离接触社会工作，之后参加了南都公益基金会资助的汶川地震灾后重建社会工作项目的评估工作，后来又带队评估中国社会工作协会在四川开展的“社工服务组织试点工程”等。从中感受到了社会工作的独特魅力，从此我就一直在该领域做调查和研究，也使我更加深刻地认识和理解了中国的非营利组织及政社关系。

作为“门外汉”，我所理解的社会工作是一套社会服务制度体系，而不是简化地将其视为一种专业方法。转型中国的社会环境为社会工作这一“舶来品”提供了快速发展的政治机遇，反之这套中国“本土的”民政工作社会服务制度体系则受到了严重挑战。因此，我将“民政工作”与“社会工作”作为不同制度环境下的“对等”社会服务制度，在此语境下社会工作本土化也可理解为制度竞争的过程，当然也可以理解为民政工作创新发展的过程。由于社会领域的制度选择深受组织、群体乃至国家的影响，所以制度竞争并不能看作是纯粹的绩效之争，而是制度主体的权力结构、社会观念的匹配程度及宏观的制度环境等多种因素共同作用的结果。并且，这些因素都在特定政社关系的制度环境之中发挥作用。鉴于当前政社关系属于典型的“行政吸纳社会”特征，本书在写作时选择站在代表政府且具有主动权的民政工作角度分析社会服务方式的竞争与选择过程。

长期以来，社会工作应然地被学术界及实务界视为守护社会的“天使”，占据着道德制高点。主流研究先验地将社会工作本土化过程中遇到的挑战归因于政府的不开放或者文化的不适应，从而忽视了影响社会工作本土化的结构性力量。然而，本书旨在跳出就社会工作论社会工作的思维，放大到政社关系视角下探讨民政工作与社会工作的制度竞争，以此俯瞰社会工作的本土化过程。与此同时，中国拥有悠久的慈善传统、民本思想及对应的官僚体系，所以民政工作体系在社会服务递送方面占据显著的先天优势，那么站在民政工作角度研究社会工作的发展路径则会看到另一番景象。写作本书之前，我曾满怀雄心壮志地希望在社会工作本土化研究领域开辟新的研究思路，然而限于自身的知识积累及思考深度，最终的书稿还有很多不尽如人意的地方，还需要进一步地研究、提炼及深化。但是，我依然期待本书所倡导的政社关系与制度竞争分析能够推进社会工作本土化的深度研究，也衷心地恳求与更多的同行展开学术对话。

书稿完成之际，我要郑重地感谢我的硕博导师康晓光教授。老师是德高望重的学术大家，其所有学术活动的核心要义都在关切民族复兴、中国命运，又能脚踏实地、独立自主地探索属于中国自己的发展道路。老师也是极其受人尊重的师者，读书期间不厌其烦地听我逻辑混乱地讲述着研究观察，耐心地引导和帮助我提炼研究问题、研究框架及案例论证，总是能看到学生的“闪光点”并以此激励我继续研究。毕业之后，我到重庆大学工作，老师但凡出差重庆总会专门留出时间与学生见面，督促研究进展及缕清未来的研究方向。这本书正是在老师的指导下完成的阶段性成果。

感谢我在重庆大学的研究团队参与本书的部分田野调查及书稿讨论。感谢胡晓芳老师对课题研究及书稿撰写方面给予了大量的建议，感谢吴明海、杨晓云、唐婷婷、欧宗灵、陈林懋等研究生协助我开展田野调查及案例分析。

感谢中国社会科学出版社的诸位老师，为完善书稿所付出的诸多心血。

杨　宝

2018 年 5 月 10 日于重庆